Generationenwechsel

Aspekte der Wandlung und Innovation
in den kreativen Therapien

Ruth Hampe, Philipp Martius,
Dietrich Ritschl, Flora von Spreti (Hrsg.)

Generationenwechsel

Aspekte der Wandlung und Innovation in den kreativen Therapien

Dokumentation zur
12. Jahrestagung der IGKGT
am Monte Verità

Die 12. Jahrestagung der Internationalen Gesellschaft für Kunst, Gestaltung und Therapie fand vom 10.-12. November 2000 auf dem Monte Verità, Ascona/Schweiz statt.

R.Hampe, Ph. Martius, D. Ritschl, F.v. Spreti, G. Waser
Generationenwechsel. Aspekte der Wandlung und Innovation in den kreativen Therapien

CIP-Titelaufnahme der Deutschen Bibliothek

Verlag: Universität Bremen
Herausgeber: R.Hampe, Ph. Martius, D. Ritschl, F.v. Spreti
Herstellung: Zentraldruckerei der Universität Bremen 2002
Farblitho des Umschlags: Bernd Eickhorst
Vertrieb: Universitätsbuchhandlung Bremen, Bibliothekstr. 3, 28359 Bremen
Vertriebnummer: ISBN 3-88722-531-7

Inhaltsverzeichnis

Kunsttherapie - Musiktherapie - Tanztherapie

Internationale Forschung und Kooperation

Grußworte

Ascona, die "Hauptstadt der Psychopathischen Internationale" als Zentrum der Internationalen Gesellschaft für Kunst, Gestaltung und Therapie? "Theosophen, Anthroposophen, Yogis, Astrologen, Pendelschwinger, Rohköstler, Sonnenanbeter, Kartenleger und der genügsame Nudist" als Vorgänger der Kunsttherapeuten? Und das "freudvoll" geschriene "Kikeriki!" als Vorwort zum "Allegra!" der Psychosomatiker und Balint-Schüler?

Nein, es sind nicht diese, in einem Beitrag der Tageszeitung "Die Welt" so beschriebenen "anarchistischen und sozialistischen" Vorboten am Monte Verità, die ein Gruppe um den Heidelberger Psychosomatiker Prof. Jakob Anfang der 80er nach Ascona lokkte. Es war die seit den 60er Jahren entstandene psychotherapeutische Kultur, verbunden mit Namen wie Erich Fromm oder Michael Balint oder eben Boris Luban-Plozza (der sich natürlich wehren würde, mit seinen großen Vorbildern in einem Atemzug genannt zu werden), die zur Gründung und Anbindung der IGKGT an diesen Ort führte.
Es war diese Verpflichtung und Zentrierung auf diesen besonderen Flecken Erde, die uns bewog, das neue Jahr/-zehnt/-hundert zu einer Bestandsaufnahme am Ursprung zu nutzen. Es war auch eine Freude und Verpflichtung gegenüber dem langjährigen "ambasciatore d´Ascona nel mondo", dem "Botschafter Asconas in der Welt", unserem Ehrenvorsitzenden Boris Luban-Plozza, uns hier einmal wieder zu versammeln.

Schließlich sollte es auch ein wenig von einem Neuanfang symbolisieren. Denn eine Aufbruchstimmung war all den menschlichen sozialen Schichten Asconas - den Asconas I-IV oder V oder wer hat sie gezählt wie die Archäologen in Troia? - am ehesten gemeinsam, und hatte sie am "Berg der Wahrheit" nach dem Neubeginn suchen lassen. Eine Aufbruchstimmung, die sich bei dieser Tagung im Thema des "Generationenwechsels" und im neu eingerichteten Internationalen Forum niederschlug, durch dass erstmals wieder Kollegen aus mehreren Kontinenten anlässlich einer Tagung der IAACT zusammenkamen.

Mit der Wiedergabe einer Auswahl der Vorträge möchten wir die schöne Atmosphäre jener Tage im Spätherbst von Ascona nochmals lebendig werden lassen, den Teilnehmern zur Erinnerung und den Lesern zur Anregung. Den Referenten danken wir nochmals für ihre Teilnahme und für die Überlassung der Manuskripte.

Allegra!

Philipp Martius und Flora von Spreti

Vorwort

Die 12. Jahrestagung der Internationalen Gesellschaft für Kunst, Gestaltung und Therapie (IGKGT/IAACT) hat wieder an dem Gründungsort der Gesellschaft auf dem Monte Verità in Ascona (Schweiz) stattgefunden. Die Gründung ist dort 1984 unter dem Vorsitz von Prof. Dr.med. Wolfgang Jacob erfolgt, nachdem die Rockefeller Foundation einige Jahre zuvor in Bellagio (Italien) ein Symposium mit dem Thema „The Healing Role of the Arts" veranstaltet hatte. Ziele der Gesellschaft sollen u.a. sein, die Erforschung und wissenschaftliche Durchdringung der Wechselwirkungen zwischen Kunst, Gestaltung und Therapie, insbesondere zwischen Kunst und der Lebensgestaltung des gesunden als auch des kranken Menschen zu fördern. In diesem Zusammenhang sind nicht nur die heilenden, sondern auch vorbeugenden Wirkungen der Künste in der Gestaltung des Alltags, in der Erziehung und im Unterricht, in der Therapie psychischer Erkrankungen, aber auch im Umgang mit Schwerkranken und Sterbenden bezogen auf systematische Untersuchungen und Dokumentationen zu thematisieren.

In einer Zeit der Etablierung der Gesundheitswissenschaften und der Einbeziehung kreativer Therapien in die Ausbildung an Hochschulen und Universitäten hat die Gesellschaft eine stützende Funktion übernehmen können. Wolfgang Jacob, der als Mitarbeiter von Viktor von Weizsäcker in Heidelberg tätig war und die Jahre der Entwicklung einer psychosomatischen Medizin am eigenem Leib erleben konnte, hat ein soziobiographisches Verstehen von Krankheit und Gesundheit vertreten. Ausgehend von dem Verständnis einer „bedingten Gesundheit" in Anlehnung an Fritz Hartmann und der Vorow'schen Krankheitstheorie ging es ihm darum, mittels soziobiographischer Anamnese gemeinsam mit dem Kranken eine zukünftige Lebensperspektive, aus der er mehr Hoffnung und Lebensfreude schöpfen kann, zu entdecken. Im Gegensatz zu einer nur kurativen Medizin, die ausschließlich kausal therapiert, vertrat er eine Stärkung der verbliebenen, also „bedingten Gesundheit". Die gesellschaftliche Aufgabe der Kunst wurde von ihm unter dem Aspekt der Gesundheitsbildung wahrgenommen, d.h., daß die Gesundheitsbildung der Zukunft ohne das sozial verbindende Element des künstlerischen Tuns keine Chance habe. Demzufolge galt es ihm, der „wahren Situation" des Kranken gerecht zu werden, indem zu bedenken ist:

1. Ein ungelebtes Leben kann einen ernsthaft krank werden lassen.
2. Die menschliche Erkrankung und die Krankheit sind nicht allein von biologischen und physischen Kräften abhängig, sondern von Lebenswerten, die die Gestalt des individuellen und des kollektiven Lebens bestimmen.
3. Wenn jemand in seinem Kranksein entsprechend der Krankheitstheorie Virchows, demzufolge Kranksein nichts anderes als "Leben unter veränderten Bedingungen mit dem Charakter der Gefahr" sei, also in "Gefahr gerät", er nur krank oder wieder gesunden kann. Dabei sind die Kräfte, die "Gesundheit gefährden", als

Lebenskräfte zu beachten, die mit bestimmten individuellen und kollektiven menschlichen Lebensumständen übereinstimmen und der wahrlich authentischen Lebensgestalt des Individuums, das erkrankt, zuwiderlaufen. Demzufolge ist es möglich, daß durch vollständige Veränderung der Lebensumstände einer gefährlichen Erkrankung entronnen werden kann (aus: Jacob, Manuskript, 1987).

In der Hinsicht ist anzumerken, daß Alexander Mitscherlich in Anlehnung an Viktor von Weizsäcker 'Krankheit als Krise' bezogen auf eine zweiphasige Form der Abwehr faßt, während Mircea Eliade im übertragenen Sinne von einer existentiellen Krise spricht, in der die Realität der Welt und die Anwesenheit des Menschen in der Welt von neuem in Frage gestellt werden - auch als 'religiöse Krise' zu verstehen. Das Ästhetische kann unter dem Aspekt als Mittler dienen, um über den ästhetischen Erlebensprozeß wieder einen Zugang zu abgewehrten Lebensbezügen zu erhalten, d.h. einen Raum- und Zeitbezug bereitzustellen, in dem neue Bezüge möglich werden. In archaischen Heilungsritualen ist stets ein Element gewesen, profane Weltbezüge zu durchbrechen, einen Raum für eine heilige Zeit und Transzendenz zu schaffen bzw. eine Regeneration über eine Rückkehr zum Ursprung, zum Primordialen zu initiieren. Über die ästhetische Praxis im Rahmen kreativer Therapien läßt sich bezogen auf den eigenen Erlebenshorizont ein Wiedererinnern und eine Reintegration von Verdrängtem und Abgewehrtem im Finden von Neuanfängen bewirken.

Die Jahrestagung unter dem Thema „Generationenwechsel - Aspekte der Wandlung und Innovation in den kreativen Therapien" sollte dazu beitragen, Erfahrungen und Neuansätze in den kreativen Therapien darzulegen und Forschungsperspektiven zu entwickeln. Das Anliegen der Gesellschaft, ein neutrales Forum bereitzustellen, auf dem Wissenschaftler, Therapeuten und Künstler über Grenzen einer berufständische Ausrichtungen hinaus sich gemeinsam über Erfahrungen und Erkenntnisse austauschen können, sollte auch mit der Einbeziehung von Gästen aus dem nichteuropäischen Raum im Rahmen eines Internationalen Forums entsprochen werden. Es ist gelungen, die Tagungsbeiträge wieder in einer Buchform zu veröffentlichen, um Forschungs- und Praxisansätze einer breiteren Öffentlichkeit zugänglich zu machen und eine Etablierung kreativer Therapien im Gesundheitsbereich zu stützen. Die Beiträge der AutorInnen sind alphabetisch unter den jeweiligen Themenstellungen geordnet und zum Teil in englischer bzw. französischer Sprache abgefaßt oder ergänzend mit einem 'Abstract' versehen.

Wir bedanken uns nochmals bei allen, die diese Tagung und Buchveröffentlichung ermöglicht haben, für ihre Unterstützung. Dank sei auch den Sponsoren Robert Bosch-Stiftung, Daimler Chrysler AG und Lascaux Colours & Restauro ausgesprochen.

Ruth Hampe

Der Monte Verità:
Zur Geschichte des Gründungsortes der IGKGT

Alfred Wüger

Wahrheit wandelt sich, wo Menschen sie suchen

Auf dem Monte Verità bei Ascona entwickelte sich aus einer Anarchistenkolonie eine internationale Begegnungsstätte. Hier wurde im Jahre 1984 die Internationale Gesellschaft für Kunst, Gestaltung und Therapie gegründet.

Die Fotografien im Museum in der Casa Anatta zeigen langhaarige und bärtige Männer, bisweilen mit entblösstem Oberkörper, bisweilen schwarz gewandet, im Spiel mit einem nackten Kind auf einer Wiese oder entschlossen in die Kamera blickend. Ernste Gesichter haben sie: die Pioniere des Monte Verità.

Die Anfänge

Der russische Anarchist Michail Bakunin (1814 - 1876) war nach seiner Flucht aus der sibirischen Verbannung über verschlungene Pfade ins Tessin gekommen und lebte 1873/74 in Minusio bei Locarno. Sein Ideal der anarchischen herrenlosen Gesellschaft hatte einige Zeit zuvor zum Bruch mit Marx geführt. Im Rückblick scheint es, als habe Bakunin die Fackel mit dem Feuer der Utopien in die Südschweiz getragen, die in der Folge eine starke Anziehungskraft auf allerlei Idealisten auszuüben begann.

Das ausgehende 19. Jahrhundert war die Blütezeit der Theosophie, einer religiös motivierten Weltanschauung, die Philosophie, Theologie und andere Wissenschaften vermischte und so versuchte, zu höchster Wahrheitsschau und Ethik aufzusteigen. Rein räumlich vollzog sich dieser Aufstieg, als der Locarneser Nationalrat und Theosoph Alfredo Pioda 1889 in Zusammenarbeit mit dem Theosophen und Autor Franz Hartmann, 1895 dann Gründer des sexualmagischen «Ordo Templi Orientis», sowie der Gräfin Constance Wachtmeister ein theosophisches Kloster auf dem damals noch Monescia genannten Hügel errichtete. Schon bald danach heisst er Monte Verità.

Zwanzig wilde Jahre

Diesem Kloster war jedoch keine lange Zukunft beschieden. 1900 kaufte der belgische Industriellensohn Henry Oedenkoven den Hügel Alfredo Pioda ab. Zusammen mit der Pianistin und Feministin Ida Hoffman sowie den Brüdern Karl und Arthur Gräser gründet Oedenkoven eine «Cooperative», um ein naturnahes, vegetarisches Leben zu führen und die freie Liebe zu pflegen. Sie nennen sich Lebensreformer, suchen einen dritten Weg zwischen Kapitalismus und Kommunismus. Die Cooperative hat zunächst eine urkommunistische Prägung, dann wird sie radikal individualistisch. Aus der Cooperative entstand später die Sonnen-Kuranstalt, aus dieser dann ein Sanatorium. Neben gut zahlenden Kurgästen erschienen zahlreiche «Aussteiger». Das Leben auf dem Berg nahm chaotische Züge an. «Wie Oedenkoven und der enge Kreis seiner ernsthaften Mitarbeiter überhaupt ihre Arbeit in den Gärten und Feldern und im Sanatorium durchzuführen vermochten, ist fast unbegreiflich», schreibt der deutsche Schriftsteller und Tessin-Enthusiast Jonny G. Rieger und fügt an: «Die Erhabenheit und der Irrsinn feierten ihre Triumphe auf dem Berg und bekamen ihren Glorienschein.»

Die Medizin hielt 1904 Einzug, als sich der Arzt und Anarchist Raphael Friedeberg in Ascona niederliess. Ihm folgten weitere Anarchisten: Fürst Peter Kropotkin etwa und der Zürcher Armenarzt Fritz Brupacher. Ehemalige Sozialdemokraten wie Karl Kautsky, August Bebel, Otto Braun übersiedelten ins Tessin. Diese Gruppe von Suchenden bereitet den Boden für neuen Idealismus, neue Begeisterung. 1905 träumt Erich Mühsam, Schriftsteller und Anarchist aus Deutschland, davon, in Ascona eine «Republik der Heimatlosen, der Vertriebenen, des Lumpenproletariats, der Opfer des Kapitalismus» zu gründen. Es sollte nicht sein. Am 10. Juni 1934 wurde er im KZ Oranienburg in einer Latrine erhängt.

Der Grazer Psychiater Otto Gross wollte zwischen 1906 und 1911 in Ascona eine Hochschule zur Befreiung der Menschheit aufbauen. Ziel: Rückkehr ins kommunistische Paradies. Als Rudolf von Laban, der bedeutendste Bewegungstherapeut des 20. Jahrhunderts, 1913 seine «Schule für Kunst» auf dem Monte Verità gründet, ist die individualistische Cooperative der Lebensreformer voll im Saft. Von Laban gliedert seine Schule der Cooperative an und will seine Schülerinnen und Schüler fortan in «alle Äusserungsformen des menschlichen Genius» einführen. Und sie kommen! Mary Wigman, Katja Wulff, Suzanne Perrottet. Auch Isadora Duncan besucht den Monte Verità. Durch die vielen Zuwanderer verlor der Berg an Ursprünglichkeit. Grund für die Pioniere, das Weite zu suchen. Sie wandern 1920 nach Brasilien aus. 1926 wurde der Hügel von Baron Eduard von der Heydt erworben, einem grossen Kunstsammler, der den Monte Verità zur grössten künstlerischen Blüte brachte. Der

Berg wird zum Hotel. Um die Malerin Marianne von Werefkin bildet sich die Gruppe «Der grosse Bär». 1927 entdecken die Bauhaus-Künstler, darunter Breuer, Schlemmer, Gropius, Ascona als Ferienort und Gegenwelt zur von ihnen propagierten Bauhaus-Welt. Im selben Jahr wird von Emil Fahrenkamp auf dem Monte Verità nach Bauhaus-Prinzipien das noch heute bestehende Hotel erstellt.

Nicht gefeit vor Anfechtung

Baron von der Heydt trat 1933 in die NSDAP ein und schloss sich 1937, nachdem er Schweizer geworden war, dem nationalsozialistischen «Bund treuer Eidgenossen» an. Aber auch Mary Wigman, Berthe Trümpy und Gret Palucca, selber Halbjüdin, arisierten ihre Tanzschulen in Deutschland freiwillig und traten im Juli 1933 den neuen Organisationen bei. Rudolf von Laban war Protégé von Goebbels und wurde, 53-jährig, zum Tanzmeister der Nation. Für das tänzerische Begleitprogramm zur Olympiade 1936 schuf er ein «Weihespiel» mit Massenchoreografie. Doch es missfiel Goebbels: «Das ist alles so intellektuell. Ich mag das nicht. Geht in unserem Gewande daher und hat gar nichts mit uns zu tun.» Laban emigrierte 1937 nach Paris, später nach London.

An der Jahrestagung der Internationalen Gesellschaft für Kunst, Gestaltung und Therapie im November 2000 zeichnete die kanadisch-stämmige Tanztherapeutin Marianne Eberhard, Leverkusen, auf beeindruckende Weise den Weg nach, den die Tanztherapie seither genommen hat. Diese Therapieform wurde das erste Mal mit grossem Erfolg bei amerikanischen Kriegsveteranen des Ersten Weltkriegs angewendet. Nach dem Zweiten Weltkrieg kam die Tanztherapie von Amerika wieder nach Europa, blieb aber lange dem starken amerikanischen Einfluss unterworfen, so dass man erst in unseren Tagen wieder von einer eigenständigen deutschen Tanztherapie sprechen kann.

Die öffentliche Hand greift ein

Nach 1950 macht das deutsche Wirtschaftswunder Ascona zum mondänen Kurort. 1964 stirbt Eduard von der Heydt und vermacht den Monte Verità dem Kanton Tessin. «Der Zweck der Schenkung», schreibt der Baron, «besteht darin, den Monte Verità als kulturelles und künstlerisches Zentrum zu erhalten.» 1968 kommt es zur ersten kulturellen und psychotherapeutischen Begegnung auf dem Berg. Daraus entsteht unter der entscheidenden Federführung von Professor Dr. med. Boris Luban-Plozza die Reihe der internationalen Balint-Treffen. Diese werden von der Weltgesundheitsorganisation WHO, vom Europarat und von der Gemeinde Ascona unterstützt und widmen sich der Aus- und Fortbildung auf medizinischem sowie psychologischem Gebiet. Aus den Balint-Treffen heraus entwickelten ab 1982 die Monte-Verità-Gruppen, Treffen von Psychologen, Krankenschwestern und Studierenden mit Patienten und Familienangehörigen. 1989 beschloss das Tessiner Kantonsparlament einstimmig, die Schulden der Aktiengesellschaft Monte Verità zu übernehmen und den ganzen Besitz einer Stiftung zu übergeben. Die Fondazione Monte Verità ist heute Schirmherrin.

Während 15 bis 20 Wochen pro Jahr hält die ETH Zürich im Centro Stefano Franscini auf dem «Berg der Wahrheit» Seminare ab.

Hier oben, weitab von Radau und Lärm, lässt sich in Musse spazieren. Über die Erich-Fromm-Wiese, dem Michael-Balint-Weg entlang, bis man etwas unterhalb des heutigen Zentrums zwischen Buschwerk die Casa Anatta erspäht. Der Name ist sanskrit und bedeutet «Nicht-Selbst» oder «Unpersönlichkeit» und verweist auf den Kern der buddhistischen Lehre.

Immer wieder beginnt der Weg

Ein weites Spannungsfeld tut sich auf von den Lebensreformern bis heute, von der Lehre der Leere bis zum höchst individualistischen und zutiefst persönlichen Ansatz der Balintschen Beziehungsmedizin und Psychosomatik. Es ist ein herrlicher Blick in die Weite, der sich einem von hier oben bietet, über den Lago Maggiore und auf die vielen andern Berge rings. Alles Berge der Wahrheit? Der Monte Verità auf jeden Fall wäre nichts ohne die Menschen, die sich hier begegnen, austauschen, lernen und Erfahrungen machen, bevor sie wieder weitergehen. In die Welt hinein.

Theoretische Zugänge zu den kreativen Therapien

Thomas Fuchs

Der Raum in der Kunsttherapie

In der Kunsttherapie geht es für den Therapeuten darum, auf dem Weg über das Bild mit dem Patienten Kontakt aufzunehmen und zu kommunizieren. Dem geht voraus, dass der Therapeut selbst mit dem Bild in eine Beziehung, in eine Kommunikation eintritt. Die Empfindungen, die er dabei an sich selbst erfährt, können ihm Aufschluss über das Erleben des Patienten geben. Vor jeder Deutung liegt daher die Aufgabe, die Kommunikation mit dem Bild genau zu wahrzunehmen, die sich in dem Moment ereignet, wo wir in seinen Raum eintreten. Um den Blick für diese räumliche Beziehung zu schärfen, möchte ich zunächst einige allgemeine Überlegungen zur Phänomenologie des Bildraums anstellen, um dann im zweiten Teil einige spezielle Hinweise zum Raumverständnis in der Kunsttherapie zu geben. Mein Anspruch ist bescheiden: Ich werde keine neuen Methoden darstellen, sondern nur begrifflich zu beschreiben versuchen, was Kunsttherapeuten ohnehin schon tun, wenn auch oft in intuitiver Weise.

Allgemeine Phänomenologie des bildnerischen Raums

Als therapeutisch Tätige sind wir in der Regel in der Situation des Betrachters: Wir sehen die Bilder der Patienten und versuchen, das Dargestellte nachzuempfinden und zu verstehen, vielleicht auch zu deuten. Das sind sehr vermittelte, komplexe Prozesse. Aber was geschieht überhaupt, wenn wir ein Bild betrachten? Ich beginne mit einem bekannten Beispiel, Edvard Munchs Bild "Der Schrei" (Abb.1). Kaum haben wir das Bild erblickt, sind wir bereits "darin", in seinen expressiven Raum einbezogen, obwohl es doch letztlich nur ein virtueller Raum auf einer zweidimensionalen Fläche ist. Das heißt: Wir selbst sehen den Raum in das Bild hinein, wir selbst sind es, die den Raum mitbringen. Gehen wir daher noch einmal vom Bild zurück zu uns selbst (vgl. zum folgenden Fuchs 2000a).

Jeder von uns trägt seinen Raum in sich und mit sich. Latent spüren wir zunächst immer unsere Glieder, unseren *Leib* in seiner räumlichen Ausdehnung, in seiner Lage und momentanen Befindlichkeit. Der Leib meint

Abb. 1

also das Gespürte im Gegensatz zum anatomischen Körper. Vom Leib aus spannt sich ein Netz von Sinnesrichtungen und Bewegungsmöglichkeiten in die Umgebung auf, der *sensomotorische Raum*. Wir spüren die Enge oder Weite des Umraums, empfinden Nähe oder Ferne, Höhe und Tiefe. Doch damit sind die räumlichen Phänomene noch keineswegs erschöpft: Wir spüren nämlich auch bestimmte Atmosphären, ein Klima, eine Stimmung, die "in der Luft liegt", Ausstrahlungen, die von Menschen und Dingen ausgehen. Wir erleben also auch einen *atmosphärischen* oder *Stimmungsraum*. Darüber hinaus sind wir mit anderen Menschen verbunden, etwa im gemeinsamen Hiersein und Zuhören, im gemeinsamen Interesse; vielleicht fühlen wir uns aber auch von ihnen beengt, gestört – wie dem auch sei, wir leben immer in einem *sozialen* oder *Beziehungsraum*. Und schließlich ist der Raum auch potentieller Bewegungs- und Veränderungsraum, Spielraum des Handelns und möglicher Begegnung, also ein *Möglichkeitsraum*. Raum und Zeit sind eine Einheit, insofern der Raum immer auch unsere Möglichkeiten und damit unsere Zukunft beinhaltet.

Das ist also der reichhaltige Raum unseres Erlebens, der sich nun mit dem Bild verbindet, so dass ein dynamischer, seelisch aufgeladener Zwischenraum, ein Kräftefeld entsteht. Denn freilich kommt ihm vom Bild her etwas entgegen: Linien, Flächen, Farben, Formen und Begrenzungen, aus denen sich der Eindruck eines dynamischen Bildraumes ergibt. Aber diese Dynamik können wir nur erleben, weil die Linien und Farben in uns etwas anregen, etwas mitschwingen lassen, eine Resonanz hervorrufen.

Das betrifft zunächst unseren Leib, an den ja das Raumerleben überhaupt gebunden ist; ohne ihn gäbe es keine Richtung, kein Oben und Unten, Vorne und Hinten, Rechts und Links. Wenn wir ein Bild betrachten, verknüpfen sich unser Leib, unsere Sinne und Glieder durch unsichtbare Fäden mit dem Bild und bilden ein dynamisches Feld. Die rechte Bild-seite spricht unsere rechte Körperhälfte an, die linke die linke Hälfte. Der sensomotorische Raum setzt sich im Bild fort: Die Straße in Munchs Bild zieht unseren Blick in die Ferne; wir ahmen im Ansatz die Gestik des Schreienden nach, wir spüren das Wogen des Himmels und der Luft. Auch Farben ziehen uns in die Tiefe oder kommen uns entgegen, lösen vielfältige Empfindungen in uns aus. Aus dem Gesamt an Farben, Formen und Raumqualitäten ergibt sich eine Stimmung, die uns im Betrachten des Bildes erfasst, eine Atmosphäre von Beklemmung, Bedrohung oder Bestürzung - das Bild stürzt ja förmlich auf uns herein! Aber natürlich wird der emotionale Bildraum auch maßgeblich geprägt von den Gesten und Physiognomien dargestellter Personen. Sie sind es schließlich auch, die unseren *Beziehungsraum* ansprechen: Im Betrachten setzen wir uns unwillkürlich an die Stelle der Menschen im Bild, wir spüren etwa die dunklen, sich nähernden Gestalten im Rücken des Schreienden, wir se-hen die Richtung ihrer Blicke; zugleich fühlen wir uns selbst angerufen, denn der Schrei dringt förmlich aus dem Bildraum heraus und trifft uns selbst.

Wie ist es möglich, dass die bloße Bildfläche so vielfältige räumliche Eindrücke hervorruft? Die Gestaltpsychologie hat gezeigt, dass die Wahrnehmung viel mehr vermittelt als Formen und Strukturen, nämlich Bewegung, Dynamik, Gefühlseindrücke.

Zwei Begriffe sind hier bedeutsam: die Gestaltverläufe und die Ausdruckscharaktere. *Gestaltverläufe* bezeichnen das Phänomen, dass wir wahrgenommene Linien, Rhythmen und Bewegungen am eigenen Leib mitempfinden und als Bewegungsan-mutun-gen erleben: etwa das jähe Aufsteigen einer Wasser-fontäne, den Schwung eines Bergumrisses wie des Fudschijama, der uns mit sich nach oben führt, oder ähnliche Empfindungen bei einem steigenden bzw. fallenden Ton. Munchs Bild bietet eine Fülle von solchen Bewegungssuggestionen: der Zug der Straße, das Wogen der Wolken usw. *Ausdruckscharaktere* bezeichnen, wie der Name sagt, den Ausdruck, die expressive oder physiognomische Qualität, die sich am Wahrgenommenen findet, und die zugleich eine emotionale ist. Denn jedem Gefühl entspricht eine eigene Bewegungs- und Ausdrucksgestalt: Denken wir etwa an Gefühle wie Stolz, Freude, Zorn oder Ent-täuschung mit ihren Begleitempfindungen der Erhebung, des Schwellens, Schwebens, Sinkens oder Fallens. Gefühle äußern sich immer in leiblichen Haltungen, Gebärden und entsprechenden Bewegungsverläufen, die sich auch graphisch darstellen lassen.

Betrachten wir z.B. zwei Linien, die eine fallend, die andere steigend (Abb. 2): Die linke empfinden wir als hängend, müde, traurig, die rechte als aktiv, stolz. Diese Ausdrucksqualitäten sind es auch, die uns z.B. von "Trauerweiden" sprechen lassen (die fallende Linie) oder von einem sich "stolz" aufplusternden Gockelhahn (die steigende Linie). Oder vergleichen wir unsere Empfindungen bei einer gezackten und einer ge-rundeten Linie (Abb. 3): Wir werden sie mit Qualitäten wie aggressiv vs. weich, bedrohlich vs. verspielt, vielleicht auch männlich vs. weiblich o.ä. beschreiben.

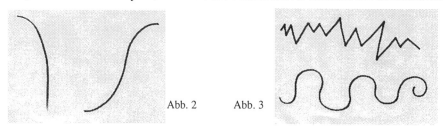

Abb. 2   Abb. 3

Die Ausdruckswahrnehmung ist ursprünglicher als die gegenständlich-sachliche, die wir als Erwachsene gelernt haben. Werner hat bereits 1959 die physiognomische Wahrnehmung von 2jährigen Kindern untersucht: Sie empfanden eine ansteigende Schnörkellinie als "fröhlich", eine gezackte Linie als "ärgerlich" oder "wütend", einen abfallenden Bogen als "traurig", einen spitzen Handtuchhalter als "böse", eine auf der Seite lie-gende Tasse als "müde" (Werner 1959). Ebenso in der akustischen Modalität: Ein aufsteigender Ton wird eher als fröhlich, ein abfallender eher als traurig empfunden. Ausdruckscharaktere wecken also bestimmte Gefühle, und sie sind in verschiedene Sinnesmodalitäten transponierbar. "Sinkend", "müde", "traurig" ist das Gemeinsame in der Wahrnehmung fallender Linien, fallender Töne, eingesunkener körperlicher Haltungen und gedrückter Gefühle. Andere Beispiele wären Ausdrucksqualitäten wie "schneidend", "weich", "verblassend", "anschwellend", "explosiv", etc. Man kann z.B. von Wasser, von Licht oder von Tönen "überflutet" werden ebenso wie

von Freude oder Ärger. Ausdruckscharaktere bezeichnen also Grundqualitäten des
Erlebens, die sich in verschiedene Modalitäten transponieren lassen. In der
Säuglingsforschung konnte Daniel Stern (1998) inzwischen solche Grundqualitäten
schon bei Babys nachweisen, er bezeichnete sie als "Vitalitätsaffekte". Es ist offensichtlich, welche maßgebliche Rolle diese transponierbaren Qualitäten für die
Bildrezeption spielen, denn durch sie wird der Wahrnehmungs-raum ein "seelisch aufgeladener" Raum.

Warum bin ich nun so ausführlich auf unser eigenes räumliches Bilderleben eingegangen? Weil wir annehmen können, dass der Maler des Bildes beim Malen ganz ähnliche
Empfindungen gehabt und sie im Bild, in seinen Linien, Farben und Formen zum
Ausdruck gebracht hat. Da die räumliche, sinnliche und Ausdruckswahrnehmung uns
allen gemeinsam und gewissermaßen in die Wiege gelegt ist, können wir sie auch nut-
zen, um uns im Medium des Bildes auszudrücken. Das heißt für die Kunsttherapie:
Die Art und Weise, wie das Bild uns affiziert, verrät etwas von den Affektionen, den
seelischen Regungen des Patienten. Oder mit anderen Worten: Indem wir die
Räumlichkeit des Bildes "am eigenen Leib" erleben, können wir aus unseren
Empfindungen auf das Erleben des Patienten rückschließen, das sich im Bildraum
zum Ausdruck gebracht hat. Es handelt sich also gewissermaßen um eine indirekte
Empathie.

Frei-lich ist hier ein Vorbehalt notwendig. Die bildnerische Darstellung ist keineswegs
reiner Selbstausdruck wie etwa die spontane leibliche Mimik oder Gebärde. Sie ist
vielmehr vermittelt über den virtuellen Raum des Bildes, dessen Gestaltung in unter-
schiedlichem Grad der bewussten Steuerung unterliegt. In dieser Vermitteltheit liegt
andererseits die Möglichkeit der Distanzierung, der Gegenüberstellung. Das Bild "ist"
ja das Dargestellte und ist es doch wieder nicht – es ist ja nur das Bild des Wirklichen.
Daher zeigt sich auch der Maler nicht unmittelbar in dem, was er gemalt hat. Das
erlaubt es dem Klienten, sich unangenehmen Themen zunächst in indirekter, verdek-
kter Form zu nähern. Für den Therapeuten ist es wichtig zu zu unterscheiden, inwieweit das Dargestellte spontaner Ausdruck ist, und inwieweit nur eine reflektierte
"Bildsprache", quasi ein Ersatz für die sprachliche Kommunikation. Nicht jedes
Symbol ist Ausdruck des "Unbewussten", und es gibt hier alle Grade der
Reflektiertheit bis hin zu Selbststilisierung und Manierismus.

Sehr nahe am reinen Ausdruck liegen Verfahren wie das von Maria Hippius entwickel-
te "Ge-führte Zeichnen": Mit geschlossenen Augen soll der Zeichnende sich von der
Bewegung seiner Hände führen lassen und den spontanen Gebärden seines Leibes
nachgehen. Dabei entstehen Urformen wie runde und gerade Linien, Kreise, Schalen,
Bögen, Wellen, Spiralen, geschlossene oder impulsiv durchbrechende Formen –
Ausdrucksbewegungen, die die Gefühle und Imaginationen des Zeichnenden anregen.
– Am anderen Extrem der Malerei liegen hochreflektierte, symbolbeladene Bilder, die
mehr Zeichen- als Ausdruckscharakter haben – nehmen wir als Beispiel Dürers
Melancholie-Darstellung. Viele Bilder von Patienten enthalten mehr oder minder

bewusst gewählte Symbole – Herzen, Tränen, Dornen usw. – die dann allerdings
weniger Ausdruckscharakter haben als die spontane Darstellung von Erlebtem.

Zur speziellen Phänomenologie des bildnerischen Raums

Nach diesen einschränkenden Bemerkungen möchte ich nun einige Beispiele für die
Anwendung räumlicher Erlebniskategorien bei der therapeutischen Bildbetrachtung
geben. Wir haben gesehen, dass Raum und Bewegung im Erleben des Bildes nicht zu
trennen sind, weil wir Linien, Formen und Farben dynamisch, also bewegt und gerichtet sehen. Bewegung ist aber auch das Hauptmerkmal des seelischen Lebens, nämlich
der Ge-fühle ("E-motionen"), der Triebe oder "Motive", die uns zu etwas bewegen,
und der Beziehungen zu anderen, von denen wir uns z.B. "angezogen" fühlen. Als
Bewegung im Sinne eines zeitlichen Prozesses können wir schließlich auch die persönliche Entwicklung, den Lebenslauf, das Zurücklassen des Vergangenen und das
Anstreben von künftigen Zielen verstehen.

Weil nun die Gestaltverläufe und Ausdruckscharaktere des Bildraums Grundqualitäten
sind, lassen sie sich auch als Hinweise auf diese verschiedenen seelischen
Erlebnisdimensionen auffassen – auf die Richtungen der Gefühlsregungen, der
Beziehungen oder der Lebensentwicklung. Zunächst zwei einfache Beispiele für
Gefühlsausdruck: Abb. 4 - ein Vulkanausbruch - zeigt deutlich zentrifugal gerichtete
Ausdruckscharaktere als Hinweis auf expansive, womöglich aggressive oder auch
maniforme Gefühlslagen. In Abb. 5 hingegen dominieren die zentripetalen Richtungen
– die auf die Rose, also ein zart-verletzliches Wesen gerichteten Speere – als Hinweis
auf empfundene Bedrohung, Einengung und Schmerz, also eine gedrückte oder

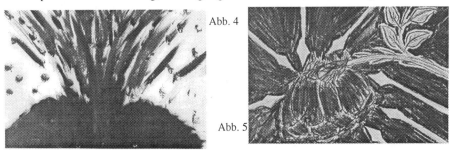

Abb. 4

Abb. 5

depressive Stimmungslage. Jedesmal ist der Ausdruck unmittelbar nachzuempfinden,
das Heftig-Eruptive im einen Fall, das Verletzliche und Bedrohte im anderen.
Etwas ausführlicher möchte ich auf die Verbindung von Raum und zeitlicher
Lebensbewegung eingehen. Zahlreiche Untersuchungen haben gezeigt, dass die
Bildfläche keineswegs völlig homogen erlebt wird, sondern ihre Aufteilung bestimmte
Tendenzen nahelegt. Sie lässt sich als Lebensraum auffassen, in dem die Richtung
nach rechts mehr die Zukunft, die Aktivität, das äußere Leben darstellt, während die
Richtung nach links eher das Vergangene, die Passivität und die Verinnerlichung

anzeigt. Darin schlägt sich natürlich die Dominanz der Rechtshändigkeit in unserer Kultur nieder: Wir schreiben von links nach rechts, und alle Zeitdarstellungen, etwa in der Statistik, verlaufen in diese Richtung (in Schrift-kulturen, die von rechts nach links schreiben wie in Japan, verhält es sich umgekehrt; hingegen empfinden Linkshänder in unserer Kultur nicht anders als die Rechtshänder). Läßt man Patienten ihre Lebenssituation in Form einer Brücke darstellen, so liegt in der Regel links die Vergangenheit oder Kindheit, rechts die Zukunft, und man kann nun die Position des Zeich-nenden in dieser Bewegung näher untersuchen. Die unterschiedliche Raumqualität von links und rechts läßt sich eindrucks-voll demonstrieren, wenn man ein Bild spiegelt (Abb. 6 und 7): Im Original der Rembrandt-Landschaft zieht Unwetter auf, und die Bäume schauen gewissermaßen voraus in die von ferne her lo-ckende Ebene: In der gespiegelten Kopie zieht das Unwetter ab, und die Bäume wir-ken eher als Barriere.

Abb. 6

Abb. 7

Ebenso läßt sich die obere Hälfte des Bildes mehr dem Kopfbereich, dem Geistigen, der Welt der bewussten Ideen und Erwartungen zuordnen, die untere Hälfte eher dem Materiellen, dem Sedimentierten und dem ins Unbewusste Abgesunkenen. An solche Raumschemata kann sich auch manch Ideologisches knüpfen, wie im folgenden Schema zur Schriftinterpretation (Abb. 8): Nach rechts die Richtung zu "Du – Tat – Vater – Mann", wäh-rend die Frau nach rückwärts und zum Schaf hingewandt ist, das Kind aber voraus zum Vater strebt, der bereits den neuen Samen auswirft.

Etwas nüchterner, wenngleich ähnlich aufgebaut ist das relativ komplexe Quadranten-schema der Bildfläche, das der Kunsthistoriker Grünwald anhand von Befragungen und von Analysen zahlreicher Kunstwerke entworfen hat (Abb.9). Die Mehrzahl der Befragten gab an, sich in der Bewegung von links unten nach rechts oben zu sehen; die Richtung nach rechts unten wurde hingegen als unangenehm, als Absturz erlebt. Der Bildraum links unten bedeutete Anfang, Geburt, rechts oben Ziel, Höhe-punkt, Ende oder auch Tod; rechts unten hingegen eher Verfall oder Hölle. Links oben liegt ein Bereich der Leere, des Nichts, aber auch der "Lichteinströmung aus dem Kosmischen". Hierhin geht am ehesten die Richtung der Sehnsucht, des Wunsches und des Rückzugs. Auch eine Zuordnung der vier Elemente lässt sich danach vorneh-men: Wasser links, Erde rechts unten; Luft links, Feuer rechts oben.
Diese Einteilungen sollen hier nicht näher kommentiert werden – es kam mir nur dar-auf an, die Möglichkeiten anzudeuten, die in dieser räumlichen Interpretation liegen, aber freilich nicht zu schematisch gebraucht werden dürfen. Ein Beispiel möchte ich

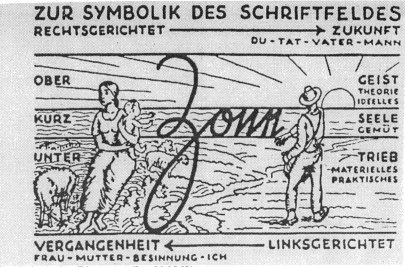

Graphologisches Diagramm (Jacobi 1969)
Abb. 8

aber noch geben für die Bedeutung des Bildrahmens und der Bildvertikale, nämlich anhand einer Baumzeichnung eines Patienten von Gisela Schmeer (1992, Abb. 10): Der Baum erscheint kräftig entwickelt, strebt in zahlreichen Verzweigungen auf-wärts, wird aber durch den Bildrahmen eingezwängt und abgeschnitten. Auf einer erweiterten Fläche (Abb.11) erhält der Patient die Möglichkeit, sein Wachstum zu vervollständigen und zu beleben.

Wir sehen daran, wie die Bildfläche auch den *Möglichkeitsraum* darstellt, den ich zu Beginn als eine Dimension des gelebten Raums erwähnt habe. Wie der Patient die

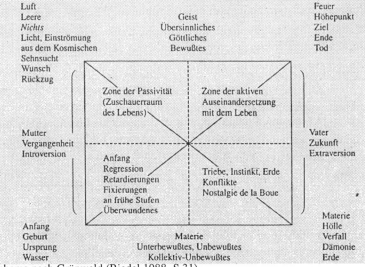

Raumschema nach Grünwald (Riedel 1988, S.31)
Abb. 9

Abb. 10   Abb. 11

Fläche gestaltet und nutzt, gibt Hinweise den Spielraum, den er sich selbst "ein-
räumt", auf die Wachstums- und Entfaltungsmöglichkeiten in seinem Lebensraum.
Räumliche Enge, Beklemmung, Angst bedeuten immer auch das Schwinden von
Möglichkeiten, von Zukunft; räumliche Weite verweist auf das Gegenteil.

Darüber hinaus veranschaulicht das Baummotiv noch einmal die Gestalt- und
Ausdruckscharaktere. Auch Bäume vermitteln ja Bewegungsanmutungen. Der Blick
folgt dem aufstrebenden Stamm, verliert sich in den Verästelungen, hebt sich über die
Krone zum Himmel empor. Wir sehen die Kraft des Stammes, das Klammern und
Krallen der Wurzeln, das Spreizen der Zweige – wir spüren die ganze Gestalt des
Baumes am eigenen Leib, wie ein Tänzer, der in einer Position innehält. Die Vertikale
des Baums gleicht der aufrechten menschlichen Haltung. Daher erkennen wir an
Bäumen auch innere Haltungen wieder, sei es am zarten Wuchs einer Birke oder am
störrischen Widerstreben einer sturmgeprüften Eiche; wir nehmen das stolze
Emporstreben wahr, das kummervolle Sich-Hängenlassen, das bedrückte Sich-Ducken
und -Verkriechen. Dadurch eignet sich das Baummotiv besonders für den Ausdruck
des jeweiligen Maßes von Verwurzelung, Vitalität, Sicherheit, Belastbarkeit,
Entfaltung und Fruchtbarkeit.

Nur noch als Ausblick will ich auf eine letzte seelische Bedeutung des Räumlichen
verweisen, nämlich auf den Beziehungsraum. Auch interper-sonale Beziehungen
haben ja durchaus räumliche und Richtungsqualität, wie wir dies besonders deutlich in
den Familienaufstellungen erleben können. Wir tragen ja alle ein unsichtbares Netz
von Beziehungen zu den relevanten Personen unserer Lebensgeschichte mit uns,
Personen, die uns "zur Seite", "hinter uns" oder "uns gegenüber stehen", die uns
"näher" oder "ferner stehen" – und dies ist durchaus räumlich zu verstehen (Fuchs
2000b)! Und so können wir auch die Stellung und Beziehung von Personen im Bild
nachempfinden – ich erinnere nur an Munchs Bild des Schreis mit der besonderen
Qualität der im Rücken der Hauptfigur spürbaren, sich nähernden Gestalten. Gisela
Schmeer (1992) hat nun mögliche Bedeutungen der räumlichen Darstellung von
Personen in einem Schema dargestellt, das ich abschließend zeigen möchte (Abb.12):
Rechts von der Hauptfigur kann beispielsweise eine Vorbild- oder Führungsfigur,

anderseits eine hemmende, blok-
kierende Person stehen – ich erinnere an die Qualität der rechten und
linken Bildseite. In der Vertikale
drückt sich Unter- und Überordnung
räumlich aus; so mag über der
Hauptfigur ein "Bedrücker" oder
aber eine idealisierte Person dargestellt sein, usw.
Damit seien die skizzenhaften
Hinweise auf mögliche Anwendungen der Raumphänomenologie abgeschlossen. Das Raumgefühl, das
letztlich in unserem leiblichen Spüren begründet ist, ermöglicht dem
Menschen nicht nur eine Grund-
orientierung in der äußeren Wirklichkeit, es drückt auch "Grund-
richtungen" seiner Existenz aus.
Enge, Weite, Steigen, Fallen,
Sinken, Schweben, Angezogen-
oder Abgestoßenwerden sind Bewegungen, die gleichermaßen leiblich,
sinnlich, gefühlhaft und seelisch

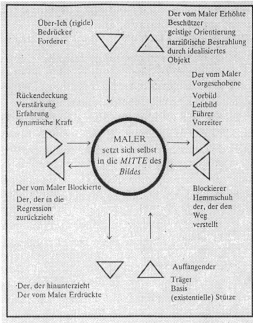

Raumschema der persönlichen Beziehungen
(Schmeer 1992, S.129)
Abb. 12

erlebt werden und sich daher auch in diese verschiedenen Erlebnisdimensionen transponieren lassen. Die elementare Qualität des Leiblich-Räumlichen ist die Voraus-
setzung dafür, dass wir uns non-verbal ausdrücken und miteinander kommunizieren
können, sei es künstlerisch, therapeutisch oder in der Verbindung von beidem.

Literatur

Deuser, O. (1993) Geführtes Zeichnen. In: Baukus, P., Thies, J. (Hrsg.) Aktuelle Tendenzen in
    der Kunsttherapie, S.124-130. Fischer, Stuttgart Jena New York.
Fuchs, T. (2000a) Leib, Raum, Person. Entwurf einer phänomenologischen Anthropologie.
    Klett-Cotta, Stuttgart.
Fuchs, T. (2000b) Familienaufstellungen aus phänomenologischer Sicht. Praxis der
    Systemaufstellung 1/2000, 13-16.
Jacobi, J. (1969) Vom Bilderreich der Seele. Walter, Olten/Freiburg.
Riedel, I. (1988) Bilder in Religion, Kunst und Therapie. Kreuz, Stuttgart.
Schmeer, G. (1992) Das Ich im Bild. Ein psychodynamischer Ansatz in der Kunsttherapie.
    Pfeiffer, München.
Schuster, M. (1986) Kunsttherapie. Die heilende Kraft des Gestaltens. Dumont, Köln.
Stern, D.N. (1998) Die Lebenserfahrungen des Säuglings. 6. Aufl., Klett, Stuttgart.
Werner, H. (1959) Einführung in die Entwicklungspsychologie. 4. Aufl. Barth, München.

Boris Luban-Plozza

Kunst in der Therapie, von der Praxis zur Theorie

Wir bringen Kreativität mit Spontaneität, Überraschungsmomenten, Neuartigkeit und Freiheit in Verbindung, auch mit dem Spiel.

Kreativität wird oft von einer gewissen Angst begleitet, weil sie in einen unvertrauten, fremden Bereich vordringt. Wir können das Fremde und Unbekannte nur in aufregend Neues umwandeln, wenn wir es im Sinne einer Entdeckungsfahrt von verschiedenen Perspektiven aus durcharbeiten.

Die Wahrnehmung der äußeren Wirklichkeit findet für alle Menschen auf recht ähnliche Weise statt während jeder von uns sich auf eine ganz persönliche Art mit seiner, vom Unbewußten abhängigen imaginären Welt zurechfinden muß. Daran ändert auch die These eines parallelen kollektiven Unbewußten (C.G.Jung) grundsätzlich nichts. Es ist kaum erstaunlich, daß die bildnerische Wiedergabe der unbegrenzten Welt des Imaginären damit der Kreativität des Menschen einen enormen Spielraum verleiht. Doch kann das Resultat solcher Kreativität den Betrachter nur dann berühren, wenn Form und Inhalt ihn ebenfalls treffen, wenn das Werk den anekdotischen,persönlichen Rahmen des Künstlers überschreitet, um eine allgemeingültige, im besten Fall universelle Bedeutung zu erreichen.

Die Primärprozesse:
Zeit-Raum-Bewegung-Gefühle werden dabei isomorphisch berücksichtigt.
„Kunsttherapien" bedeuten nicht nur Beschäftigung und gezielte Anwendung:

Kreativität als Kraft zur Selbsthilfe

Das Wirken der "dritten Hand" - ähnlich derjenigen des "dritten Ohrs" wird dort sichtbar, wo Farben nicht mehr zu ödem Braun gemischt erscheinen, sondern auseinandergehalten werden, wo Figuren und mit ihnen Vorgänge in Bildern Einzug halten. Kreativität, schöpferisch sein, heisst tief erleben, nicht nur lesen, schreiben, musizieren, malen u.a., sondern einfach sich von den kleinen alltäglichen Schönheiten des Lebens berühren lassen. Die manchmal überraschende Entdeckung von kreativen Fähigkeiten kann als Kraft zur Selbsthilfe werden, besonders im Alter. Jeder besitzt seinen eigenen Rhythmus, der nicht so selten erst spät zum Spielen kommen kann, wenn der möglichen Bremswirkung äusserer Umstände keine so grosse Bedeutung mehr zukommt. Die Gefühlswelt erlaubt, das bis anhin Unausgesprochene zu entdekken, das in jedem schlummert und Unbewusstes bewusst zu machen. Träume, Phantasien, Sehnsüchte finden so einen ungebremsten Lauf.

Kreative Ausdrucksformen sind eine der elementaren Kommunikationsmöglichkeiten des Menschen. Sie entsprechen vielleicht einer noch ursprüngliche ren Äusserung des menschlichen Wesens als das Gespräch - auch im Schlaf („kreativer Schlaf", REM-Phasen).

Es geht um die Entfaltung von schlummernden Kräften und die Wiederentdeckung vom Selbst, wobei dies oft erst in der Gruppe möglich ist, besonders beim Singen und Tanzen. Auch kleine Freuden können das Wohlbefinden stärken und damit das körperlich-seelische Gleichgewicht positiv beeinflussen. Solidarität zwischen Jungen und Alten, Gesunden und Kranken, kann sehr behilflich sein, aber das eigentliche, tiefere Potential, das früher durch äussere Umstände und Pflichten verdeckt war, kann erst im Alter entdeckt und gepflegt werden. Unbewusste Kräfte und verdeckte Fähigkeiten können sich durch neue Inspiration und In tuition entfalten. Jeder kann durch Musik und andere Kunstformen sein eigenes Unausgesprochenes entdecken und ausdrücken, er kann träumen, phantasieren, assoziieren, sowoi Erinnerungen als auch Gefühlen freien Lauf lassen und dabei, gewissermassen mit der Seele hörend, ein "drittes Ohr" ausbilden; die eigenen Träume besser wahrnehmen (vielleicht während des Frühstücks erzählen).

Das Bewusstwerden dieser oft unbewussten Zusammenhänge kann durch künstlerischen Ausdruck die geistigen und seelischen Kräfte des Menschen wecken: vom Unausgesprochenen bis zur schöpferischen, auch symbolhaften, Unruhe und Gestaltung. Es geht um kreisende Gegensätzlichkeiten wie bei der Funktion der Träume (G. Benedetti):

Immanenz versus Transzendenz
Aussichtsiosigkeit versus Aussicht
Selbstentfremdung versus Selbstfindung
Aufspaltung versus Verdichtung
Separation versus Symbiose
Imagination versus Symbolisation

Künstlerischer Ausdruck und Kranksein stehen in vielfältiger Beziehung zueinander. Sei es, dass Krankheit erst künstlerische Ausdrucksweisen hervorbrechen lässt, sei es, dass Krankheit und Gebrechlichkeit künstlerisches Schaffen in neue Bahnen leiten. Dem widmet sich die Internationale Gesellschaft für Kunst, Gestaltung und Therapie. Sie wurde im Jahr 1984 auf dem Monte Verità/Ascona gegründet, nachdem die Rockefeller-Foundation einige Jahre zuvor in Bellagio (Italien) ein Symposium mit dem Thema „The Healing Role of the Arts" veranstaltet hatte, das wegweisend für alle weiteren Entwicklungen bis hin zu den sog. "therapeutischen Krisen" bei Patienten geworden ist.

Ziel der Gesellschaft ist die Erforschung und wissenschaftliche Durchdringung der Wechselwirkung zwischen Kreativität, Gestaltung und Therapie, insbesondere zwischen Kunst und Lebensgestaltung des gesunden wie des kranken Menschen.

Die Selbstverwirklichung geschieht immer in der Begegnung mit andern. Es fängt schon an mit der Entwicklung des Selbstwertgefühls. Kein Mensch kommt mitSelbstwertgefühl zur Welt. Ohne Begegnung mit anderen gibt es keine Selbstentwicklung und keine Selbstverwirklichung.

Wesentlich ist eine gute, gesunde Annahme seiner selbst. Erst so spielt die Beziehung zum Mitmenschen. Darin liegt der Grundzug einer echten Selbstverwirklichung. Auch die lustvolle Durchdringung des Lebensraums entspricht der Bewahrung der Neugierde.

Leider wird in der Erziehung viel spontane Neugierde unterdrückt oder sie verkümmert im Wohlstand. Dadurch gehen viele positive Gefühle verloren.

Neugierde entspricht der Spontaneität. Wo die Neugierde unterdrückt wird, stirbt die Spontaneität, stirbt Kreativität.

Kreativität hingegen macht das Leben lebenswert und bewahrt die Hoffnung.

Kunst bedeutet auch "alternative" Sprache - ansonsten wird zuviel Lexikalisches an Stelle anderer Komunikationsmittei gebraucht. Kognitiv und bei der Sprache (Sernantik) besteht keine Zeitdimension, wie z.B. bei crescendo / decrescendo in der Musik.

In der Kunst steht Zeit und Raum im Vordergrund (in der Musik: mehr Zeit; in der Malerei und Skulptur: mehr Raum).

Interessant ist die Feststellung, dass Zeit und Raum auch bei körperlichen Organen eine wichtige Roiie spielen. Könnte deswegen auch Kunst eine Brücke zu den Organen, zur Medizin bedeuten - zur körperlichen Dimension? Jedenfalls geht es um Gefühlsregungen und Betroffenheit.

Perspektiven

Wir möchten zu einem neuen transdiszipiinären Zugang verhelfen dank

1. Grundlagenforschung:
   a) die Kommunikation zum Patienten - Beziehungsdiagnose und Beziehungstherapie im Sinne M. Balint's
   b) Kommunikation durch Kunst integriert (zur lexikalischen Kommunikation)

2. Ausbildung für Kunst-Therapeuten, Künstier, interessierte Ärzte und Psychologen: Koordination der Ansätze dazu in den verschiedenen Ländern.

3. Ausarbeitung von klaren Indikationsstellungen für die verschiedenen Richtungen der Kunst-Therapie. Damit Schaffung einer Synopsis der Künste im therapeutischen Bereich.
   Die Kunst ergänzt die Wissenschaft, auch durch die Internationalen Ascona

Gespräche, seit 34 Jahren. Durch enge Verbindung sollte der Kontakt zum Monte Verità als ständige Bleibe und Heimat geschaffen werden, zum 100-jährigen Jubiläum.

Literatur

Luban-Plozza, B./ Delli Ponti, M./Dickhaut, H.-H. (1995). Musik und Psyche - Hören mit der Seele (1988). Basel/Boston/Berlin: Birkhäuser Verlag.

Luban-Plozza, B./Knaak, I./Dickhaut, H.-H. (1998). Der Arzt als Arznei. Das therapeutische Bündnis mit dem Patienten. (7. Auflage) Köln: Deutscher Ärzteverlag.

Stubbe, E./Petzold, E. (Hrsg.) (1996). Studentische Balint-Arbeit. Beziehungserlebnisse im Medizinstudium- 20 Jahre Balint-Preis Ascona. Stuttgart/New York: F.K. Schattaue Verlag.

Petzold, E./Pöldinger, W. (1998). Beziehungsmedizin auf dem Monte Verità. 30 Jahr Psychosomatik in Ascona. Wien/New York: Springer Verlag.

Verdeau-Pallés, J./Luban-Plozza, B. (1995). Delli Ponti M. La "troisieme Oreille" e la pensée musicale. Paris: Ed. J.M. Fuzeau.

Walter Pöldinger

Feuer und Wandel

Eine 48-jährige Frau, verheiratet und kinderlos, kommt wegen ängstlich depressiver Verstimmungszustände in meine Sprechstunde. Sie leidet unter ihrer Kinderlosigkeit, aber noch mehr unter der Tatsache, dass sie mit einem Mann verheiratet ist, der bestens für alles sorgt, ihr treu ist, aber keine Zärtlichkeit zeigen kann. Mit dem Beginn ihrer Verstimmungen endeten die bisherigen sexuellen Beziehungen, in denen sie immer ein Maß an Zärtlichkeit und die Möglichkeit, über Gefühle zu sprechen, vermisst hat. Wenn sich ihr Mann nach ihrem Befinden erkundigt und sie ein Gespräch beginnen will, sagt er immer "Wir haben doch nichts zu besprechen."

Unter einer antidepressiven Behandlung mit Citalopram, einem Antidepressivum, verlor sie ihre Hemmungen, zu sprechen, und wir konnten eine analytisch orientierte Gesprächstherapie beginnen. Leider konnte sie über keine Träume berichten. Daher bat ich sie, spontan zu zeichnen oder zu malen, was sie bisher nicht getan hatte.

Nachdem sie die Schwierigkeit "Ich kann weder zeichnen noch malen" überwunden hatte, brachte sie ein erstes Bild mit, von dem sie meinte "Durchkreuzte Träume mit Gesicht". Später assoziierte sie, in der Mitte handle es sich um ein eben gezeugtes Kind, von dem sie zuerst meinte, es handle sich um das Kind, das sie nicht hatte bekommen können, später sah sie sich selbst zwischen Vater (grün) und Mutter (rot). (Abb. 1) Das

Abb. 1

nächst Mal brachte sie wieder ein Bild mit, das sie spontan gemalt hatte. (Abb. 2) Sie meinte, ein "volles Herz" gemalt zu haben, das frei sei. In der Folge assoziierte sie, das Bild stelle ihre Zerrissenheit dar. Äußerlich sei sie mit ihrem Leben und ihrer Ehe zufrieden, innerlich leide sie unter der "Kälte" ihres Mannes. Sie "zucke zusammen, und reagiere abweisend, wenn er sie nur berühre".

Abb. 2

In einem dritten Bild (Abb.3) erlebte sie ihr Werden und ihre Ehe, als eine Entwicklung, die einen Kreuzweg darstellte. Sie – die sehr fromm sei – erlebe sich zunehmend als "Gekreuzigte", kämpfe aber dagegen an, letztendlich ans Kreuz geschlagen zu werden.

Auf dem nächsten Bild (Abb.4) zeigt sie sich dann als "Gekreuzigte". In der weiteren Therapie entwickelten wir den Gedanken, dass sie sich nicht nur passiv erleben dürfe, wie sie sich darstelle, sondern müsse beginnen, ihr Leben aktiv zu gestalten. In die nächste Stunde brachte sie ein Bild mit (Abb. 5), das sie in Anlehnung an die Bibel als "brennenden Dornbusch" bezeichnete. Später assoziierte sie, das Kreuz, auf das sie sich passiv gehängt fühle, sei verbrannt, und das brennende Kreuz habe sich in den brennenden Dornbusch verwandelt, aus dem vielleicht der Gott der Liebe zu ihr sprechen werde. Und in dem nächsten Bild (Abb. 6) sah sie sich selbst in dem brennenden Dornbusch. Und sie wusste, dass sie nicht auf den Gott der Liebe warten dürfe, sondern sie selbst müsse das "Heiße Eisen ihres Lebens und ihrer Liebe" schmieden. Schließlich verwandelte sie sich im Feuer zu einer glühenden Masse, die bereit war, neu gegossen zu werden. Und so wurde ihr klar, dass sie sich im Feuer der Schmerzen wandeln müsse.

Und von nun an begannen sich unsere Gespräche von der Vergangenheit ab- und der Zukunft und ihrer Gestaltung zuzuwenden. Zunächst wurde darüber gesprochen, ihren Mann in die Gespräche mit einzubeziehen. Denn die Frage war ja noch offen, kann er über sich und seine Gefühle und erotischen Bedürfnisse reden oder "gibt es da nichts zu sagen". Danach würde sich dann die weitere eigene Lebensgestaltung der Frau richten.

Zusammenfassend

Bildnerische Gestaltungstherapie ist ein Teil jener kreativen Therapie, die sich in der Psychodynamik psychischer Erkrankungen deshalb so bewährt haben, weil die Anregung der Kreativität natürlich den Übergang von krank machenden – pathogenetischen zu gesund machenden und gesund erhaltenden – salutogenetischen Faktoren sehr fördert. Die Ziele der kreativen Therapien kann man wie folgt zusammenfassen:
- Erleben ohne Zwang und Vorschrift gestalten zu dürfen
- Erleben, etwas zu können, ohne von den Fähigkeiten vorher gewusst zu haben
. Erleben der averbalen Möglichkeit zur Kommunikation
- Erleben der Verstärkerwirkung der Gruppen bei gruppenweiser Therapie
- Künstlerisch, d.h. emotionale zu gestalten, regt dazu an, auch das weitere Leben gestalterisch unter Bezug auf die Emotionalität zu planen
- Training der meist unterentwickelten, nicht dominanten Hemisphäre, um in Zukunft auch vermehrt emotional und aus synthetischer Sicht zu planen und zu handeln
- Ausgleichsmöglichkeiten für die geforderte Rationalität erlernen.

Abb. 3

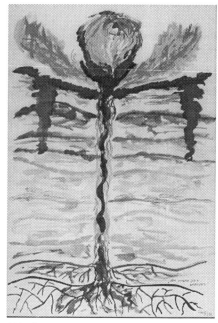

Abb. 4

Abb. 5

Abb. 6

„Mensch, wie bist du klein"

Literatur

Bader A.: Kreativität und Kunst aus psychopathologischer Sicht. Schweiz. Arch. Neurol.,
    Neurochir., Psychiat. 125:77 (1980)
Bader A., Navratil L.: Zwischen Wahn und Wirklichkeit. Kunst – Psyche – Kreativität. Bucher,
    Luzern Frankfurt / M. 1978
Bendetti G.: Der Geisteskranke als Mitmensch. Vandenhoeck & Ruprecht. Göttingen 1976
Jung C.G.: Der Mensch und seine Symbole, Walter Olten 1968

Dietrich Ritschl

Zeiterleben und Zeitinterpretation in der Kunsttherapie

Einleitung

Erlauben Sie mir einige Sätze zur Einleitung unserer Referate zu Raum und Zeit in der Kunsttherapie. Herr Fuchs, Oberarzt in der Psychiatr. Klinik der Univ. Heidelberg, hat über "Zeit" gearbeitet und unter anderem über "Zukunft und Zufall" unter starker Heranziehung wichtiger philosophischer Stimmen geschrieben[1] - er wird aber heute gerade nicht über "Zeit", sondern über Wahrnehmung und Erleben des "Raumes" sprechen. Ich habe auch seit einigen Jahren über "Zeit" gearbeitet; einer meiner ehemaligen Doktoranden, Wolfgang Achtner, hat kürzlich einen Bestseller über "Zeit" im Hinblick auf Entwicklungen in der Physik und ihrer Rezeption sowie in verschiedenen Weltreligionen herausgebracht[2], und ich habe den Versuch einer Kritik am Übergewicht räumlicher Kategorien in Psychoanalyse und Psychotherapie zuungunsten der zeitlichen gemacht.[3] Und diesen Versuch werde ich heute im Anschluss an das Referat von Herrn Fuchs fortsetzen.

Wir werden also über "Raum und Zeit" handeln und wir haben uns abgesprochen, mit Informationen philosophischer Art sehr zurückhaltend zu sein, weil eine Stunde dafür nicht ausreichen würde. Es handelt sich bekanntlich um ein sehr grosses Problemfeld. Die enge Korrelation von Raum und Zeit, aber auch ihre Differenz sind seit Jahrhunderten, am eindrücklichsten bei Kant, sorgsamen Analysen unterzogen worden, ganz zu schweigen von Kunsttheorie und ihren praktischen Dimensionen bis hin zur Bühnengestaltung und Choreographie. Und das Thema "Zeit" ist natürlich seit der Antike ein unerhört spannendes und auch geheimnisvolles Thema geblieben - von der Mystik, der Bewusstseinspsychologie und Existenzphilosophie bis hin zur Speziellen und Allgemeinen Relativitätstheorie, Teilchenphysik und Chaostheorie.

Sie werden bei unsern beiden Referaten ein Mitschwingen dieser grossen Thematik verspüren können, aber wir werden uns beide bald auf das Feld der Therapie und besonders der Kunsttherapie konzentrieren - im Hinblick also auf "Raum-Erleben" und auf die "Erfahrung der Zeit".

Time and interpretation of time in art-therapy

While space and time are intimately intertwined, humans - as distinct from animals - are capable of placing themselves mentally into distant locations and times and can distinguish space from time. However, while we can dislocate ourselves and leave the room, the house and the country we live in, we cannot "leave" time. Past times are with us always. We are never at will to escape our time. And it is here that the thesis of this paper sets in. Although the point would deserve a lengthy philosophical discussion - beginning with I. Kant, leading to E. Husserl and more recent concepts of time - the argument focusses on the classical emphasis of psychoanalysis on concepts of space at the expense of time. S. Freud's conceptuality was shaped by the philosophy of science of his time, especially the spatial terminology of mechanics and hydraulics: pressure, suppression, drive etc. and, consequently, super-ego and so forth. These metaphors are to be replaced by time-metaphors. This permits to see pathological disorders as conflicts of diachronically experiend time-periods. Since humans are what they can tell about themselves (or what they make of what others told them), the narration of one's own experiences is essential if therapy should succeed. Now, this is no news to the average therapists, however, they focus on a mere re-telling of the patient's story, or biography, or they indulge in life-event-research, but they refrain from replacing the spatial metaphors with time metaphors. In art-therapy - drawing, sculpture, music, dance - patients re-enact past experiences with tensions between time-periods in their lives, and, consequently, art-therapy can benefit greatly from the replacing of old metaphors with time-oriented ones as suggested in this paper.

Zeiterleben und Zeitinterpretation in der Kunsttherapie

Gewiss haben im menschlichen Erleben Raum und Zeit enge und engste Verbindungen. Aber während Menschen, im Unterschied zu Tieren, sich in Gedanken jederzeit in andere Räume und auch andere Zeiten versetzen können, - jedoch nicht raumlose Zeit, viel eher schon einen zeitlosen Raum denken können -, sind sie auch in der Lage, Raum und Zeit auseinanderzuhalten. Vielleicht liegt darin überhaupt ein wesentlicher Unterschied zwischen Tieren und Menschen im Erleben der Umwelt. Ich beginne mit einer Aufzählung ganz allgemeiner Impressionen, denn das ist, wenn man einem philosophischen Problem nachgeht, keine schlechte Methode.

Den *Raum,* in dem ich sitze, könnte ich auch verlassen, ausser wenn ich ans Krankenbett gefesselt oder auf andere Weise meiner Bewegungsfreiheit beraubt bin. Auch die Stadt, in der ich wohne, kann ich verlassen, sogar das Land. Ich kann aus hässlichen, kalten oder überheizten Räumen flüchten und ins Freie gehen. Vor allem kann ich den Raum, in dem ich mich befinde, ausmessen, ich kann ihn beleuchten, verschönern, ich kann ihn ja sehen und sozusagen anfassen. Ich kann ihn auch zeichnen oder fotografieren. Ich kann andere in ihn hineinnehmen. Ich kann Räume abschätzen, beurteilen, auch das Räumliche in einem Bild förmlich spüren und erleben. Es ist das Dreidimensionale, das so klar um mich herum oder mir gegenüber ist. Auch im Kontakt mit anderen spielt es eine Rolle: ich kenne - wie vermutlich jeder von uns - den für uns idealen Abstand zu einem anderen Menschen, wenn wir miteinander sprechen, anders zu einem fremden Menschen als zu einem nahen, anders zu einem, der uns ängstigt, oder einem, den wir lieben, zu dem wir gehören. Diktatoren oder autoritäre Direktoren sitzen hinter gewaltigen Tischen im weiten Abstand von denen, die bei ihnen vorsprechen dürfen. Aber, grosse Distanz muss nicht ängstigen. Wir können auch mit Gefühlen der Befreiung und Beglückung den unermesslich grossen Raum bestaunen, in den Bergen oder am Meer, beim Betrachten der Wolken oder erst recht der Sterne in der Nacht. All dies passiert im Raum.

Aber mit der *Zeit* ist es ganz anders. Ich kann sie nicht sehen, nicht aus ihr ins Freie fliehen. Ich kann sie wohl mit Kalender und Uhr messen, aber das bringt nicht viel für die Veränderung des Zeit-Erlebens. Die vergangene Zeit ist noch mit mir, auch wenn ich sie vergessen möchte. Alle Zeiten sind noch da. Ich kann sie wegschieben, aber dann bedrängen sie mich. Sie können mich dann buchstäblich krank machen. Die zukünftige Zeit ist offen und doch ist sie schon da, auch sie kann mich bedrängen, meine Gegenwart bedrohen und verderben, oder sie lädt mich ein, neue Möglichkeiten zu nutzen und kreativ zu sein. Die Zukunft kommt auf mich zu, macht aus mir vielleicht einen anderen, verbietet oder öffnet mir neue Chancen, auch neue Niederlagen. Noch deutlicher wird dies, wenn zwei Menschen sich begegnen, entweder in leerem, routinemässigem oder in reichem Kontakt, der Neues in unser Leben bringt. Dann stossen zwei Träger von Erinnerungen und Erwartungen aufeinander und es kann ganz Neues geschehen, mit mir oder mit beiden.

Die ungeheure Bedeutung des Gedächtnisses für das menschliche Individuum und für die Kultur drängt sich sogleich auf, wenn wir über Zeit nachdenken. Individuelles Gedächtnis ist nicht isoliert, sondern ist ein zutiefst soziales Phänomen: Wir sind, was wir erinnern, immer im Zusammenspiel mit den Vergangenheiten anderer und ihren Gedächtnissen. Wir wurzeln im Gedächtnis unserer Kultur, im kulturellen Gedächtnis.[4] Dabei spielt die Verschriftlichung von Berichten und Gedanken ebenso wie die Erstellung von Denkmälern aller Art eine ungleich bedeutendere Rolle, als man sich das in der Gewöhnung an die Erwähnung unserer Geschichtsdaten, an besondere Gedenktage und Jubiläen gemeinhin vorstellt. Alle Kulturen bestehen nur fort, weil es die Weitergabe dieses Gedächtnisses gibt. Und das gilt natürlich auch für den einzelnen Menschen, dessen "zeitliche Schichten" wir hier im Hinblick auf therapeutische Möglichkeiten diskutieren wollen.

Der Rückgriff in die zeitlichen Schichten des Menschen, das Gedächtnis, kann nicht nur individuelle Menschen "betroffen" machen, d.h. im Inneren betreffen, auch stören und krank machen, es kann und muss auch in einem dynamischen Verhältnis zum Vergessen, d.h. zum Aussortieren des Wesentlichen vom Unwesentlichen befähigen. Hier wird sogleich sichtbar, dass Erinnern und Vergessen nicht nur eine die psychische Balance und Gesundheit betreffende, sondern auch eine immens ethische Dimension haben. Wer mit einem "fotografischen Gedächtnis" wie eine Maschine alles behält, nichts verarbeitet und aussortiert, wem alles gleich wichtig ist, der leidet ebenso unter einer schweren psychischen Störung wie jemand, der alles, was gewesen ist, vergessen will. Und im Hinblick auf die Gesellschaft bzw. das Volk, die Kultur, zu der wir gehören, gilt dasselbe. Mit grossem Recht wird darum heute immer wieder die verantwortungsbewusste Erinnerung und Neubearbeitung der entsetzlichen Verbrechen der

Vergangenheit thematisiert, vor allem im Hinblick auf die Vernichtung des jüdischen Volkes sowie auf Verbrechen gegen die Menschenrechte seither. Diese Wahrnehmung der Vergangenheit gehört zutiefst zum Menschsein und ermöglicht Zukunft. Tiere können sie nicht leisten. Sie veranschaulicht in dramatischer Weise den Vorrang der "Zeit" vor dem "Raum" in der Konstitution des Menschen, und dies ist unser Thema.

I. Innere Uhren

Im folgenden konzentrieren wir uns auf die zeitlichen Schichten in individuellen Menschen, wohl wissend, dass ihre Erinnerungen und Zukunftserwartungen nie wirklich individuell im Einzelmenschen isoliert sind. Ich spiele seit längerer Zeit mit dieser Metapher, um die *endogene Zeit* in uns selbst bildlich zu charakterisieren. Der eingangs genannte W. Achtner unterscheidet in seinem Buch exogene Zeit (die in den Naturwissenschaften von Aristoteles über mittelalterliche Naturdenker bis in die neueste Physik in interessanten Wandlungen interpretiert wurde), von endogener Zeit, die in ihrer mystisch-holistischen, in ihrer rationalen Form der Ablaufzeit sowie in ihrer mythisch-zyklischen Erlebensweise gesehen wird, und diese beiden wiederum von *transzendenter Zeit*. Die"endogene" Zeit interessiert uns hier.

Es ist, wie wenn in jedem von uns innere Uhren gleichzeitig am Laufen wären, einige vielleicht schon abgelaufen, einige schneller als andere, einige, die nur grosse Zeitperioden angeben. Alle, auch die, die schon ausgependelt haben, zeigen aufdringlich je ihre Zeit an, und weil sie dies tun, öffnen sie je eine neue Zeit und generieren "Geschichten" in uns, mit uns. Einige zeigen die Narben nie ausgelebter "Geschichten", verpasster Chancen ungelebten Lebens und damit- ich denke an V.v.Weizsäcker[5] - pathische Punkte entstehender Krankheit, andere sind wie Samen, die später aufblühen und Früchte bringen können oder schon gebracht haben.

Ich meine, dass die Bilder unserer Patienten in der Kunsttherapie diese inneren Uhren anzeigen und die pathischen Punkte benennen, auch in Tanztherapie und im Gestalten von eigener Musik, Tönen und Rhythmen. Doch davon später mehr.

Wie erleben wir - wie erleben unsere Patienten - die Spannungen zwischen ihren inneren Uhren? Eine totale Synchronisierung wird es wohl kaum bei einem Menschen geben, immer herrscht eine Diachronizität vor, in erträglichem Rahmen, oder eben krankmachend, eine diachronisch pathologische Spannung zwischen den Zeiten, die ein Leben ausmachen.

II. Die Lebens-Story

Die Grundthese lautet: Wir sind, was wir erzählen können - was wir aus dem machen, was andere über uns sagen. Und die entsprechende Grundfrage lautet: Sind wir - sind unsere Patienten - "im Frieden" mit den Zeiten, die wir "mitschleppen", mit den "Geschichten", die uns "ausmachen", die wir erzählen könnten, und wie leben wir mit dem, was andere zu uns gesagt haben, was uns zugestossen ist?

Ohne Zweifel ist die krankengeschichtliche Orientierung[6], überhaupt die Biographie und mithin die Biographik[7] in Psychotherapie und Psychosomatik seit langem in ihrer Wichtigkeit hoch eingeschätzt worden, ja, sie ist das eigentliche Rückgrat analytisch orientierter Therapie. Ebenso ist die life-event-Forschung an den Etappen und Auslösern der Geschichte der Einzelperson interessiert. Dabei geht es jedoch um die Beachtung bzw. Analyse der Geschichte der Patienten, nicht um ihr eigenes Zeiterleben. Als Beispiele, die über die biographisch orientierte Praxis hinausgehen, könnte ich zwei Heidelberger Arbeiten über Dimensionen der Zeit bei Ess-Störungen (G.Bergmann/W.Herzog) sowie über das Zeitverständnis von Melancholikern (A.Kraus) nennen, die dies illustrieren.[8] Hier wird das Zeiterleben der Patienten selbst zum Thema. Es ist interessant, dass zwar im allgemeinen in der Praxis der Therapie die Lebenszeit und Lebens-Story der Partienten eine grosse Rolle spielt, jedoch grundsätzliche Arbeiten zum Zeitverständnis, wenn ich es recht sehe, eher selten sind. Man könnte vielleicht sagen, dass in der Praxis die Lebens-Story der Patienten eine zentrale Rolle spielt, in der Begrifflichkeit und Theorie der Psychotherapie jedoch eine geringe. Die Geschichte der Theorie analytischer Therapie zeigt seit S. Freud eine deutliche Bevorzugung der räumlichen Metaphern gegenüber den zeitlichen. Die räumlichen, ursprünglich aus der Metaphorik der Mechanik, Hydraulik und Wissenschaftstheorie des späten 19. Jahrhunderts entlehnten Begriffe von Druck, Trieb, Überdruck, Verdrängung, Energie, also Sublimierung, "Über-Ich" usw. bestimmen die Wissenschaftsprache bzw. -Metaphorik. Die anthropologischen Grundstrukturen werden durch Kraft-Vektoren in quasi dreidimensionalen Räumen vorgestellt. Pathologisches zeigt sich in Unordnung oder Verschiebung dieser Räume und Kraftfelder. Man hört seit Freuds Triebtheorie wenig über die offene Zukunft der Patienten, über das Werden, die Lebensziele, das Gerinnen oder Koagulieren von Zeit. Die Determinierung durch die Vergangenheit, die frühe Kindheit, hat seither in den Theorien der Therapie ein Übergewicht. In ihr vor allem wird die zeitliche Dimension des Lebens sichtbar, wenig jedoch im Hinblick auf die offenen, Zukunft gestaltenden Möglichkeiten, die zu Veränderungen führen können und in denen Sinngebung ruht. (Kein Wunder, dass die Gerontologie von dieser letztlich auf Freud zurückgehenden Logik der Psychodynamik wenig profitieren kann).

Ich möchte diese theoretische Grundlegung keiner prinzipiellen Kritik unterziehen. Darum geht es mir hier nicht. Eher will ich die Metaphorik austauschen, zumindest erweitern, so dass die räumlichen "Kraft-Vektoren" als ein "Streit der Zeiten" im Leben eines Patienten erscheinen. Die Veränderungen, die in der Therapie geschehen können, wären dann mit der Drehung eines Kaleidoskops zu vergleichen: die Teilchen, die Zeiteinheiten, die geronnenen Zeiten, bleiben als erlebte Zeiten die gleichen, aber durch die Drehung erscheinen sie als neue Bilder, werden aus dem Widerstreit der Diachronizität herausgenommen und in ein neues Bild der Zukunft verwandelt.

III. Erzählen der Zeiten unseres Lebens

Freilich, die Kernthese nahezu aller Therapietheorien ist das Erzählen-Können. Welche "pathischen Punkte" aber werden durch das Erzählen berührt, interpretiert, einer "Heilung" zugeführt? Die von mir hier anvisierte Änderung der Metaphorik - und metaphernlos können wir solche Theorien gar nicht ausgestalten - möchte die pathischen Punkte als Zeitkreuzungen verstehen. Rivalisierende Zeiten werden interpretiert und "befriedet". Das Leben-Können mit der verbleibenden Diachronizität ist das Ziel der Therapie. Das "Realitätsprinzip", das dem Lustprinzip laut Freud als Regulativ gegenübersteht, und dem in der Therapie zur Durchsetzung verholfen werden soll, erscheint in der Metaphorik der Zeit in etwas anderer Gestalt, gibt es doch nicht "die" Zeit als Realität, an der die geronnenen, pathischen Zeiterlebnisse gemessen und korrigiert werden können. Die "Vektoren" im Kräftespiel der psychischen "Mechanik" werden zum Zeiten-Streit und unterliegen nur der Korrektur oder Regulierung durch die Gesamt-Story eines Lebens. Diese aber kann nie in ihrer Totalität überschaut und erzählt werden. So bleibt immer etwas Unverrechenbares, um nicht zu sagen Geheimnisvolles, in der Gesamt-Story des Menschen. Und doch müssen die, die einem Menschen begegnen - und sei es therapeutisch - eine Vision dieser unerzählbaren Gesamt-Story riskieren. So kann auch der Autor einer Biographie die Gesamt-Story des Helden nur in der Gestalt der vielen Einzelstories erzählen, hinter denen die Gesamt-Story wie eine verborgene Axiomatik hindurchschimmert.

Freilich ist mir bewusst, dass diese hier skizzierte Verlagerung von einer räumlichen zu einer zeitlichen Metaphorik letztlich doch eine prinzipielle Kritik an der klassischen, räumlich orientierten Theorie impliziert. Es gibt nämlich philosophische Gründe, die gegen die räumliche Metaphorik sprechen, sofern mit ihr die Beschreibung real existierender Grössen in der Psyche eines Menschen gemeint sein soll. Vielleicht gibt es diese ontischen Entitäten nicht "an sich", sondern nur im Gewand von Zeiterfahrungen. Diese sehr komplexe Problematik, die neuerdings im Zusammenhang mit der Gehirnforschung erörtert worden ist, kann hier nicht weiter verfolgt werden. Aber der Hinweis ist mir wichtig, weil damit deutlich werden soll, dass die Anwendung einer neuen Metaphorik mehr als ein intellektuelles Spiel ist; sie soll den Ergebnissen heutiger Neurobiologie entsprechen.[9]

IV. Kunsttherapie

Wenn "Heilung" bedeutet, gerne auf sein Leben zurückzublicken und noch Neues von der Zukunft zu erwarten, dann kann man auch von "integraler Zeit" sprechen, in der das Erzählen ruht. Und wenn Malen, Figuren schaffen, Farben verwenden, Musik und Tanz Formen des Erzählens sind, dann wird in ihnen therapeutisch der "Zeiten-Streit" in der Lebens-Story eines Patienten abgebildet, nachgebildet und dem Erlebnis der Integration zugeführt. Durch Bilder-Sprache wird Altes neu interpretiert und Neues ermöglicht und gestaltet.

Folgerungen aus den bisherigen Überlegungen können hier eingebracht werden: Erinnerungen an erlebte Zeiten, "stillgestandene Uhren", d.h.: abgelaufene Möglichkeiten, verpasste Chancen, oder auch Leiden unter der Diachronizität des ungelösten und unerzählt gebliebenen Streites der Zeiten in der Lebens-Story, können zu neuen Antizipationen in einer offenen Zukunft umgestaltet werden.[10] "Leere", sinnlose Zeiten können in der therapeutisch bearbeiteten Erinnerung zu gefüllten, sinnhaften Zeiten umgestaltet werden. (Auch bei der Begleitung Sterbender - hier nicht unser Thema - geht es um die Füllung der noch verbleibenden Zeit, die nicht mehr linear gemessen, sondern von Tag zu Tag mit neuer Sinnfüllung in neuen oder zumindest erneuerten Beziehungen abgerundet erlebt werden kann). Ferner können "Zeit-Räume" - man denke an die riskante Vergleichung von Zeit-Epochen oder Perioden in der Weltgeschichte und im Einzelleben - auch dadurch in neue Selbst-Werdung integriert werden, dass sie "losgelassen", sozusagen abgegeben werden. Neuanfang setzt oft solches Loslassen voraus. Hier sprechen wir von einem dynamischen Prozess, der allein in räumlichen Kategorien nicht denkbar bzw. nicht erlebbar ist, weil es keine Dynamik des Raumes gibt ohne die Zeit, die ihn füllt.

Ich selber habe nur eine begrenzte eigene Erfahrung mit Kunsttherapie, die darin bestand, dass ich Patienten während der Therapiestunde gelegentlich zeichnen liess, vor allem aber sie aufforderte, zu Hause die Bilder, die sie im katathymen Bilderleben gesehen hatten, zu malen oder zu zeichnen, um sie in der nächsten Stunde interpretieren zu lassen. Ich riskiere aus diesen Erfahrungen eine Summierung des Ertrags der hier skizzierten Überlegungen für die Kunsttherapie:

Einerseits geschieht in den verschiedenen Formen der Kunsttherapie ein "reenactment", eine konstruktive Repetition der erlebten Zeiten. Andererseits geschieht im "Jetzt" der Therapiestunde der Beginn der kreativen Neugestaltung der Zukunft, mindestens die Eröffnung von Möglichkeiten für die Integration der erinnerten Chancen und Niederlagen für das Selbst-Werden in einer offenen Zukunft. Gelingt das "reenactment" nicht, so bleibt die Zukunft angstbesetzt und birgt Sinn- und Beziehungslosigkeit.

Wir lassen hier undiskutiert das für jede Form der Kunsttherapie ungemein wichtige Phänomen der Symbolik bzw. des symbolischen Ausdrucks dessen, was nicht anders als symbolisch dargestellt werden kann. Es genügt hier anzumerken, dass S. Freud - darin ganz Kind seiner Zeit - noch dem Ideal der Rückübersetzung von Symbolen in rationale Sprache anhing. Das ist heute nicht mehr unser Ziel. Wir gehen an Symbole anders heran und wollen sie als reifen, nicht als unfertigen und rational überbietbaren Ausdruck einer menschlichen Persönlichkeit ansehen. Wir fürchten die Symbole nicht, sondern wollen sie stehen lassen, nicht gegen, sondern mit der Rationalität des Denkens. Das zeigt sich unter anderem in dem grossen Aufschwung, den die Kunsttherapien in den vergangenen Jahrzehnten erfahren haben. Sie alle operieren auf der Symbolebene. Dies ist, genau genommen, hier nicht unsere Thematik. Ich erwähne sie nur, weil sie in der Nachbarschaft des Begriffs der Metapher liegt, der hier ständig verwendet wurde. Was sind Metaphern anderes als Einzelteilchen von den komplexen Gebilden, die wir Symbole nennen?[11]

Ich kehre darum abschliessend nochmals zur Metapher der "Uhren" zurück und erinnere daran, dass wir heute nach dem Einbruch der analytischen bzw. Sprachphilosophie und der neuen Wissenschaftstheorien besser als früher wissen sollten, dass wir mit Sprache nicht einfach ontische Entitäten, bzw. "die" Realität abbilden können, wie es die mechanistische Naturwissenschaft vor zwei oder drei Generationen noch für möglich hielt. Wir können nicht anders als metaphorisch, d.h. mit ausgeliehener Sprache, mit "geborgten" Worten an die Interpretation der Dinge herangehen, erst recht nicht, wenn diese "Dinge" psychische Störungen oder Krankheiten sind. Mit Metaphern aber können wir Theorien bilden, die erklärungskräftig sind. Mag sein, dass die räumlich orientierten Metaphern und die damit entwickelten Theorien vor hundert Jahren für die Psychoanalyse und die verschiedenen, in ihrem Licht stehenden Therapieformen angemessen waren, heute scheinen sie mir nach Ersetzung durch zeitliche zu verlangen. Freilich müssen sich Metaphern aneinander messen und ihre Leistungsfähigkeit, bzw. ihre Erklärungskraft im Kleid der Theorien testen lassen. So muss sich z.B. die Physik fragen, ob sie auf die Dauer mit der Metapher "Quantensprung" oder mit dem Begriff "Teilchen" wird operieren können. Ähnliche Selbstkritik muss sich die Molekularbiologie leisten. Die kritische Hinterfragung von gebräuchlichen, sozusagen eingeschliffenen Metaphern kann, aber muss nicht zu einem völligen Paradigmenwechsel in einer Wissenschaft führen. Entsprechendes gilt für die Theorien der Psychotherapie und mithin der Kunsttherapien, für die, wie ich meine, hinreichend Anlass für die Ersetzung der räumlichen durch zeitliche Metaphorik besteht.

Anmerkungen

1) Fuchs, Thomas (1997), Zukunft und Zufall. In: Fundamenta Psychiatrica 11: 147-53.
2) Achtner, Wolfgang, Kunz Stefan u. Walter, Thomas (1998), Dimensionen der Zeit. Darmstadt, Wiss. Buchgesellschaft. - Vgl. auch Sandbothe, Mike (1998), Die Verzeitlichung der Zeit, Grundtendenzen der modernen Zeitdebatte in Philosophie und Wissenschaft. Darmstadt: Wiss. Buchgesellschaft.
3) Ritschl, Dietrich (1998), Metaphorik der Anthropologie der Zeit, Einige Gedanken zum Story-Charakter des Lebens gesunder und kranker Menschen. In: A.Götzelmann (Hg.) Diakonie der Versöhnung (FS f.Th.Strohm). Stuttgart, 340-347.
4) Der Begriff "kulturelles Gedächtnis" wurde vom Ägyptologen Jan Assmann und von Aleida Assmann geprägt und in einem Heidelberger Gesprächskreis über längere Zeit hin bearbeitet, vgl. Assmann, Jan und Hölscher, Tonio (Hrsg.), (1988), Kultur und Gedächtiüs, Frankfurt: Suhrkamp (tsw 724), s. dort Ritschl, Dietrich, Gedächtnis und Antizipation, Psychologische und theologische Bemerkungen, 50-64. S. auch die philosophischen Texte zusammengestellt und eingeleitet von Harth, Dietrich (1991), Die Erfindung des Gedächtnisses. Frankfurt: Keip Verlag.
5) v.Weizsäcker, Viktor (1956), Pathosophie. Göttingen: Vandenhoeck & Ruprecht, 57ff. und 184ff.
6) Zum Beispiel Dührssen, Annemarie (1981), Die biographische Anamnese unter tiefenpsy-

chologischem Aspekt. Göttingen: Vandenhoeck & Ruprecht. S. auch Janz, Dieter (Hg.), (1999). Krankengeschichte, Biographie, Geschichte, Dokumentation. Würzburg: Königshausen u. Neumann.

7) Hanses, Andreas (1999), Biographik als Wissenschaft. In: Krankengeschichte, s.o. Anm. 5, 105-126, dort ausführliche Lit.-Listc.

8) Diese Arbeiten sind nur als Beispiele genannt; die bibliographischen Angaben sind z.Z. für mich nicht greifbar. Th. Fuchs listet in der o. gen. (Anm. 1) Arbeit 26 Titel zum Zeit- und Geschichtsverständnis auf, von denen jedoch weit mehr als die Hälfte aus der Feder von Philosophen stammen.

9) Für Nicht-Neurologen verständliche Informationen dazu finden sich z.B. in: Spitzer, Manfred (1996). Geist im Netz, Modelle für Lernen, Denken und Handeln. Darmstadt: Wiss. Buchgesellschaft; Miketta, Gaby (1991) Ne~zwerk Mensch, Psychoneuroimmunologie: Den Verbindungen von Körper und Seele auf der Spur. Stuttgart: Georg Thieme Verlag; Draaisma, Douwe (1999). Die Metaphernmaschine. Eine Geschichte des Gedächtnisses (übers. aus d. Niederländischen). Darmstadt: Wiss. Buchgesellschaft.

10) Die erste grundlegende Arbeit zu Retention und Protention als Strukturelemente des Zeitbewusstseins war Edmund Husserls "Phänomenologie des inneren Zeitbewusstseins" (1905), erschienen 1928, neu hgg. 1966 von R. Boehm. - Unter Verweis auf W. Blankenburg und andere, vor allem philosophische Arbeiten zum Thema spricht Th. Fuchs (Anm. 1) von Zukunft und Sinnhaftigkeit in der Biographie eines Menschen: "Als ‚Sinn' können wir die Erfahrung dieser Dialektik von Zufall und Entwicklung bezeichnen: das Innewerden der Einheit von Ich-Entfaltung, Geschick und Selbst-Werden in der eigenen Biographie" (152).

11) Die Literatur ist unübersehbar; zur generellen Orientierung vgl. Kurz, Gerhard (1993). Metapher, Allegorie, Symbol. Göttingen: Vandenhoeck & Ruprecht; sowie Haverkamp, Anselm, Hg. (1996). Theorie der Metapher. Darmstadt: Wiss. Buchgesellschaft.

Gottfried Waser

Generationenwechsel in den künstlerischen Therapieformen

Wie einige von Ihnen gehöre ich zu jener Therapeuten-Generation, die sich seit den siebziger Jahren begeistert den künstlerisch gestaltenden Medien zuwandte, einen interdisziplinären Dialog einerseits mit Künstlern, anderseits mit theapieangrenzenden Fachleuten anstrebte und nach Weiterung und Vertiefung für Therapie und Prävention suchte. Im Jahre 1985 wurde hier auf dem heuer 100 Jahre alten Monte Verità die Internationale Gesellschaft für Kunst, Gestaltung und Therapie gegründet, damals eine enthusiastische Bewegung, die nach einem dritten, künstlerisch gestaltenden Weg zwischen wortgeleiteter Psychoanalyse und biologischer Psychopharmakologie suchte. Dankbar erinnere ich an den verstorbenen Arzt und Gründer-Präsidenten, an Universitätsprofessor Wolfgang Jacob, damals noch in Heidelberg, ferner an das Gründungsmitglied, den Psychiater Jean-Paul Gonseth aus Liestal, der uns letztes Jahr verlassen hat.

Erlauben Sie mir, dass ich in persönlicher Weise zurück, um mich und vorwärts blicke. Ich werde mein Augenmerk richten auf die innere Entwicklung unserer Bewegung und ihrer Fachgebiete, respektive auf deren Akzeptanz und Einfluss aussen, auf dem Feld der Künste und jener Wissenschaften, die sich forschend und praktisch mit Gesund- und Kranksein befassen.

Auch einem optimistischen Blick, um das voranzustellen, dürfte das bisher Erreichte als sehr begrenzt erscheinen. Zwar war die Entwicklung in die Breite zeitweise beeindruckend, die fachintegrierenden Fortschritte in die Tiefe aber, was eigenständige Theoriebildung und Forschung anbelangt, sind, zumindest noch, bescheiden geblieben. Daran vermag weder die Tatsache etwas zu ändern, dass in verschiedenen europäischen Ländern (wie in England, Holland, Deutschland, Oesterreich) Musik- und vereinzelt auch Kunsttherapie an öffentlich rechtlichen Universitäten und Fachhochschulen gelehrt werden, noch der Hinweis, dass unsere Therapieformen, wie jüngst in der Zeitschrift "Der Spiegel" (Nr. 36, 2000) zu lesen war, unter der Rubrik "humanistische Psychotherapien" und nicht unter "esoterischen, teils bizarren Psychotechniken" eingereiht sind. Allerdings schlägt in diesem Spiegel-Artikel negativ zu Buche, dass unsere Therapieformen durchgehend als "Zusatzverfahren" bezeichnet sind. Das korrespondiert zwar mit dem Umstand, dies als ironischer Hinweis, dass künstlerisch-gestaltenden Therapien in der Tat als zusätzliche Berufsausbildungen, meistens in einem Aufbaustudiengang, erworben werden. Eigenständigkeit, zumindest in psychotherapeutischer Hinsicht, sprechen die Autoren uns ab. Was als "zusätzlich" qualifiziert ist, kann, wie wir wissen, leicht ersetzt oder ersatzlos gestrichen werden.

Unsere Authentizität wird in der Tat nicht nur von Versicherungen im Gesundheitswesen abgesprochen, sondern auch von forschenden klinischen Psychologen (Grawe Klaus et al., 1994) und neulich von einem Wissenschaftsjournalisten (Degen Rolf, 2000).

Ein Strauss von Fragen und Feststellungen

Gibt diesen Autoren die Realität in Ambulanz und Klinik Recht? In den meisten europäischen Ländern in- und ausserhalb der EU schon. Therapieformen mit künstlerischen Mitteln sind mit Ausnahme der Musiktherapie nur, so weit mir bekannt ist, in England und Holland ein öffentlich rechtlich anerkannter, eigenständiger Beruf.

Auch in der Schweiz ist Kunsttherapie kein öffentlich rechtlich anerkannter Beruf. Obwohl bei uns eine psychotherapeutische Qualifikation auch von nicht-ärztlichen und nicht-psychologischen Ausdruckstherapeutinnen und –therapeuten erworben werden kann (wie z.B. am Institut für Kunst- und Ausdrucksorientierte Psychotherapie, ISIS Zürich), liegt eigenständige ambulante Psychotherapie mit künstlerischen Medien meist in Händen von psychologischen und ärztlichen Fachleuten. Nur diese erhalten eine Praxisbewilligung und können über Krankenversicherungen abrechnen.

Und wie verhält es sich im klinischen Bereich? Soweit ich die Verhältnisse kenne, ist es dort genau so. Nur an wenigen klinischen Einrichtungen wird Kunst- und Ausdruckstherapie als eigenständige Psychotherapieform ausgewiesen. Selten liegt es in der Kompetenz der nicht-ärztlichen und nicht-psychologischen Kunsttherapeutin, auch psychotherapeutisch zu arbeiten. Es hängt ganz von Interesse und Neigung der Klinikleitung ab. Vielen Kunsttherapeutinnen fehlt es allerdings an der nötigen psychotherapeutischen Ausbildung und Erfahrung. An den meisten Kliniken sind daher Kunst- und Ausdruckstherapien den zusätzlich mithelfenden, den paramedizinischen Diensten zugeordnet. So ergibt sich, dass dem klinischen Patienten oft zu Pharmako-, Physio-, Einzel- und Gruppentherapie noch Ergo-, Musik-, Tanz- oder Kunsttherapie dazuverordnet werden, was an Beliebigkeit erinnert nach dem Motto "von jedem etwas kann nicht schaden". Lohnmässig werden Kunsttherapeutinnen oft mangels administrativer Vorgaben noch immer nach dem ursprünglichen Beruf eingestuft.

Eine weitere Frage: Können klinisch tätige Kunst- und Ausdruckstherapeutinnen kompetent ihre Erfahrungen einbringen in den Chor der Stimmen des Behandlungsteams? Auch hier sind meine Erfahrungen unterschiedlich: Den einen Ausdruckstherapeuten fehlt es an psychologischer Grundkenntnis und Erfahrung, fachspezifisch und klinisch verständlich zu berichten, andere ziehen sich auf ihre ,kunsttherapeutische Insel' zurück und möchten anderen Fachleuten und Psychotherapeuten keinen Einblick in die kreativen Ausdrucksprozesse geben. Nicht immer liegt es daran, dass dies die Klienten nicht möchten.

Praxis, Theorie, Wirksamkeitsprüfung und Anerkennung im Gesundheitswesen

Wenn wir den öffentlichen Stellenwert der Kunst- und Ausdruckstherapie und
-psychotherapie im Gesundheitswesen prüfen wollen, müssen wir nach
Fachkompetenz und Zuschreibungen, ferner nach Wirksamkeit und Oekonomie fragen.

Mit Fachkompetenz sind ästhetische Sachkenntnisse und Praxis auf der Ebene der
angewandten Medien ebenso angesprochen wie psychologische und psychopathologische Erfahrungen, ferner Kommunikations-, Beziehungsfähigkeit und Kreativität der
Therapeutinnen und Therapeuten.

Zuschreibungen umfassen sowohl erfahrungsbezogene Statements wie z.b. "gestalten-
der Ausdruck löst Gefühle aus", mythische Behauptungen wie z.b. "Kunst führt zu
den Urbildern", als auch Links zu anderen psychotherapeutischen Modellen wie der
Psychodynamik (im Sinne von Freud und Jung), der humanistischen, systemischen,
konstruktivistischen und kognitiven Theorie oder Links zu anthropologischen
Paradigmen wie z.B. der Anthroposophie.

Wirksamkeit intendiert die qualitative Ueberprüfung nach verändernder, heilender
Wirkung des angewandten Mediums. Der in der Medizin gültige Standard des
Doppelblindverfahrens verlangt eine Vergleichsgruppe und eine quantitative, statisti-
sche Sicherung der Ergebnisse.

Der ökonomische Gesichtspunkt schliesslich prüft, ob diese Methode wirtschaftlich ist
im Vergleich zu anderen.

Nur theoretisch und praktisch begründete, wirksame und ökonomische Therapie-,
resp. Psychotheapieformen werden im Gesundheitswesen im Rahmen der
Grundversicherung zugelassen.

Obwohl sich kreative Medien in Prävention und Therapie bei Kindern und
Jugendlichen seit Jahrzehnten erfahrungsmässig bewährt haben und, zumindest in der
Schweiz, von Seiten staatlicher Institutionen (wie ambulante und klinische psychiatri-
sche Behandlungsstellen, Schulpsychologische Dienste) von Versicherungen anerkannt sind, hat sich diese Entwicklung bisher nicht für die Behandlung von
Erwachsenen ergeben. Das heisst, wie einleitend erwähnt, dass bis heute Therapie und
Psychotherapie mit künstlerisch-gestaltenden Mitteln bei Erwachsenen mit Ausnahme
der Musiktherapie in den meisten europäischen Ländern nicht anerkannt ist als
Methode gemäss wissenschaftlichen Standards. Es fehlt die medienübergreifende
ästhetische Theoriebildung ebenso wie der Einzelfall-übergreifende Wirksamkeits-
nachweis.

Das hat, was zumindest die Verhältnisse in der Schweiz anbelangt, eine doppelte

Abhängigkeit zur Folge: einerseits hinsichtlich Kostenübernahme von Versicherern und deren Entscheidung, ob sie diese als "alternative Therapieformen" qualifizierten Verfahren im Rahmen von Zusatzversicherungen anerkennen und abgelten wollen, anderseits in Bezug auf Arbeitsstellen, die der Neigung und dem Goodwill der Klinikleitungen unterworfen sind.

In der Ambulanz müssen künstlerisch-gestaltende Therapien von Klientinnen und Klienten meist selber bezahlt werden, was wiederum viele Kunsttherapeutinnen im Interesse der Motivation begrüssen. Ob allerdings selber bezahlte Psychotherapien effizienter verlaufen, wie viele behaupten, ist meines Wissens statistisch nicht gesichert.

Zwiespalt zwischen Veröffentlichungsanzahl und öffentlicher Anerkennung

Wenn wir auf der einen Seite auf die inzwischen im deutschen Sprachraum weit über Tausend Titel umfassende Bibliografie auf dem Gebiet von Kunst, Gestaltung und Therapie blicken, und anderseits die geschilderten Sachverhalte zur öffentlichen Anerkennung meditieren, fragen wir uns mit Recht nach den Gründen dieses Zwiespaltes. Aus meiner Sicht gibt es innere und äussere Gründe dafür:

1. Das Problem der Interdisziplinarität zwischen wissenschaftlichen und künstlerischen Fachgebieten
2. Die allgemeine Krise der Psychotherapie
3. Das vorherrschende Paradigma des statistischen Wirkungsnachweises im Gesundheitswesen

1. Zum Problem der Interdiziplinarität

Schon 1988, anlässlich der 3. Jahrestagung in Basel, habe ich auf die Schwierigkeiten im interdisziplinären Dialog hingewiesen und von der Gefahr gesprochen, dass wir vom Regen der Gesprächstherapieformen in die Traufe der elitären kreativen Therapien kommen könnten . Aus meinem damaligen Vortrag zwei Zitate:

"Im interdisziplinären Dialog sind...Fragen wie "Bist du ein Künstler? Bist du ein Psychotherapeut?" –leise schwingt das Faustzitat "Wie hältst du's mit der Religion?" mit-wenig fruchtbar, weil sie den Austausch hemmen. Diese Fragen sind Ausdruck der bilateralen Angst um den eigenen Garten. Wir ‚wissen' (auf beiden Seiten) aber genau, wie der andere Garten aussehen müsste!"

"Ich habe von Kunsttherapeuten oft den Hinweis gehört: "Ich bin Künstler, nicht Psychiater oder Psychologe" .-und das in einem Tonfall, als ob sie auf eine unbescholtene Herkunft hinweisen würden. Etwas Elitäres, vielleicht auch, wie Bazon Brock sagen würde, etwas "Erzwungen-Unmittelbares", was Heilen-Können anbelangt, liegt in der Luft. Nicht weniger elitär allerdings geben sich Psychiater oder Psychologen, wenn sie mit Gestaltungsprozessen umgehen, als könnte man das im Schlaf".

Ich habe oft auf die drohende Gefahr hingewiesen, dass sich zwischen Künstlern und Nicht-Künstlern in unserem Fachbereich eine Polarisierung ergeben könnte, welche die Fachentwicklung hemmt. Der scharfe Diskurs der frühen 90-er Jahre, der sich gegen Schulpsychologie und –medizin richtete, wurde zum Teil auch von psychologischen und medizinischen Fachleuten und von Künstlerinnen und Künstlern in unseren Reihen angeheizt.

Bis heute finden, wohl eine Folge dieser Polarisierung, Item-gestützte qualitative Untersuchen bei Kunsttherapeuten wenig Interesse. Auch Inhaberinnen und Inhaber von Universitätslehrstühlen für Kunsttherapie fördern noch immer, so ist mein Eindruck, viel eher qualitative, monografische Forschungsarbeiten als quantifizierende Untersuchungen. Spezifische Forschung, wie sie z.B. an der Fachhochschule für Kunsttherapie in Nürtingen, am ISIS in Zürich oder vom Forschungsinstitut in Hannover unter Peter Petersen gefördert wird, intendiert, so weit mir bekannt ist, kaum quantitativ-statistische Untersuchungen. Unter den bisher im Rahmen des Ascona-Preises für kreative Therapien etwa 40 eingereichten Arbeiten befassten sich nur wenige mit quantitativen, Item-gestützten Untersuchungen. (Drei quantifizierende Arbeiten liegen bisher vom Autor vor (Waser G. 1994, 1998, 1999))

2. Zur allgemeinen Krise der Psychotherapie

Im Zuge der Entwicklung quantifizierender internationaler Diagnostik- und Dokumentations-Systeme in der Psychiatrie (ICD-10, WHO, 1. Auflage1991; DSM-IV, APA, 1. Auflage 1994; AMDP, 7. Auflage, 1997) hat die nosologische und psychopathologische Forschung Fortschritte gemacht. Als Folge intensiver neurobiologischer und hirnphysiologischer Forschung hat vor Jahren schon eine kritische Validierung psychologischer Funktionsmodelle eingesetzt, auf denen bisher die Psychotherapie basiert. Ebenfalls hat die Rationalisierung im Gesundheitswesen auch die Qualitätsprüfung in der Psychiatrie vorangetrieben und dazu beigetragen, dass die Psychotherapieformen auf den Prüfstand genommen werden.

Im deutschprachigen Raum hat vor allem 1994 die klinisch-psychologische Studie von Klaus Grawe und Mitarbeiterinnen und neuerdings der Wissenschaftspublizist Rolf Degen mit seinem "Lexikon der Psycho-Irrtümer" heftige Kontroversen um bisher anerkannte Psychotherapieschulen ausgelöst. Standgehalten haben, zumindest im Spiegel statistischer Wirksamkeitsprüfungen, nur Verhaltens- und kognitive Therapieformen. Die Psychoanalyse und ihre Konzepte, die bisher ein prominentes Paradigma in der Psychotherapie geliefert hat, ist in Frage gestellt.

Jene Richtungen kreativer Therapieformen, die sich ganz oder eklektisch an bisher anerkannte Therapieschulen angeschlossen hatten, befinden in doppelter

Schwierigkeit: Einerseits sind sie im Spiegel der wissenschaftlichen Evaluierung generell umstritten, anderseits sind sie angreifbar in ihren psychologischen Modellbildungen wie beispielsweise die psychonalytisch ausgerichtete Kunsttherapie oder die Gestaltungstherapie, die sich an die Jung'sche Psychologie anlehnt.

In der Tat müssen die psychodynamischen Modellbildungen des 20. Jh. Im Sinne der Psychoanalyse Freuds und der Komplexen analytischen Psychologie von Jung sowie deren funktionale Begriffe (z.B. das Uebertragungskonzept oder das Konzept der Archetypen) im Spiegel moderner hirnphysiologischer Forschungen von Wahrnehmung, Gedächtnis und von kognitiv-emotionalen Lernprozessen überprüft werden. Es wird sich zeigen, ob sie kompatibel sind.

3. Vorherrschendes mathematisch-statistisches Paradigma in der Forschung

Bis heute ist die Untersuchungsmethode der Doppelblind-Studie in der Schulmedizin unbestritten. Sie wird auch für den Wirkungsnachweis psychotherapeutischer Methoden verlangt. Viele Kritiker moderner Psychotherapieforschung (u.a. Fäh und Fischer 1998 ; Petersen, 1998) haben verlangt, dass diese Forschung eigener adäquater Untersuchungsmethoden bedarf, z.B. der Evidence Based Method, der monografischen Einzelfallstudie, der Methode der sekundären, sogenannten a- posteriori-Quanitifizierung von erhobenen qualitativen Kriterien usw.

In diesem Zusammenhang ist auf die Forschungsarbeit "Musik berührt meinen Schmerz" von Markus Risch, Heidelberg, hinzuweisen, in der die "Evaluation musiktherapeutischer Gruppen für Patienten mit chronischen Kopfschmerzen" vorgestellt wird. Der Autor hat in seiner Arbeit gezeigt, dass durchaus auch im Rahmen eines gestaltenden-künstlerischen Therapieansatzes das Design so gewählt sein kann, dass eine Kontrollgruppe geführt und die Ergebnisse aus den Therapiegruppen sowohl statistisch als auch qualitativ ausgewertet werden.

Ausblick

1. Mein Wunsch für künftige Entwicklungen in unserem Fachbereich geht dahin, dass eine medienübergreifende theoretische Basis für die Wirkung kreativer Präventions- und Therapieformen geschaffen wird, die von der Aesthetik ausgeht und mit aktuellen konstruktivistisch-systemischen Modellen der Psychologie und Humanmedizin ebenso kompatibel ist wie mit aktuellen hirnphysiologischen Konzepten. Kunsttherapeutisch erfahrene Fachleute wie Klaus Matthies (Bremen, 1985), Hans Günther Richter (Köln, 1999) und Shaun McNiff (Beverly/Mas., 1998) und andere haben bereits genuin ästhetische Theoriebeiträge vorgelegt. Blosse Anbindungen an oder Adoptionen von Modellen einzelner pschotherapeutischer Schulen sollten abgelöst werden.
Die kreativen Therapien sollten ferner ihre Interessen vermehrt auch auf

Forschungsergebnisse der aktuellen experimentell-klinischen Psychologie, der Neurobiologie und der Psychoneuroimmunologie richten.

2. Die Kultur des interdisziplinären Dialoges, der mir während meines 9-jährigen Vorsitzes unserer Gesellschaft stets ein wichtiges Anliegen war, sollte von Partnerschaft und Respekt geprägt sein und im Dienste der kreativen Therapieformen wieder vermehrt auf gemeinsame Ziele ausgerichtet werden. Unsere Gesellschaft soll weiterhin offen sein für partikuläre Interessen von Schulrichtungen, von Berufs- und Fachverbänden, diese aber an den runden Tisch zum Austausch bitten. Wir müssen uns, wie Peter Petersen kürzlich geschrieben hat, "in Ruhe zuhören können". Lange Zeit waren unsere Jahrestagungen ein bunter Jahrmarkt von Ideen und Erfahrungen. Daraus sollte künftig vermehrt ein Strom austauschender Zusammenarbeit und vertiefender Weiterentwicklung werden und nicht nur während der Tagung fliessen.

3. Nur wenn es uns gelingen wird, nebst Grundlagenforschung und medienübergreifender Theoriebildung, auch quantifizierende Wirksamkeitsstudien vorzulegen, werden wir die kreativen Therapieformen einreihen können in die von der Grundversicherung anerkannten Heilverfahren. Besondere Bedeutung kommt ferner der spezifischen Indikationsstellung für die einzelnen kreativen Verfahren zu (Waser, 1997).

Den interdisziplinären Anspruch müssen wir vermehrt einlösen können durch partnerschaftliche Zusammenarbeit auch mit psychologischen und medizinischen Fachrichtungen und deren Forschungen. Die Zeit elitär-abgehobener Haltung von Künstlerinnen und Künstlern im Heilwesen ist ebenso antiquiert wie es die Hegemoniekämpfe der einzelnen wissenschaftlichen Disziplinen sind. In dem Sinne denke ich, dass die Zeit reif wäre, vermehrt interdisziplinäre, vielleicht auch intermediale, Forschschungsprogramme zu entwickeln.

Für diese Ziele braucht es nach der Gründergeneration, die vieles geschaffen und erreicht hat, vor allem die jüngere Generation. Sie ist, so scheint mir, besser in der Lage, interdisziplinär zu kommunizieren und vernetzt zu denken.

In diesem Sinne mag der Tagungsort als helles und dunkles Omen wirken. Auf dem Monta Verità "scheint ein günstiges Gärklima für Obsessionen und Utopien zu herrschen", schreibt Andreas Schwab, die sich aber niemals, so zeigt die 100 jährige Geschichte, durchsetzen lassen "ohne Enthusiasmus und Initiative". Auf der anderen Seite aber sind "auf dem Monta Verità über kurz oder lang alle Projekte gescheitert", soll Harald Szeemann, der Wiederentdecker des Monte Verità in den 70-er Jahren, in einem Interview geäussert haben.
Ich hoffe und wünsche, dass wir anlässlich dieser Tagung nicht nur Tradition und Erinnerung pflegen, sondern aufbrechen mögen zu noch unerreichten Ufern. Ich vertraue aus ganzem Herzen auf Kreativität, Durchsetzungskraft und Kommunikationsvermögen der jüngeren Generation!

Literatur

Brock, B., Aesthetik gegen erzwungene Unmittelbarkeit", DuMont Verlag, 1986.

Csontos, I., Psychotherapieforschung: Grawe-Debatte und aktuellere Fragestellungen, in: Schweizerische Aerztezeitung, Nr. 27/5.7.2000, Schwabe Verlag Basel, S. 1527-1532.

Degen, R., Lexikon der Psycho-Irrtümer, zit. nach "Der Spiegel", Nr. 36, 4.9.2000, S. 118-132.

Grawe, K. et al., Psychotheapie im Wandel, Hogrefe Verlag, Göttingen, 1994, 3. Auflage.

Fäh, M., Fischer G. (Hrsg.), Sinn und Unsinn in der Psychotheapieforschung, Psychosozial Verlag Giessen, 1998.

McNiff, S., Art-Based Research, Jessica Kingsley Publisher, London an Philadelphia, 1998

Matthies K., Aesthetische Theorie als Grundlage ästhetischer Erziehung, drei Katgorien, Universitätspresse Bremen, 1985.

Petersen, P., Ist künstlerische Therapie wissenschaftlich zu verstehen?, in: Zeitschrift "Musik-, Tanz- und Kunsttherapie", Hogrefe Verlag Göttingen, Heft 4/1998, S. 196-204.

Richter, H.-G., Konzeption eines Modells zur Interpretation von Bildern traumatisierter Menschen, in: Sexueller Missbrauch im Spiegel von Zeichnungen, Peter Lang Verlag, Frankfurt a.M., 1999.

Schwab, A., 100 Jahre Monte Verità, in: Basler Magazin Nr. 43, S. 3-5, Baseler Zeitung Nr. 252/2000.

Szeemann, H., Monte Verità, le Mammelle della Verità, Katalog zur Ausstellung im Jahre 1978,

Waser, G., Thematisierter Zeichnungstest (TZT) im Vergleich mit dem Freiburger Persönlichkeitsinventar (FPI-R), unveröffentlichte Habilitationsarbeit, 1994; Differentielle Indikation der Kunsttherapie. in: Baukus. P. und Thies, J., Kunsttherapie, Gustav Fitler Verlag, Stuttgart, 1997, S. 162-186. Farberleben und -verhalten Depressiver im klinischen Therapieverlauf und im Vergleich mit einer Kontrollgruppe, unveröffentlichtes Manuskript, 1998; Das Kommunikative Unbewusste in der Gestaltenden Psychotherapie, in: Hampe, Ritschl, Waser (Hrsg.), Kunst, Gestaltung und Therapie mit Kindern und Jugendlichen, Universität Bremen, 1999, S. 126-139.

Musik und Bild

Aida Käser-Beck und Ute Seifert

Performance: Parallele Komposition in Musik und Malerei

Inhalt der interdisziplinären Arbeit sind die zeitgleich entstehenden malewrischebn und musikalischen Werke. Nicht in gegenseitiger Illustration bereits abgeschlossener Prozesse, sondern in gegenseitiger Wahrnehmung und Impulsierung, im Einsatz kollektiver Intelligenz und Intuition vollzieht sich die Entstehung der Werke - welche verbunden sind und doch eigenständig bleiben.

Thema der Performance ist das AUFRICHTEN als
- grundlegendes, konstituierendes bildnerisches Mittel
- eigentlich urmenschliches Charakteristikum
- Prozeß mit scheinbar wertlosen Materialien, die in ihrem neuen Kontext neuen Wert erfahren und erhalten
- therapeutischer Prozeß
- aufrichten und in Beziehung treten
- Prozeß im RAUM.

Performance: Parallel Composition in Music and Painting

The content of this interdisciplinaray work is the simultaneous creation of music and paiting by the artists.
The processes are not previously decided upon or fixed. They result in a creation through mutual perception and frctification of ideas, through a combination of collective intelligence and intuition.
The creative products thus remain connected to each other but also alone.

The theme of this performance is UPRIGHTNESS, as:
- an essential formative force
- an intrinsic fundamental human characteristic
- a process using apparently worthless materials which gain new meaning in their ne content
- a therapeutic process
- a coming into contact
- a process in SPACE.

 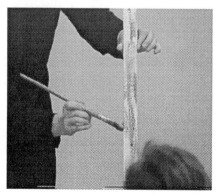

Kunsttherapie - Musiktherapie - Tanztherapie

Marianne Eberhard-Kaechele

Historie der Tanztherapie in Deutschland:
Die Suche nach prospektiven Zeichen in den Spuren der Vergangenheit

Einleitung

Als ich mir vornahm, Spuren der Entwicklung der Tanztherapie in Deutschland zurück zu verfolgen, hatte ich noch nicht realisiert, dass wenn ich vortrage, ich an einer der Quellen der Tanztherapie stehen würde. Einer der Redner dieser Tagung sagte, dass die Utopien, die in Ascona konzipiert wurden, alle gescheitert seien. Doch ich fühle mich sehr lebendig, mit dem Erbgut einer Ascona Schöpfung hier zu stehen, und die lebendige Geschichte dieser Schöpfung erzählen zu können. Ich werde dabei nicht versuchen alle Details fest zu halten, sondern vielmehr die Spuren heraus zu arbeiten, die uns bis zum heutigen Tag bewegen. Die Perspektive ist meine eigene. Für Personen aus anderen Kontexten mag es eine andere Gewichtung von Phänomenen und Personen geben.

Ursprünge

Gewiss, die Eizelle der Tanztherapie kam von Isadora Duncan. Die amerikanische Tänzerin vollbrachte die Innovation, die Ästhetik der Selbstbeherrschung des klassischen Tanzes einer Ästhetik der Selbstentfesselung des modernen Tanzes entgegen zu setzen. Diese Innovation, das wir als "Regression im Dienste des Ichs" beschreiben könnten, lässt sich am Körperbild, geschaffen durch die Kleidung, verdeutlichen: Die Balletttänzerinnen waren beherrscht von einem Korsett, das ihren Torso in eine Vertikale (nach Kestenberg: analsadistische) Position zwängte. Emotionsgestaltende Körpereigenschaften wie der Atemfluss oder das Körpergewicht waren unterdrückt oder minimiert. Die Gliedmaßen gaben Ausdruckszeichen – es entstand ein regelrechtes Vokabular – ohne im Moment der Ausführung unmittelbar von dem Ausdruck selbst erfüllt zu sein. Duncan Tänzerinnen trugen durchscheinende Togas, ohne Korsett. Der wogende Busen, die wuchtenden Hüften, das krümmen und das strecken, die Hingabe und der Widerstand des Leibes waren sichtbar. Duncan führte nicht nur die Dynamik der Emotionen aus, sondern gab ihnen ein entsprechendes Gefäß in der Körperform, das dem Publikum ein unmittelbares Teilhaben an ihren emotionalen Innenleben ermöglichte.

Isadora Duncan verdanken wir die Entdeckung des Phänomens das Kaye Hoffmann "Tremendum" nannte: "die Gestaltung der Bewegtheit, statt die gestaltete Bewegung. Das Tremendum ist der Kern des Tanzes, der nicht nur Ausdruck eines bestimmten Gefühls ist, sondern darüber hinausgehend, eine Stärkung der Fähigkeit zur inneren und äußeren Bewegtheit." (Peter-Boländer 1992, S. 102)

Die Samenzelle der Tanztherapie spendete Rudolf von Laban, der bedeutendste Bewegungsforscher des zwanzigsten Jahrhunderts. Obwohl er der gleichen geistigkünstlerischen Revolte angehörte wie Duncan, war Laban bestrebt die Kunst zum Mittel der Selbst-Erforschung und des Selbst-Ausdrucks zu machen, durch systematische Erfassung der Bewegungsphänomene des menschlichen Körpers. Er glaubte, erst die Beherrschung des gesamten Spektrums seiner Bewegungsmöglichkeiten befähige zur Freiheit des Ausdrucks und Kompetenz in der Lebensbewältigung. Die Akribie mit der er Phänomene differenzierte lässt sich demonstrieren: Ich stelle mein ansonsten regungslosen Körper in einer bestimmten Haltung und zeige dies aus verschiedenen Richtungen: Frontal, Dorsal, im Profil, und weitere Zwischenstufen. Jede Perspektive hat einen anderen Ausdruck, Funktion oder Wirkung, die Laban zu ergründen und zu deuten versuchte.

Hier in Ascona, in den Sommerschulen von 1913 und 1914 wurde die Frucht dieser Synthese aus Entfesselung und Beherrschung geboren: Mary Wigmann beschloss unter den Eindruck der Sommerschule bei Laban, auf dem Monte Verità, Tänzerin zu werden. Sie prägte den Satz "Ohne Extase kein Tanz! Ohne Form kein Tanz!" (Zit. In Bach,1933, S.19), das eine Verbindung von Dionysischer und Apollonischer Kräfte besiegelte.

Diese Spuren: **Entfesselung, Analyse und Formgebende Synthese** werden uns später wieder begegnen.

Von diesen Urmüttern und Urvater kommen wir zu den weiteren Ästen des tanztherapeutischen Stammbaumes. In den 20er und 30er Jahren waren Vertreter des modernen Tanzes, zum Beispiel Mary Wigman, Ruth St. Dennis und Martha Graham, weitere Wegbereiterinnen einer Tanzform, die sich zu therapeutischen Zwecken eignen würde. Ihr Anliegen war, den "inneren Tanz" zur Entfaltung zu bringen, durch eine nicht-wertende Haltung und die Förderung **des persönlichen, statt des genormten Ausdrucks**. Dieses Vorgehen wurde später assoziiert mit der Aufdeckung des Unbewussten durch freies Assoziieren, in der zeitgleich entstehende Psychoanalyse.

Die erste Generation der Tanztherapeutinnen, in den 1940er und 1950er Jahren in den USA, waren ursprünglich Bühnentänzerinnen. Viele von Ihnen waren Europäerinnen die dem Nationalsozialismus nach USA entflohen waren. Später, als Tanzpädagoginnen, setzen sie ihre Fertigkeiten in dem Kontext der Heilbehandlung von psychischen Störungen und Behinderungen ein. Sie bemühten sich ihre intuitiven methodischen Erfolge mit den bestehenden Theorien anderer Paradigmen zu verstehen und zu erklären. Mehrere verschiedene Methoden, entwickelt aus verschiedenen Arbeitsfeldern und Populationen, waren bereits etabliert und in der zweiten Generation gelehrt worden, bevor der berufspolitische Zusammenschluss und eine gemeinsame Prägung des Begriffs "Tanztherapie" in den 60er Jahren stattfand. Die einzelnen Verfahren der Tanztherapie wurden nach ihren Urheberinnen benannt, z.B. Chace Methode, Whitehouse Methode. Wichtige Spuren die hier fest zu halten wären, sind der **künstlerischer Ursprung** der Pionierinnen und der **vielseitigen Anwendungsgebiete**, sowie die Personengebundenheit der einzelnen Methoden.

Die zweite Generation der amerikanischen Tanztherapeutinnen etablierte universitäre Ausbildungsgänge, und kämpfte dennoch gegen Vorwürfe der Unwissenschaftlichkeit oder der Unseriosität. Eine solche Pionierin, Joanna Harris, erzählte mir, dass die Frauen dieser Generation oft mit Psychotherapeuten verheiratet waren, die eines der etablierteren Verfahren ausübten. Nicht allein um ihre Ehemänner zu überzeugen, fühlten sich diese Tanztherapeutinnen dazu bewegt, eine Ausbildung in einem etablierten Verfahren zu unterziehen, um die Anerkennung ihrer Arbeit sicher zu stellen. Dieser Schritt der **"Heirat der Methoden"** hinterließ Spuren derart, dass obwohl die Person nun akzeptiert wurde als Psychotherapeutin, davon ausgegangen wurde, dass ihre therapeutischen Erfolge nicht durch die Tanztherapie, sondern durch das dazugelernte Verfahren, bewirkt wurden. Diese Spur begegnet uns in jüngster Vergangenheit wieder.

Die Deutsche Geschichte
Übersicht der Generationen:
Ich erwähne Personen namentlich, in alphabetischer Reihenfolge, wie sie mir in 19 Jahren berufspolitischer Arbeit begegnet sind. Daher ist es möglich, dass Personen die wichtige Beiträge in ihrem Wirkungskreis geleistet haben hier unerwähnt bleiben, weil unsere Wirkkreise sich nie überschnitten haben.

1) **Erste Generation:** Obwohl ihre jeweilige Interesse für Tanz als Therapie sicher weiter zurück reicht, beginnt für die Pionierinnen die Auseinandersetzung mit einem definitiven, psychotherapeutischen Verfahrens namens Tanztherapie in den 70er Jahren. Manche sind Autodidaktinnen, zum Teil eigneten sie sich über Mosaikstein-artige Ausbildungsschritte Kenntnisse über Tanztherapie an, ohne eine komplette, formale Ausbildung in den USA zu absolvieren. Sie hatten unterschiedliche Grundberufe aus den Gebieten Tanz, Sport und Kunst. Hierzu würde ich solche Personen zählen wie Ursel Burek, Wally Kaechele, Anna Marakas, Fe Reichelt und Elke Willke. Diese Personengruppe war besonders daran interessiert, die Tanztherapie durch Ausbildung in Deutschland zu etablieren und sind bis heute in dieser Funktion tätig.

2) **Zweite Generation:** Zu beginn der 80er Jahre wurde die Pionierarbeit durch sie im wesentlichen mitgetragen. Die zweite Generation war überwiegend in Nord Amerika ausgebildet, einige erwarben ihre Ausbildung wie die erste Generation, autodidaktisch oder über ein Mosaik von Fortbildungsmaßnahmen. Sie begannen als MitarbeiterInnen der Tanztherapeutinnen der ersten Generation, und leiten heute zum Teil eigene Ausbildungsinstitute. Hierzu zähle ich Personen wie Susanne Bender, Petra Klein, Erika Kletti-Ranacher, Sybille Scharf-Widder, Anne Fallis, Claudia Greven, Martina Peter-Boländer, Sabine Trautmann-Voigt, Petra Wolgard Hagemann, Cary Rick, Jaqueline Mayer-Ostrow und mich selbst. Anfang der 90er Jahre engagierten sich maßgebend mit in der Berufspolitik Imke Fiedler, Ute Lang, und Silke von der Heyde.

3) **Dritte Generation:** Sie sind die ersten AbsolventInnen einer deutschen Ausbildung. Sie haben heute bis zu fünfzehn Jahre Berufserfahrung und arbeiten

zum Teil als MitarbeiterInnen in der Aus- und Weiterbildung von TanztherapeutInnen. Aufgrund der großen Zahl der hier zu nennenden Namen werde ich darauf verzichten müssen, sie einzeln zu benennen.

4) **Vierte Generation:** Mittlerweile gibt es AbsolventInnen die in Deutschland ausgebildet wurden, von in deutschland ausgebildete DozentInnen. Die Methoden die sie gelernt haben sind zum Teil in Deutschland entstanden, verfeinert oder modifiziert worden. Sie konnten von in Deutschland gesammelten, klinischen Erfahrungswerten profitieren. Dies steht im Gegensatz zu den vorherigen Generationen, die stark nach Amerika orientiert waren, ungeachtet kultureller Unterschiede.

Verlauf der theoretischen Orientierung/Methodik der Tanztherapie

Ich möchte die Veränderung der Technik anhand eines Bewegungsbeispieles veranschaulichen, das nach jeder Phase in entsprechender, der Klarheit halber in überzeichneter Weise, beschrieben wird. Das Beispiel wird jeweils in Kursivschrift abgehoben. Es handelt sich um eine Übung des Fallens/Fangens: Eine Person stellt sich vor einen anderen und lässt sich nach hinten fallen. Die hintere Person fängt die Fallende auf.

1) Zunächst folgte die Methodik den Vorgaben der Pionierinnen die, so fern sie noch lebten, selbst in Deutschland unterrichteten oder deren Nachfolgern. Trotz Gemeinsamkeiten wie die Verwendung von Improvisation zur Förderung des persönlichen Ausdrucks, ließen sich ihre Interventionsweisen in zwei polare Stile unterteilen:

a) Der "east coast" Stil war eher direktiv, sozialisierend, auf Integration abzielend zu charakterisieren. Er wurde u.a. von den Pionierinnen Marian Chace und Lilian Espenak vertreten und folgte dem Laban'schen Erbe der beherrschten Emotionalität.

i) *(Bei Espenak) Die Teilnehmer werden in die Durchführung der Übung kurz eingewiesen. Wenn sie die Übung vollzogen haben, wird analysiert welche Störungen bei ihnen aufgetreten sind. Diagnostische Schlüsse werden je nach Population aufgedeckt oder wortlos in künftigen Übungen berücksichtigt. Die Störungen werden durch Hilfestellung möglichst behoben, entsprechend den Normwerten für die gesunde Ausführung dieser Bewegung.*

b) Der "west coast" Stil war eher non-direktiv, individualisierend, auf Emanzipation abzielend zu charakterisieren. Er wurde von Mary Whitehouse und ihren Nachfolgern vertreten und folgte dem Duncan'schen Erbe der entfesselten Emotionalität.

i) *Möglicherweise entsteht bei einer Improvisation das Ereignis, dass eine Person fällt und eine andere sie auffängt. Es wird reflektiert welche Empfindungen dieses Ereignis begleiteten und welche biographischen Zusammenhänge zu dem Gesamterlebnis bestehen.*

Diese Ansätze wurden mit sehr spezifischen Populationen entwickelt, was zunächst bei der Übertragung auf andere Populationen unberücksichtigt blieb.

2) Die nächste Phase integrierte mehr humanistisches Gedankengut, hatte zum Teil auch esoterische Züge. Konfliktorientierte und kathartische Techniken aus anderen Körper- und Erlebnisorientierten Verfahren wurden abgeschaut und eigene, tanztherapeutische Pendants entwickelt. Außerdem entwickelten in Deutschland verschiedene Personen eine "eigene" Technik der Tanztherapie. Diese Zeit war grenzüberschreitend im guten und im bösen Sinne des Wortes: Für höher strukturierte Patienten ermöglichten die neuen Techniken die Erweiterung ihres bisherigen Horizonts und die Bearbeitung von Konflikten innerhalb des Bewegungsmediums. Für frühgestörte Patienten bedeuteten diese Techniken bestenfalls eine Überforderung, schlimmstenfalls eine Re-Traumatisierung. Da in dieser Phase zum ersten mal die Methode Tanztherapie gelehrt wurde, ergab sich oft die unreflektierte Übertragung von Vorgehensweisen aus der praktischen Ausbildung auf klinische Populationen.

    i) Eine Person stellt sich auf eine Fensterbank oder einen Tisch und lässt sich möglichst risikofreudig in die Arme der Gruppe fallen. Führen nur zwei Personen die Übung aus, wird Wert auf die tiefe des Fallens gelegt: je tiefer umso besser.

3) Aus den Fehlern der Vergangenheit wurde gelernt. Die universitäre Forschung und die Ausbreitung der klinischen Anwendung der Tanztherapie ermöglichten die Differenzierung von populationsspezifischer Interventionstechniken. Obwohl noch etwas verpönt, wurden Diagnostik und diagnose-spezifische Indikationen als eine Form der Fürsorglichkeit   zunehmend erkannt. Die ersten Ergebnisse der Säuglingsforschung, vordergründig von Margret Mahler, weniger beachtet von Judith Kestenberg, verfeinerten die Diagnostische Anwendung der Laban'schen Bewegungsanalyse. Sie gaben die theoretische Basis für tiefenpsychologische Interventionsgestaltung in Bewegung, nicht nur in der sprachlichen Aufarbeitung von Bewegungsübungen. Das "Tremendum" von Duncan war wieder da: die Gestaltung der Bewegtheit, und nun die Möglichkeit zu verstehen welche Bewegtheit gerade gestaltet wurde.

    i) Eine Person stellt sich bereit eine andere Person zu fangen. Beide prüfen in kleinen Schritten in wie weit sie einander gewachsen sind im Fallen/Fangen. Der Umgang des einzelnen mit der Aufgabe gibt seine Ressourcen und Defizite preis und ermöglicht es, mit dem Klienten eine spezifischen Zielsetzung zu entwickeln. Zum Beispiel könnte es darum gehen, zu begrenzen wie weit man fallen gelassen wird, durch ein verbales Signal, oder darum, sich auf den Partner einzulassen, durch das Maß an Gewicht was man ihm anvertraut.

4) Die **Revision der Säuglingsforschung** durch Daniel Stern erschütterte kurz die Orientierung der TanztherapeutInnen, die sich auf Mahler berufen hatten. Judith Kestenberg, die noch vor Stern Säuglinge beforscht und mit Mahler in Auseinandersetzung gestanden hatte, trat nun in den Vordergrund. Da Kestenberg die Laban'sche Bewegungsanalyse für ihre Forschung genutzt hatte, waren ihre Erkenntnisse optimal geeignet um Tanztherapeutische Methoden daraus zu extrapolieren. Eine wesentliche Errungenschaft war ein **differenzierteres Antworten auf die Übertragung** des Klienten in der therapeutischen Bewegungsbeziehung. Bis

dahin hatten direktive, abstinente oder spiegelnde Interventionen der analytischen und humanistischen Schulen folgend, das Repertoire des Therapeutenverhalten dominiert.

    i) *Je nach Strukturniveau und Störungsbild des Klienten bietet der Therapeut dem Klienten an: Ihn vertrauenswürdig, mit abgestimmten Bedingungen zu fangen; Sch (gemäßigt) unberechenbar zu verhalten; Sich vom Klienten fangen zu lassen; Als abgegrenztes Gegenüber das Gewicht des Klienten möglichst nicht, oder nur mit Abstand, anzunehmen; usw..*

In dieser Phase konkretisierte sich die Suche nach einem erweiterten Methodenrepertoire und theoretischer Erklärungsansätze. Auch das Herannahen des Psychotherapeutengesetzes und die Antizipation oder konkrete Erfahrungen mit der mangelnden Anerkennung des Verfahrens Tanztherapie, regte zu **methodischer "Heirat"** mit anderen Verfahren an, wie einst in Amerika. In Deutschland gibt es nun auch systemische, analytische, integrative/gestalt, Jung'sche, tiefenpsychologische und noch weitere Gattungen von Tanztherapie. Wie in jede Ehe bringen diese Verbindungen Freud' und Leid'. So hat man weniger Sorgen um theoretische und methodische Konzepte, sowie berufspolitische Vertretung. Möglicherweise werden Aspekte der Tanztherapie eingeschränkt oder nicht berücksichtigt. Man teilt das berufspolitische Schicksal des angeheirateten Verfahrens, sei dies erfolgreich oder aber verächtlich. Vor allem droht die Gefahr der Verleugnung der eigenen Herkunft, wenn die intrinsischen Eigenschaften der Tanztherapie nicht weiter ergründet werden, sondern der bestehende Fundus in das andere Paradigma gepresst wird und im Sinne dessen weiter definiert und entwickelt wird.

Intrinsische Methoden versus Modell Narzissmus

In Amerika wurden methodische Ansätze nach der Pionierin benannt, die sie (an einer spezifischen Population) entwickelt hatten. Diese Tatsache ermöglicht es uns heute, die methodischen Wurzeln der Tanztherapie zu ergründen. Dennoch ist kein Ansatz für sich allein genommen für alle möglichen Populationen angemessen. Daher umfasst die moderne Ausbildung in Tanztherapie mehrere Ansätze. In Deutschland wurde die alte "Tauf-Praxis" aufgegriffen und einem gewissen Modell-Narzissmus gefrönt: Manche identifizierten sich mit einer der amerikanischen Pionierinnen und versuchte der Spezialist in Deutschland für diesen Ansatz zu werden. In einem Fall wurde sogar versucht, ein Copyright auf die Verwendung des Namens zu erwirken. Manch anderer entwickelte rasch eine eigene Methode, mit eigenem Namen. Diese Profile halfen, sich von unseriösen Gattungen der Tanztherapie sich abzugrenzen, oder sein Institut aus der zunehmenden Masse an Ausbildungsanbietern auf dem Markt hervorzuheben. Inhaltlich brachte diese Spezialisierung die Verfeinerung von Methoden, aber auch eine gewisse **Erschwerung der Kommunikation und der Solidarität der Fachleute unter einander**, da zum Teil sehr spezifische Terminologien/Konzepte den Eingeweihten vom Nicht-Eingeweihten trennen sollte.

Verlauf der Berufspolitik

Zu den Phasen gebe ich jeweils Hinweise zu der Entwicklung intern, d.h. innerhalb der Tanztherapieszene, und extern, d.h. in der Gesellschaft und dem Arbeitsmarkt allgemein.

1) Phase der **Selbstfindung. Intern**: Jede Pionierin ist darauf konzentriert, ihre eigene Möglichkeiten in der Praxis zu entdecken. **Extern**: Tanztherapie kommt vereinzelt und personengebunden zum Einsatz bei private Klienten, in Institutionen und stationäre Einrichtungen, sowie in der Fortbildung anderer Berufsgruppen.

2) Phase der **Entdeckung des Anderen. Intern**: Es entstehen die ersten Verbindungen zwischen Tanztherapeutisch Tätigen, den Bundesverband für Tanztherapie um Wally Kaechele, und die Deutsche Gesellschaft für Tanztherapie um Elke Willke. Erste vollständige Aus-/Weiterbildungen in Tanztherapie in Deutschland werden angeboten. **Extern**: Erste offizielle Praktika und Stellen für deutsch-ausgebildete Tanztherapeuten werden eingerichtet. Ein Bedarf für Tanztherapie in Deutschland wird konzipiert. Kooperationen mit klinischen und heilpädagogischen Einrichtungen entstehen. Präsentationen auf psychotherapeutischen Kongressen. Differenzierung zwischen Fortbildung für andere Berufsgruppen und die Aus- oder Weiterbildung zum/zur Tanztherapeut/in.

3) Phase der **Spaltung und Konkurrenz. Intern**: Weitere Ausbildungsinstitute werden gegründet im Zuge der Spaltung von ehemaligen Verbindungen. Konkurrenz und In-Frage-Stellung der Gültigkeit/Qualität von verschiedenen Ansätze oder Instituten. Neue Koalitionen bilden sich und Berufsverbände entstehen. **Extern**: Konkurrenz um Praktika und Stellen. Aufwertung der Vorhandenen TT- Stellen, in dem sie leitende Funktionen für die PraktikantInnen erfüllen. Weitere Kongressarbeit und erste Veröffentlichungen.

4) Phase der **Wiederannäherung und Èklats. Intern**: Die Aussicht auf staatliche Finanzhilfe bringt alle an einen Tisch in der Gesellschaft für Tanzforschung. Heftige Auseinandersetzungen werden allmählich, in 8 Jahren Arbeit, gezähmt durch die gemeinsame Abstimmung von Ausbildungsstandards. Das gesamte Niveau des Berufsbildes steigt. Weitere Spaltungen und Einigungen finden statt. **Extern**: Die ersten Anzeichen vom Psychotherapeutengesetz lösen die Bemühung um einflussreiche Interdisziplinäre Kontakte aus. Erforschung von politische Machtstrukturen, Abrechnungsprozeduren. Die Anlehnung an theoretische Paradigmen anderer Verfahren wird verstärkt. Erste deutsche Bücher werden publiziert, der erste internationale Kongress für Tanztherapie findet in Berlin Spandau statt.

5) Phase der **Nationalen Einigung. Intern**: Gründung des Berufsverbandes der Tanztherapeutinnen Deutschlands auf der Basis der gemeinsam entwickelten Standards. Emanzipation der Absolventen einzelner Institute, die im Nationalen Verband Kontakttabus durchbrechen können. **Extern**: Verstärkte Orientierung an Kooperationspartnern die im Umgang mit dem Psychotherapeutengesetz helfen könnten. Weitere Buchveröffentlichungen, verstärkte Kongressarbeit.
Gegenwärtige Phase, **nach dem Psychotherapeutengesetz. Intern**: Zunächst Abnahme der Interessenten an der Ausbildung. Eine Gliederung zeichnet sich ab,

in 2-3 gleisige Ausbildungen: für Ärzte/Psychologen als Zusatzverfahren, für Personen die mit der Heilpraktiker Zulassung zur Heilkundlichen Psychotherapie, oder klinisch, tätig werden möchten, und für Personen die im Sinne eines Heilhilfsberufs oder Fortbildung ein weniger anspruchvolles Angebot suchen. Gemeinsame Anstrengungen in der Berufspolitik schweißen zusammen. Jüngere Generationen werden aktiv in der Berufspolitik, unabhängiger als die Institutsleiter von marktwirtschaftlichen Interessen. Alte Feindschaften verlieren an Gewicht oder verhärten sich. **Extern:** Manche sehen ihre Existenz gefährdet und wechseln den Beruf. Dennoch gibt es mehr öffentliche Stellenangebote für TanztherapeutInnen als je zuvor. Das Verfahren hat sich in Psychosomatik und Psychiatrie bewährt. Die Perspektive auf eine Besserung der Bezahlung hat sich verschlechtert. Interesse an dem Europäischen Zertifikat für Psychotherapie bzw. Kooperationen mit den Körperpsychotherapeuten als letzte Hoffnungen auf eine Anerkennung des Verfahrens als Psychotherapie. Kooperation mit den künstlerischen Therapeuten mit der Überlegung ein neues Berufsbild außerhalb der Psychotherapie zu entwickeln. Engagement in Projekten zur Effektivitätsforschung.

Exkurs zum Dilemma der Berufsveterane

Was sind die Perspektiven der nun fünfzehn bis zwanzig Jahre tätigen TanztherapeutInnen?

In der heutigen Zeit ist es zu erwarten dass eine Tanztherapeutin mit einer Anstellung in einer Einrichtung des Gesundheitswesens, der Heilpädagogik oder des Bildungswesens, mit der gleichen Position ihre berufliche Laufbahn beendet, wie sie sie begonnen hatte. Es gibt so gut wie keine reguläre Aufstiegschancen innerhalb des eigenen Fachbereiches, da es meist nicht mehr als eine Tanztherapeutin pro Einrichtung gibt. Erfahrene Tanztherapeutinnen müssen es zuweilen hinnehmen, von Ärzten oder Psychologen, die selbst noch in der psychotherapeutischen Ausbildung stecken, "angeleitet" zu werden, weil seit dem PTG endgültig der Grundberuf und nicht die qualifizierte Weiterbildung der Platz in der Hierarchie bestimmt.

Oft lassen sie sich auf die Verführung ein, mehr Verantwortung und weitreichendere Aufgaben zu übernehmen, ohne dass diese Anerkennung ihrer Kompetenz in formaler oder finanzieller Honorierung vollzogen wird. Leitungsfunktionen werden verlangt aber nicht in der Stellenbeschreibung oder im Zeugnis festgehalten. Gräfin Flora von Spreti pflichtete ihre Erfahrung hierzu bei: Ihr Chef sagte einst zu ihr "Was arbeiten sie denn so viel, Sie können ja doch nicht habilitieren!" KollegInnen die Medizin oder Psychologie studierten, um Ihre Lage zu verbessern, erlebten meist, dass die tanztherapeutische Tätigkeit, durch anderen Aufgaben verdrängt wurde. Sich als LehrtherapeutIn, SupervisorIn oder AusbilderIn für Tanztherapie zu etablieren ist auch nur einer gewissen Zahl von Personen vorbehalten. Ist die Tanztherapie eine berufliche Sackgasse?

Ich glaube nein, sie ist nicht notwendigerweise eine Sackgasse. Immer mehr Kolleginnen berichten von reizvollen Gelegenheiten ihre gewachsenen Fähigkeiten würdig einzusetzen. Ob in Forschungsprojekten, bei der Organisation und Durchführung von Kongressen, in kulturellen Projekten, oder in der Entwicklung neuer Behandlungsprogramme für spezifische Krankheitsbilder, entscheidend ist das Selbstverständnis und das Selbstbewusstsein. Auch Leitungsfunktionen werden formal anerkannt, wenn der/die Betreffende diplomatisch aber beharrlich darauf besteht. Wir können einander darin stärken, Leistungen nicht unter Wert zu verkaufen, und traditionelle Strukturen zu durchbrechen. Wir wollen kämpfen für angemessene Rahmenbedingungen, denn die tanztherapeutische Arbeit an sich, ist ohne Zweifel befriedigend. Sie bietet uns, je nach Klientel, große Variations- und Entfaltungsmöglichkeiten, das Erfolgserlebnis ihrer offensichtlichen Wirksamkeit und eine besondere Intensität in der Begegnung mit Menschen.

Prospektive Zeichen in den Spuren der Vergangenheit
Besinnung auf den künstlerischen Ursprung der Tanztherapie:
Statt den Weg zur Etablierung über die Heirat mit anderen Verfahren der Psychotherapie zu beschreiten, folgen manche berufspolitischer Bestrebungen die Spur der künstlerisch-therapeutischen Eigenschaft der Tanztherapie. In vielen Einrichtungen des Gesundheitswesens, wo frühe Störungen behandelt werden, sind künstlerische Therapien kaum noch weg zu denken, weil sie sich im praktischen Alltag als ökonomisch (viel erreichen in kurzer Zeit) erwiesen haben, wenngleich die wissenschaftlichen Effektivitätsstudien noch fehlen. Folgende Maßnahmen wären erforderlich, um diesen Weg weiter zu gehen:
* Eine kunstimmanente Theorie sollte entwickelt werden, in dem vorhandene Literatur ausgewertet wird, und die erfahrenen Pioniere ihr Wissen zu Papier bringen. Leider besteht noch eine recht große Kluft zwischen den Theoretikern an den Universitäten und Instituten und den Praktikern im Felde: meist weiß der eine wenig von dem Wissen des anderen.
* Eine eigene Theorie erfordert eine eigene Fachsprache. Diese sollte spezifisch und dennoch allgemeinverständlich sein, damit die Möglichkeit der Vermittlung des eigenen tuns an anderen gelingen kann. Die Versuche eine eigene Fachsprache zu entwerfen die mir bisher begegnet sind, wiesen meist eines von den folgenden Nachteilen auf: die männlichen Kollegen schrieben die Abgrenzung groß und neigten dazu Komplexität mit Wertigkeit zu vermischen, nach dem Motto, je komplizierter, umso wertvoller. Die weiblichen Kolleginnen nahmen eher eine vermittelnde Haltung ein und adoptierten Begriffe aus andere Paradigmen wie Chamäleons die Farbe ihre Umgebung. Sie bedachten nicht, dass sie damit eine Reihe von Implikationen und Assoziationen bei der Umwelt in Gang setzten, die sie weder intendiert hatten noch zustimmen würden.
* Wir benötigen den Mut, uns von anderen Paradigmen der Psychotherapie öffentlich abzugrenzen, bzw. aufzuzeigen, wo diese Paradigmen Konzepte der Tanztherapie nicht gerecht werden. Im diesem Sinne wäre es angemessen kund zu tun, was die Tanztherapie der Psychotherapie an Wissen anzubieten hat, beispielsweise über non-verbale Kommunikation.
* Wir benötigen den Mut, wissenschaftliche Erkenntnisse aus anderen Disziplinen

zu nutzen zur Erklärung der Wirkung unserer Disziplin. Hierzu sind insbesondere Bereiche geeignet die politisch nicht so stark in Konkurrenz zu unserer Disziplin stehen, zum Beispiel der Biologie oder der Physik. Sie stellen weniger Besitzansprüche, sondern erfreuen sich an der interdisziplinären Anwendung und Bereicherung.

• Es ist fraglich ob die zur Zeit gängigen Effektivitätsforschungsinstrumente die Effektivität der Tanztherapie messen können in seine wesentlichen Elemente. Ich habe erlebt wie Video aufnahmen transkribiert und die gesprochene Worte analysiert wurden, mit den üblichen Messinstrumenten, die für verbale Therapien entwickelt wurden. Das gesamte visuelle Material, die Bewegung an sich, verschwand ungenützt in einem Archiv. Eine methoden-gerechte Forschung würde die Effektivität der künstlerischen Therapien wie Tanztherapie wesentlich deutlicher hervorheben können. Solche Methoden sollten möglichst schon in der Ausbildung den angehenden TanztherapeutInnen vertraut gemacht werden.

Besinnung auf Adressaten der Tanztherapie

Tanztherapie entstand in Amerika, unmittelbar nach dem zweiten Weltkrieg. Psychisches Leiden wurde im Licht der Ereignisse als die soziale Verantwortung der Gesellschaft gesehen. Durch Veteranen und Flüchtlinge stieg der Bedarf an Psychotherapeutischer Behandlung, bei gleichzeitiger Zahlungswilligkeit der Versicherungen/der Betroffenen. Später wurde Gesundheit zur individuellen Verantwortung, und Krankheit, besonders die mit einer psychischen Komponente, zur Last für die Gesellschaft. Die Finanzielle Mittel für "Mental Health" wurden drastisch gekürzt. In Deutschland zeichnet sich eine ähnliche Tendenz ab.

Die Gesundheitspolitik können wir nicht kurzfristig ändern, also müssen wir neue Frontiere erschließen, um unsere Existenz zu sichern. Wenn wir uns heute fragen, welches Klientel Bedarf hat nach einer Therapieform wie der Tanztherapie, und verfügt über eigene oder öffentliche finanzielle Mittel, dann liegt die Antwort nicht in den traditionellen Feldern der Tanztherapie (Psychiatrie, Psychotherapeutische Medizin, Sonderpädagogik). Es sind die Krebskranken, die wachsende Zahl der an Erkrankungen des Alters leidenden Menschen, Rheumakranke, Trauma- und Verbrechensopfer.

Besinnung auf Extase und Form

Selbstverständlich ist die Beherrschung der Form, als Sinnbild für die wissenschaftliche Etablierung der Tanztherapie, von aktueller Bedeutung. Wir benötigen mehr schriftliche Dokumentation und Forschung unserer Arbeit, und die verbesserte Zugänglichkeit dieser Information für die Fachwelt.

Doch nicht nur der Fachmann sollte unser Adressat sein. Der "Jedermann" in Fachmann und Laie verdient unsere Aufmerksamkeit. Die Extase, die Freisetzung von Emotionen, ist als Vermarktungsstrategie nicht zu verschmähen. Peter Petersen spricht aus eigener Erfahrung wenn er sagt, "Der beste Weg zur Etablierung eines Verfahrens ist die erfolgreiche Behandlung eines Angehörigen der Machthaber!" Öffentlichkeitsarbeit die ergreift und die Potenz unseres Verfahrens vermittelt, kann die zahlenstärkste Lobby für die künstlerischen Therapien mobilisieren: die Patienten. Es ist meine Erfahrung, dass gut geschriebene, seriöse und ansprechende Berichte, die in den verschiedensten Medien die breite Öffentlichkeit erreichen, erstaunlich wirksam sein können für die Etablierung unseres Verfahrens.

Besinnung auf Spaltung und Einigung

Die politische Geschichte der Tanztherapie ist gezeichnet von Wellen der Trennung und der Verbündung. Die vereinigte Gruppe der TanztherapeutInnen ist ein Konstrukt, der notwendig wird, wenn politischer Einfluss von der Zahl der Personen die an einem Projekt beteiligt sind abhängt. Dieses Konstrukt bleibt im gewissen Maße eine heterogene Gruppe, die nach Spaltung drängt wenn Differenzen in dem Selbstverständnis oder die Interessen der einzelnen zum tragen kommen.

Wenn wir tolerant sein können, gegenüber scheinbar "Abtrünnigen", gewähren wir ihnen die Wendigkeit und Handlungsbeschleunigung, die eine geringere Personenzahl mit sich bringt. Um Innovationen einzuführen, kann man nicht auf die Zustimmung aller warten, sonst ist eine Gelegenheit womöglich bereits passé. Wir sollten nicht so kränkbar und neidisch sein, dass wir uns guten Projekten nicht anschließen oder sogar unterordnen.

Warnung vor dem Modellnarzissmus

Für die zukünftige Bestreitung der Berufspolitik der Tanztherapie ist es notwendig, parallel zu der weiteren Differenzierung der Methodik in den verschiedenen Ansätzen, eine **verstärkte Klärung der gemeinsamen Grundprinzipien und der Terminologie** zu erreichen. Nur so können Tanztherapeutinnen sich mit einander identifizieren und sich für berufspolitische Zwecke zu der größt möglichen Lobby ihre Zunft vereinen. Die Arbeit von Imke Fiedler zur Vereinheitlichung der Kestenberg Terminologie ist ein Beispiel dafür.
Ein inhaltlicher Austausch zwischen Instituten zur Formulierung von inhaltlichen Standards, und Foren wo Methoden kritisch hinterfragt und korrigiert werden, sind noch einzurichten. Im Zuge der Bewerbung für die Anerkennung als psychotherapeutisches Verfahren, im European Association for Psychotherapy, könnten Hemmschwellen abgebaut werden, weil alle gemeinsam an einer Darstellung der Tanztherapie mitarbeiten.

Besinnung auf den Pioniergeist

Wir haben in zwanzig Jahren des Kampfes viel erreicht, und stehen in mancherlei Hinsicht noch am Anfang. Das Psychotherapeutengesetz stellte den Sinn einer Ausbildung zur Tanztherapeutin zunächst in Frage. Doch Patienten und Therapeuten haben sich nicht beirren lassen. Im Evolutionsprozess ist keine Spezies jemals endgültig sicher in ihrem Fortbestehen. Zähigkeit und Adaptivität sind erforderlich in der Eiszeit. Wenn wir künftigen Ausbildungskandidaten keine falsche Sicherheit vorgaukeln, sondern sie reizen mit der Herausforderung einer Pionieraufgabe, flößen wir

ihnen eine Haltung ein, was sie stärkt und vorbereitet auf den Arbeitsmarkt in seiner Wirklichkeit. Statt ein Versagensgefühl entsteht dann ein Wissen um die Wertschätzung ihres Dauerkampfes. Für **Wally Kaechele** kam eine solche Wertschätzung überraschend, von außerhalb der Tanztherapieszene, als im Jahr 2000 ihr das **Bundesverdienstkreuz am Bande** in Schloss Bellevue verliehen wurde, für ihr Lebenswerk zur Förderung der Tanztherapie. Für viele TanztherapeutInnen war dieses Ereignis eine Ermutigung.
Der Berufsverband, und neuerdings das Internet, stellten Foren dar, durch die wir Netzwerke bilden und Überlebensstrategien austauschen können.

Besinnung auf inspirierende und beschützende Orte des Lernens
Auf dem Monte Verità konnte der Ausdruckstanz wachsen, stark werden, und dann in die Welt hinaus gehen. Am Langen Institut und anderswo wird die Anerkennung der Ausbildung in Tanztherapie als Hochschulstudium angestrebt. Auf diesem Wege wäre ein Rahmen gegeben für Grundlagen Forschung und die Forschung der Effektivität. Die Gestaltung der Ausbildung könnte freier werden von finanziellen Zwängen der Privatwirtschaft und die Teilnahme für begabte aber weniger bemittelte Kandidaten möglich. Unser Wissen könnte sich endlich von dem Niveau "Ringelpietz mit Anfassen" verabschieden. Bis das dieser kollektive Traum in Erfüllung geht, setzen ihn mehrere Kollegen und Kolleginnen individuell um, in dem sie eine Promotion zum Thema Tanztherapie, in einem anderen Fachbereich, angehen. Eine neu-artige Generation von Tanztherapeuten und Tanztherapeutinnen ist im werden.

Wie ist der Generationswechsel in der Tanztherapie zu vollziehen und ihr Fortbestehen zu sichern? Nach dem Motto: Beweglich bleiben!

Literatur
Bach. (1933). Das Mary Wigmann Werk. Dresden.
Bruno, C. (1990). Maintaining a Concept of the Dance in Dance/Movement Therapy. In: American Journal of Dance Therapy, 12, 101-113.
Levy, F.J. (1988). Dance/Movement Therapy- A Healing Art. Reston Virginia: The American Alliance for Health, Physical Education, Recreation and Dance.
Peter-Bolaender, M. (1992).Tanz und Imagination: Verwirklichung des Selbst im künstlerischen und pädagogisch-therapeutischen Prozeß. Paderborn: Junfermann.

The History of Dance Therapy in Germany:
The Search for Orientation for the Future in the Traces of the Past.

The origins of modern expressive dance in the Persons of Isadora Duncan, Rudolf von Laban and Mary Wigman and in the location of the Monte Verità, Ascona, followed by a brief narrative of the history of dance therapy in the United States, lead to the introduction of the Pioneers in Germany. The Development of theoretical and methodological principles, the course of events in career politics and a discussion of the situation of the eldest generation of dance therapists find consideration in the reflections on the past. Orientation for the future draws upon the following traces of the past: the origin of dance therapy in the arts; the consideration of populations that are able to finance dance therapy treatment; the balance between controlling formality and liberating extasy, as manifested in evidence based research and emotionally moving case studies, respectively; the tolerance for both splitting and unification as qualities of political action; the dangers of Paradigm-Narcissism, the need for a pioneer spirit and the advantages of protected, inspiring places of learning.

Franz Lettner (unter Mitarbeit von Kerstin Schipper und Philipp Martius)

Die Objektgestützte Psychodynamische Psychotherapie (OPP) in der stationären Behandlung von frühgestörten Patienten

1. Einführung in die Objektgestützte Psychodynamische Therapie

Um die Theorie, die der Objektgestützten Psychodynamischen Psychotherapie (im weiteren OPP) zugrunde liegt, besser zu veranschaulichen, wird die Geschichte eines 8 - 10 Monate alten Säuglings erzählt. Er ist in seiner psychomotorischen Entwicklung gerade dabei, vom Sitzen ins Stehen zu kommen. Dazu zieht er sich an den Gitterstäben seines Laufstalls hoch, umgreift mit seinen Händchen fest die Gitterstäbe, stößt sich mit beiden Beinen vom Boden ab, drückt die Knie durch und richtet sich auf. Diesen Bewegungsabläufen fehlt noch weitestgehend eine Selbstreflexivität. Das heißt, das Kind verfügt zwar schon über willkürliche, ihm bewusste und spontane Bewegungen, es fehlt ihm aber noch die Selbstverständlichkeit bei deren Durchführung. Es braucht daher für sein aktives Verhalten noch eine konstante Präsenz seiner primären Bezugspersonen, die es bestätigen und ermutigen. Im Laufe seiner Entwicklung werden diese Bestätigungen so sehr verinnerlicht, dass sie nicht mehr von seinem eigenen Selbstgefühl abgrenzbar sind und dann zeitlebens responsiv, affirmativ und positiv in seinem "Hintergrundsbewußtsein" (als Teil des sog. Selbstkonzept) in Erscheinung treten.

Diesen idealtypischen Prozess als Grundlage des Behandlungsansatzes der OPP wollen wir wie folgt veranschaulichen: Angenommen, dieses Kind steht in seinem Laufstall, hält sich mit beiden Händen am Laufstallrand fest und sieht plötzlich am Boden seine kleine Quietschente. Das Kind bückt sich nach ihr, richtet sich wieder auf, hält sich mit der einen Hand weiter an seinem Laufstall fest und drückt mit der anderen diese Quietschente, die einen entsprechenden Laut von sich gibt. Das Kind ist von diesem Quietschen entzückt, möchte, dass das Entchen nochmals quietscht, erlebt jetzt aber in sich etwas aufkommen, was vorher nicht da war. Es drückt jetzt nicht mehr wie zuvor ganz spontan den Gegenstand. Vielmehr werden dem Kind seine Hand und seine Finger bewusst, es spürt jetzt in seiner Hand eine besondere Kraft, die aus ihm selbst herauszukommen scheint und mit der es das Entchen so drücken kann, wie es will. Das Kind merkt jetzt deutlicher, dass sich seine Finger nicht mehr nur spontan bewegen, ja dass es Bewegungen nach eigenem Ermessen nicht nur steuern kann, sondern dass es darüber auch die emotionale Qualität in seinem inneren Milieu regulieren kann. So wiederholt es das "Experiment".

Das Kind ist jetzt durch das ihm bewusst gewordene Bewegungsvermögen und durch das dadurch erzeugte laute Quietschen seiner Ente in freudige Erregung geraten. In diesem Moment schaut sich das Kind ganz angestrengt nach seiner Mutter um. Es möchte zum Einen ihr diese Neuigkeit mitteilen, möchte zum Anderen auch ihre

Zustimmung erzielen, da diese Bewegungs- und Lebensfreude noch von einem Gefühl der Unsicherheit begleitet ist, ob all das Fremde, Neue, was sich da in ihm vollzieht, auch wirklich in Ordnung ist, vor allem, was die auf einmal in ihm aufgetauchten eigenen Beweggründe (Motive) angeht. Die Mutter, die gerade mit eigenen Dingen beschäftigt sein mag, achtet auf die freudigen und Aufmerksamkeit heischenden Laute nicht und so bleibt für das Kind das ersehnte positive Feedback zunächst aus. Trotz sich anbahnender Frustration überwiegt aber beim Kind diese neu entdeckte Bewegungsfreude, es bemüht sich weiter um die Ente. Dabei fällt das Tier schließlich zu Boden. Dieses Aufplumpsen bemerkt die Mutter, dreht sich um und sieht jetzt vor sich ein freudig lachendes, aufgeregtes und mit seinen Beinen strampelndes Kind, das ihr anscheinend etwas ganz Wichtiges mitteilen möchte. Im OPP-Konzept erscheint in Anlehnung an Ergebnisse der Säuglingsbeobachtung (Spitz 1996, Stern 1993) die Aufmerksamkeit der Mutter gegenüber dem gerade erlernten Greifen ihres Kindes von ausschlaggebender Bedeutung. Das Kind braucht jetzt ihre Bestätigung, ihre Anerkennung, die sogenannte "positive Resonanz", damit es die Sicherheit erfährt, dass dieses willentliche Greifen in Ordnung ist, und dass es diese Verhaltensfähig-keiten weiter einüben, erweitern und später auch differenzierenkann (z. B. im Halten, Werfen, Malen, Schreiben usw.). Es ist ja noch nicht lange her, dass sich der Säugling überhaupt seines angeborenen "automatischen Verhaltens" bewusst wurde und dass er immer deutlicher mitbekam, dass er ohne sein Zutun sehr gut bewegt wurde. Für ihn völlig unbewusst wird durch die oben geschilderten Abläufe u.E. sein angeborenes hochdifferenziertes Verhaltensrepertoire, das sog. Archaiksystem, ein funktionelles psychomotorisches neuronales Netzwerk, das sowohl die Bewegungsentwürfe als auch begleitende Affekte und Empfindungen beinhaltet, allmählich in sein sog. Anpassungssystem übernommen. Darunter wird in der OPP ein entwicklungsge-schichtlich jüngeres funktionelles neuronales Netzwerk verstanden, das sich im Wesentlichen durch den höheren Grad von Bewußtheit, Willkürlichkeit und Variabilität der darin verankerten Muster auszeichnet. Wesentlich zum Verständnis ist dabei, dass bekanntermaßen beim Menschen kaum noch instinktive Muster das Verhalten bestimmen, sondern bewusste willkürliche Aktionen zu Reaktionen im Gegenüber führen, die aber erst systematisch erworben werden müssen. Die Verankerung vorgefertigter Verhaltensmuster unter dem Eindruck der mütterlichen Resonanz ist aber nur ein Schritt. Zur vollständigen psychomotorischen Entwicklung und Reifung fehlt in der Auffassung der OPP noch, dass über die Ich-Funktion der sogenannten intrapsychischen Identifikation die Verhaltensfertigkeiten aus dem Anpassungssystem dem Kind so vertraut werden, dass es sie als von sich selbst kom-mend erlebt. Dafür müssen sie auch im sogenannten Selbstsystem, einem weiteren funktionalen System, in dem die Psychomotorik mit einer personalen Wahrnehmung - "Das ist von mir!" - verbunden wird, gespeichert werden. Für diesen Reifungsschritt ist das Kind wie oben geschildert zunächst auf spezifische Umweltreaktionen (Spiegelungen) angewiesen, die wir als affirmative, responsive, positive Erfahrungsqualitäten bezeichnen oder kurz als Resonanzen. Auf diesem Wege findet beim Säugling die psychomotorische Identitätsbildung, und im weiteren seine gesamte Identitätsbildung statt. Bei den zirkulären Resonanzprozessen zwischen Mutter und

Kind geht es v.a. um die Anerkennung auf Seiten der Mutter und das Verstanden- und Bestätigtwerden auf Seiten des Kindes. Dies hat schon in den 60er Jahren der Kinderarzt und Psychoanalytiker René Spitz aufgrund sorgfältiger eigener Beobachtungen beschrieben (Spitz 1996). Die moderne Säuglingsforschung hat darüber hinaus vier unterschiedliche Kommunikationsqualitäten festgestellt (Stern 1993). Man hat Mütter beobachtet, die auf die unterschiedlichen Schreiqualitäten ihres Säuglings sehr flexibel eingehen können, also die Mitteilungen des Kindes sicher dekodieren, dechiffrieren und in eine für sie verstehbare Sprache übersetzen können. Diese Mütter wissen sehr schnell, was das Kind ihnen jeweils "sagen" will, ob es gerade Hunger hat, ob es ihm irgendwo weh tut, ob es auf dem Arm genommen werden will, ob es Kontakt möchte usw. Solche flexible Mütter werden mit ihrem Kind immer wieder eine übereinstimmende Kommunikation erzielen. Dadurch werden die kindlichen Wirklichkeitserfahrungen angemessen bestätigt und (als brauchbare Selbst- und Objektrepräsentanzen) im Anpassungssystem des Kindes gespeichert. Trifft eine flexible Mutter auf ein unflexibles Kind, ist die Mutter in ihrer Flexibilität sehr gefordert, wird aber ähnlich wie im ersten Fall ausreichende übereinstimmende Kommunikation und Bestätigung erreichen. Trifft eine unflexible Mutter auf ein flexibles Kind, wird sich letzteres tendenziell solange um die Mutter bemühen, bis ebenfalls eine ausreichende übereinstimmende Kommunikation zustande kommt. In all diesen Fällen kommt es in der Beziehung zu ausreichender Resonanz und damit zur Unterstützung der Selbstentwicklung. Das nennt die OPP Objektstützung. Problematisch unter entwicklungspsychologischen Gesichtspunkten scheint die Interaktion zwischen einem unflexiblen Kind und einer unflexiblen Mutter zu sein. In dieser Kommunikation kommt es oft eher zufällig zu einer übereinstimmenden Verständigung. Die häufigen Missverständnisse und die daraus folgenden Spannungen führen zu Traumatisierungen und sozialen Deprivationen beim Kind. Sogenannte basale interaktive Beziehungsrituale treten kaum in Kraft und im Anpassungssystem speichern sich zu viele Vernichtungserfahrungen, Lebensverbote, erlittene Verachtung, Unzuverlässigkeit, Unsicherheit, letztlich Resonanzlosigkeit. Objektstützung findet also nicht ausreichend statt. Die negativen Erfahrungsqualitäten fügen sich im Anpassungssystem des Kindes zu keinen positiven Verhaltens- und Beziehungserfahrungen. Vielmehr bleiben sie als soge-nannte strukturelle Defizite im weiteren Leben präsent und verhaltensbestimmend als sogenannte dysfunktionale Orientierungen und Motive. OPP zielt daher auf die Korrektur, ja Reparatur dieser negativen Muster. Dazu setzt sie in einem stationären Rahmen ein multimodales psychotherapeutisches Behandlungskonzept um, in dem verschiedene Therapeuten und Therapieformen darauf ausgerichtet werden, dysfunktionales Verhalten zu analysieren, außer Kraft zu setzen und korrigierende Objektstützung zu ermöglichen. Dabei versteht sich OPP eigentlich als angewandte Entwicklungspsychologie. Empirisch weiß man, dass das Spüren, Empfinden und Wahrnehmen objektstützender Erfahrungen eine Tiefenwirkung in unserer Persönlichkeit hat. Dabei werden vermutlich neurophysiologische Vorgänge aktiviert. Entwicklungspsychologisch sind es primäre (elterliche) Funktionen, durch die das Kind seine Daseinsberechtigung als Mensch und seine Lebensberechtigung als Person erfährt. OPP spricht hier von tragenden und haltenden Funktionen und Erfahrungen:

Das Kind erlebt die Gegenwart seiner Eltern beruhigend, fühlt sich von ihnen aner-
kannt, und tauscht sich mit ihnen auch emotional aus, entlastet sich so. Durch den
Einsatz dieser primären Funktionen wird das Kind lebenstüchtig (stüt-zende
Funktion), findet zu sich selbst und kann aus sich selbst heraus leisten (kreative
Funktion), spricht schließlich mit den anderen über sich selbst und kann anderen
zuhören, also in Dialoge eintreten (narrative Funktion).
Die Objektgestützte Psychodynamische Psychotherapie orientiert sich an diesen primären (elterlichen) Funktionen, die erwachsenengerecht modifiziert und entsprechend
dem jeweiligen Krankheitsbild dosiert, auf unterschiedlichen Therapieebenen eingesetzt werden. Dieser nur sehr kurze allgemeine Abriss der OPP wird mit der folgenden
Kasuistik veranschaulicht.

2. Kasuistik Frau S.

Die Kasuistik von Frau S. zeigt in besonderer Weise das Vorgehen im Rahmen der
OPP. Bei dieser Patientin war das Selbstkonzept so schwer beeinträchtigt, dass ein
sehr selbst-destruktives Verhalten die einzige Konstante in ihrem Leben erschien.
Die 28-jährige Patientin wurde auf Drängen ihres behandelnden Arztes in unser
Krankenhaus eingewiesen, da der Kollege aufgrund der chronischen Suizidimpulse
eine weitere ambulante Behandlung nicht mehr verantworten konnte. Bereits bei
Aufnahme gab sie an, von einer stationären Behandlung überhaupt nichts zu halten.
Sie erlebte ihre suizidalen Impulse, die mit massiven Selbstentwertungen einhergin-
gen, nicht als etwas im eigentlichen Sinne "Krankes". Soweit sie sich in ihre
Lebensgeschichte zurückerinnern konnte, seien Suizidimpulse "immer da" gewesen,
auch schon als kleines Kind. Mit 25 Jahren setzte sie diese Impulse erstmals in die Tat
um, sie nahm Tabletten, konnte sich aber noch selbst Hilfe holen. Ein Jahr später kam
es zu einem zweiten Suizidversuch mit Tabletten, Durchtrennen einer Unterarmarterie
und Luftinjektion in eine Vene. Die Mutter entdeckte die Patientin "zufällig" noch
rechtzeitig. Es folgte ein erster mehrmonatiger Aufenthalt in der Psychiatrie.
Anschließend arbeitete sie wieder sehr engagiert in ihrem Beruf als Sachbearbeiterin.
Ambulant wurde sie dann von dem Arzt behandelt, der in der Psychiatrie ihr
Stationsarzt gewesen war und sich inzwischen niedergelassen hatte. Nach einem weiteren Jahr erfolgten ein weiterer Suizidversuch mit Tabletten und eine erneute statio-
när-psychiatrische Behandlung. Von dort wurde sie in unsere Klinik überwiesen. Trotz
der vorausgegangenen psychotherapeutischen Behandlungen war es sehr schwierig,
ein Therapiebündnis mit der Patientin herzustellen. Sie verschloss sich entweder den
Therapiemaßnahmen, sie entwertete sie oder sie nahm teil, musste sie dann aber impe-
rativ vorzeitig verlassen. Z.B weigerte sie sich, am Essstörungssetting der Klinik teil-
zunehmen, da dadurch ihrer Meinung nach die früher sehr ausgeprägte bulimische
Symptomatik sich wieder verschlimmern könnte.
Hauptthema der Behandlung war notwendigerweise die chronische Suizidalität. Es
wurde ein Antisuizidpakt geschlossen, den die Patientin anfangs nicht sehr ernst
nahm, weshalb unsererseits die Wichtigkeit des Vertrages ständig nachdrücklich

betont wurde. Als weiterer Behandlungsschritt wurde mit ihr eingehend die Diagnose einer emotional instabilen Persönlichkeit vom Borderline-Typ thematisiert. Dabei zeigte sich, dass die intelligente Patientin auf der Objektstufe, auf einer rationalen Beziehungsebene, sehr gut psychodynamische Zusammenhänge nachvollziehen konnte, sich aber auf der Subjektstufe, auf einer emotionalen Ebene, noch nicht auf eine therapeutische Auseinandersetzung einlassen konnte. So sprach sie z. B. im Laufe der Behandlung mehr und mehr über ihre enorme Sehnsucht nach Nähe, Angenommensein und Bestätigung, rationalisierte und intellektualisierte aber in der Körper- und Gestaltungspsychotherapie, warum diese oder jene Therapiemaßnahme bei ihr nicht funktionieren könne, sodass sie sie besser nicht mitmache. Spürbar wurde, dass sie den dabei möglichen korrigierenden emotionalen Erfahrungen zutiefst misstraute. V.a. thematisierte sie immer wieder, dass die Behandler unmöglich ihre in den Behandlungen zum Vorschein kommende Destruktivität aushalten könnten. Frau S. wurde schließlich leidlich psychisch stabilisiert in ein Behandlungsnetz entlassen, in dem sie jederzeit Hilfe holen konnte, ihre Destruktivität also "formal" kontrollieren konnte.

Ein weiteres Jahr später kam es zu einem erneuten Suizidversuch mit Tabletten, nach dem sie komatös in ihrer Wohnung lag und am 4. Tag wieder von ihrer Mutter gefunden wurde. Durch die Bewusstlosigkeit war es zu einer Verletzung eines Beinnervs und zu einer Lähmung der Unterschenkelmuskulatur des rechten Beines gekommen. Sie hatte daher bei der erneuten stationären Aufnahme einen unsicheren, hinkenden Gang. Wie zuvor sprach sie fast ohne Gestik und Mimik, wirkte aber in den Gesprächen deutlich aggressiver und wütender als beim ersten Aufenthalt: an sich wäre sie froh, wenn jetzt alles "vorbei" gewesen wäre, aber man habe sie ja leider wieder mal "ins Leben gerettet". Auf die Frage, warum sie in dieser Situation überhaupt wieder in unsere Klinik gekommen sei, meinte sie: "So recht weiß ich es auch nicht, aber da ist etwas, wo ich spüre, dass ihr es ehrlich mit mir meint, ganz offen über meine Krankheit mit mir sprecht und ich denke, dass ich in der letzten Behandlung überhaupt erst einmal begriffen habe, dass ich krank bin".

Bei dem zweiten Aufenthalt war es für alle Mitglieder des therapeutischen Teams paradoxerweise wesentlich anstrengender, mit ihr zu arbeiten. Die Patientin war von Anfang an offener und berichtete auch erstmals ausführlicher über ihre Lebensgeschichte: sie mutete sich und den Therapeuten deutlich mehr zu.

Sie sei ca. 1 Jahr nach einer Fehlgeburt ihrer Mutter sehr untergewichtig (als 9-Monatskind) zur Welt gekommen, 2 Jahre vor ihrem Bruder. Nach der Geburt habe sie nach Angaben ihrer Mutter für ein Jahr einen "furchtbaren Hautausschlag" (vermutlich nach einer Impfung) entwickelt. Die weitere körperliche und auch psychische Entwicklung sei "durchschnittlich so wie bei anderen auch" verlaufen. Erst später gelang es ihr mit großer Angst mitzuteilen, dass ihre Mutter, die ebenfalls sehr untergewichtig war, ihre Schwangerschaft lange vertuschen wollte, deshalb wenig gegessen habe und anderen, denen dieses Verhalten auffiel, mitteilte, dass sie eine Gastritis habe. Die völlige Verheimlichung der Schwangerschaft sei der Mutter tatsächlich gelungen.

Die Mutter war Sachbearbeiterin, der Vater der Patientin war kaufmännischer

Angestellter, Lagerleiter und nebenbei künstlerisch tätig. Den jüngeren Bruder beschrieb sie als gutmütig, sehr kontaktfreudig, leicht aufbrausend, stur und oft sich selbst schadend, er sei der einzige Mensch, den sie wirklich lieb habe. Später in der Therapie gestand sie ein, dass er ein massives Alkoholproblem habe. Den Vater erlebte die Patientin einerseits als einen Mann mit starkem Willen, klaren Vorstellungen und einer guten Durchsetzungskraft, der immer großzügig, hilfsbereit und humorvoll gewesen sei, andererseits war er ebenfalls alkoholkrank und von daher unzuverlässig, jähzornig und streitlustig. In den letzten Jahren habe er schwere Alkohol-Folge-schäden entwickelt, weshalb sie kaum noch Kontakt zu ihm habe. Ihre Mutter beschreibt die Patientin als pflichtbewusst, ordnungs- und sauberkeitsliebend, verständnisvoll, gutmütig und selbstsicher, sie habe bis heute guten Kontakt zu ihr. Von Anfang an habe der Alkoholkonsum des Vaters in der Familie eine große Rolle gespielt. Das familiäre Zusammenleben in der Familie sei sehr spannungsgeladen gewesen. Sie selbst konnte nach der Grundschule das Gymnasium mit mäßigem Erfolg besuchen. Sie bildete sich dann in Abendkursen zur Sachbearbeiterin aus. Danach fand sie sofort eine Anstellung.

Bezüglich ihrer chronischen Suizidalität berichtet sie nun, dass sie bereits mit 5 - 6 Jahren solche Gedanken gehabt habe, ohne dass sie aber mit jemand darüber habe reden können. Auch über ihre Essstörung, die etwa mit 15 Jahren mit einer anorektischen Symptomatik begann und später in eine bulimische Erkrankung bis zum 27. Lebensjahr um-schlug, sprach sie nun vermehrt.

Ganz allmählich fiel die Fassade, mit der sie die Beziehungen zu den Eltern "verteidigt" hatte. Es zeigt sich, dass sie ihren schwer wesensveränderten Vater aufgrund seiner Erkrankung nicht mehr sehen mochte, und ihn eigentlich ihr selbst gegenüber zeitlebens überwiegend ablehnend erlebt hatte. Nur "bei seinen Saufkumpanen hat er mich immer als Vorzeigestück benutzt, dort musste ich dann Gedichte aufsagen oder ihn auch von einer Kneipe in die andere Kneipe begleiten". Für die Mutter fühle sie sich "heute noch verantwortlich. Ich habe immer das Gefühl, ich muss sie stützen. Sie braucht mich für ihr Leben".

3. Frau S.: Die stationäre Behandlung

Aus der OPP-Perspektive war Frau S. bei der ersten stationären Behandlung noch sehr stark mit ihren selbstzerstörerischen, gegen ihr Leben gerichteten dysfunktionalen Orientierungen, Motiven und Motivationen identifiziert. Sie schien deren Absurdität und das ihr ständig dadurch zugefügte Leid so selbstverständlich hinzunehmen, ja zu wollen, wie sie die Demütigungen durch den Vater und die emotionale Ausnutzung durch die Mutter hingenommen hatte. Sie schien sich phasenweise nur in dieser selbstmörderischen Haltung akzeptieren zu können.

Beim zweiten Aufenthalt hatte sich die Einstellung gegenüber dieser eintönigen, schmerzlichen "inneren Resonanz" geändert. Möglicherweise hatte die durch den Suizidversuch eingetretene Behinderung Selbsterhaltungskräfte mobilisiert. Möglicherweise hatte auch die psychotherapeutischen Vorerfahrung, v.a. die Tatsache, dass sie "trotz" des Suizidversuches wieder bei uns aufgenommen wurde, eine aktivierende Wirkung. In den Worten der OPP konnte sich die Patientin möglicherweise an all die responsiven und affirmativen Erfahrungen während der ersten Behandlung erinnern und das "chronische Nein" zum Leben aufgeben zugunsten einer noch verhalten lebensbejahenden Position. Wir schlossen dies aus der zunehmenden Öffnung in den Therapieverfahren und dem Rückgang ihres oft schneidenden Zynismus, wenn zuviel Nähe angeboten wurde. Sie entwickelte endlich auch ein Krankheitsbewusstsein. Ihr wurde bewusst, wie sehr beide Eltern psychisch instabil waren, dass der Vater seine Minderwertigkeitsgefühle im Alkohol ertränkt hatte und die Mutter zur Stabilisierung ihres schwachen Selbstwerterlebens ihre Kinder im Sinne einer Rollenumkehr parentifiziert hatte. Klar wurde, dass ihre altersentsprechende und altersgemäße Persönlichkeitsentwicklung schwer gestört worden war.

In dieser Behandlungsphase konnte Frau S. erstmals zum Ausdruck bringen, dass sie sich durch ihre Behandler zumindest zeitweise verstanden und in ihrem Selbstwert stabilisiert erlebte. Doch blieb dies noch eine sehr unsichere Erfahrung, minimalste Kränkungen, eine dreiminütige Verspätung der Therapeutin, ein dringendes Telefonat in der Stunde, ließen sie rasch die Kontrolle über ihr Krankheitsverhalten verlieren. Dann reagierte sie mit Depressionen, Suizidimpulsen und teilweise auch ihrer Essstörung. In der Teamsupervision zeigte sich, dass alle Therapeuten inzwischen zu ihr einen warmherzigen interpersonalen Kontakt herstellen konnten, wenn er auch nicht durchgängig aufrechterhalten werden konnte.

In den einzelnen Behandlungen konnte sich innerhalb von Minuten die Beziehungsqualität zwischen ihr und dem jeweiligen Behandler ändern. Dabei übernahm sie häufig die destruktive Haltung ihrer Eltern und ging entsprechend mit dem Gegenüber um oder sie setzte ihre Behandler in die Rolle ihrer Eltern und erlebte sich ihnen gegenüber entsprechend sadistisch behandelt und ausgeliefert.

In dieser Behandlungsphase kam die Patientin zunehmend unter Druck, da es ihr immer bewusster wurde, dass sie alleine mit all diesen "Geistern", die in den therapeutischen Beziehungen auftauchten, nicht mehr fertig wurde. Aufgrund ihrer größeren Lebensbejahung konnte sie die oben geschilderten Krisen bei sich besser erkennen, konnte dann rechtzeitig auf uns zugehen, um in von uns "Krisenintervention" genannten Gesprächen sich wieder von den pathologischen Mustern zu distanzieren. Bei diesen Kriseninterventionen entwickelte sie einen großen "Appetit" auf Zuwendung, den sie unnachahmlich direkt zumAusdruck bringen konnte: "Also wenn ihr schon immer sagt, dass mir Akzeptanzerfahrungen fehlen, dann bitte schön, jetzt her damit, und zwar so lange, bis ich satt bin". Die Patientin jetzt in diesem unangemessenen Anspruch "optimal zu frustrieren" war eine Aufgabe, die letztlich bis zur Entlassung immer wieder geleistet werden musste. Frau S. wollte es jetzt auf sämtlichen Therapieebenen (verbale Einzel- und Gruppenpsychotherapie, Körperpsychotherapie, Gestaltungspsychotherapie, Kriseninterventionen bei den Schwestern und Soziotherapie mit insgesamt ungefähr zehn Therapieeinheiten wöchentlich) genau wissen. Sie wollte in Erfahrung bringen, ob denn die Behandler wirklich mit ihr einverstanden waren und sie unterstützen wollten. Ihre grundlegende Unsicherheit beschrieb sie dabei einmal so: "meine Mutter war doch gar nicht in der Lage für eine

Schwangerschaft, verschwieg auch aller Welt, dass sie mit mir schwanger war, ich war ihr ganz einfach zu viel, ich hätte nicht sein dürfen, das wäre für das Leben meiner Mutter am besten gewesen, das hätte ihr wirklich geholfen - und warum soll ich plötzlich hier bei euch sein dürfen, das macht ihr doch nur, weil ihr als Ärzte das tun müsst, aber in Wirklichkeit bin ich euch doch scheißegal, wichtig für euch ist es doch, dass es Kohle gibt und ihr euer Geld mit mir verdient".

Diese therapeutische schwierige Behandlungssituation bedurfte eines regelmäßigen Austauschs und einer intensiven Kooperation im Team, um Spaltungsprozesse zu verhindern. In der Gespächstherapie war der Therapeut im Rahmen der OPP angehalten, mit Ausdauer und Hartnäckigkeit eine intuitive und diskursive Kommunikation zu verfolgen. Die verbale Psychotherapeutin forderte Frau S. immer wieder auf, in ihrer Begleitung den Lebensweg wieder zurückzugehen, um ihr zu zeigen, dass sie die Patientin nicht im Stich lässt, dass sie sich auf ihn verlassen konnte.

Sie führte sie v.a. an die Stellen, wo die Patientin in ihrer Entwicklung zu kurz gekommen war und ihr oft lebenswichtige Erfahrungen vorenthalten worden waren. Dieses Lebenswichtige, die eingangs genannten tragenden, haltenden, entlastenden, stützenden, kreativen und narrativen Funktionen versuchte die Psychotherapeutin in ihrer psychotherapeutischen Einstellung und Haltung der Patientin verbal zu vermitteln. Gleichzeitig sollte sie aber auch auf anderen therapeutischen Ebenen, den eher nonverbalen körper- und gestaltungstherapeutischen Verfahren, analoge Erfahrungen vermittelt bekommen um den Prozess der Neuorientierung zu intensivieren (Martius 2001).

3.1. Körperpsychotherapie

Da sich in der verbalen Therapie deutlich herauskristallisiert hatte, dass es bei der Patientin um Lebensverbot, Vernichtungsgefühle, Zerstörung, also um Destruktivität ganz allgemein ging, also die tragenden Funktionen ihr nur ganz wenig zuteil geworden waren, wurde in der körperpsychotherapeutischen Behandlung das Bonding eingesetzt. Dabei wird ein Patient von einem entsprechend geschulten Therapeuten wie ein Kind von der Mutter in den Arm genommen für eine Zeit, die sich an den Reaktionen des Patienten bemisst. Obwohl die Patientin massive Angst vor so intensiver Nähe hatte, konnte sie sich, selbstverständlich nach entsprechender Vorbereitung, auf diese Behandlungstechnik einlassen. Die Übung wurde 12mal - so wie es die Regel ist - durchgeführt. Die ersten beiden Behandlungsstunden setzten ihr emotional sehr zu, es kam aber trotzdem zu einer erkennbaren psychovegetativen Entspannung (was sich u.a. an einer besseren Durchblutung der Haut, einer Physiologisierung der Atmung und einer leichten Relaxation des zuvor erhöhten Muskeltonus zeigte). Die Patientin registrierte diese psychovegetativen Veränderungen als "Warmwerden ihres Körpers", brachte aber gleichzeitig zum Ausdruck, dass sie "mit dieser Behandlung" überhaupt nichts anfangen könne. Der verbal geäußerte Widerstand führte aber nicht zu autodestruktivem Verhalten oder zur Verweigerung. In den nächsten beiden Stunden wurde dann Frau S. antriebsloser, blieb morgens auch öfters im Bett liegen

und zeigte ein regelrecht depressives Verhalten. Gleichzeitig berichtete sie über unterschiedlichste körperliche Symptome, dass ihr z. B. das Atmen schwer falle, die
Darmtätigkeit von Obstipation zur Diarrhoe hin- und herwechsle und dass es ihr innerlich manchmal "schwallartig" zum Platzen sei. Diese Somatisierungen sind übrigens
ein bei Borderline-Patienten oft zu beobachtender, aber selten wahrgenommener
Abwehrmechanismus gegen innere Spannungen und Gefühle.
Allein ihr Auftreten bedeuteten eine psychische Fortentwicklung, konnte die Patientin
dadurch doch erstmals eine Versorgung von der Schwester annehmen, die ihr eine
Wärmflasche ans Bett brachte oder ihr abends einen Beruhigungstee machte und dabei
eher beiläufig ihre (unsere) Fürsorglichkeit zeigte.
Im weiteren Verlauf zeigte die Patientin immer mehr ein spontanes Bedürfnis, nicht
mehr zu warten, bis sie in allergrößter Not war, sondern schon bei ersten Zeichen einer
möglichen Krisenentwicklung Hilfe zu suchen. Diese früher gesuchten Gespräche
nennen wir Krisenprävention. In den weiteren Behandlungsstunden reagierte sie
immer öfters sehr kathartisch, depressive Einbrüche wechselten mit destruktiven
Impulsen. Letztlich gelang es aber Frau S. zunehmend, mit uns in Dialoge statt in
Konflikte zu treten. In der Körperpsychotherapie hieß das, dass sie immer öfter über
sich selbst berichtete ohne kurz darauf wieder sich selbst, ihre Behandler und die
Behandlung an sich in Frage zu stellen. Sie benannte die Entwicklung einmal so, dass
durch die Behandlung ihre "Lebensgeister" geweckt worden seien und dass sie sich
überhaupt erstmals in ihrem Leben, allerdings noch nur für kurze Momente, als
Mensch frei fühlen konnte. Sie begann auch allmählich Zugang zu ihrer Weiblichkeit
zu finden.
Versuchte also in dieser Behandlung der verbale Psychotherapeut die tragenden und
haltenden Funktionen zu vermitteln, setzte der Körperpsychotherapeut diese therapeutische Absicht über entsprechende basale interaktive Beziehungsrituale in die Tat um.
(Diese Tätigkeit wurde im Rahmen des Vortrages mit Hilfe eines Videos verdeutlicht)

3.2. Gestaltungspsychotherapie

Hand in Hand mit ihren therapeutische Kollegen setzte die Gestaltungstherapeutin ihre
resonanzgebenden Behandlungsmaßnahmen ein. Der Patientin sollte ein Raum zur
Verfügung gestellt werden, in dem sie ihre Destruktivität, ihre Leeregefühle, ihren
Nihilismus "ungefährdet" zum Ausdruck bringen konnte. Gleichzeitig sollte das in der
Existenz der Patientin verborgene, verschüttete Ja zum Leben wie eine Wurzelknolle
unter der Erde wieder in seinem Wachstumsbestreben unterstützt werden.
In der Gestaltungspsychotherapie können Patienten ihr Innenleben zumindest teilweise in die Außenwelt "bringen", können sie vieles, über das (noch) nicht gesprochen
werden kann, über Farbe und andere Materialien zum Ausdruck bringen. Der
Kunsttherapeut kann sich bei diesem Externalisieren auf unterschiedlichste Weise mit
einbringen, mitspielen, mitwirken und damit auch immer wieder den "gesunden" dia-
logischen Beziehungsmodus auf der Gestaltungsebene einsetzen. Das zum Ausdruck
Gebrachte, das immer mit dem Innenleben, der Subjektivität der Patienten zu tun hat,

das vorher Unaussprechbare, Unsagbare können die Patienten vor sich betrachten und als Wirklichkeitserfahrung zur Kenntnis nehmen. Bei der Betrachtung dessen, was durch den Gestaltungsprozess Gestalt gewonnen hat, sind aus der Perspektive der OPP zwei Ebenen wichtig: einmal nehmen die Patienten das wahr, was ihnen innerlich gegenübersteht, auch ihre kreative Gestaltungskraft; zum anderen ist diese Objektwahrnehmung mit einer dyadischen Erfahrung in der Beziehung zum Therapeuten verbunden. Diese Beziehungserfahrung sollte sich von Seiten des Gestaltungstherapeuten an den primären elterlichen Funktionen orientieren. Wesentliche Grundregel ist z.B., das die Produktionen der Patienten nicht bewertet werden, sie sind grundsätzlich in Ordnung. Dadurch erfahren sich die Patienten als Personen angenommen und ernstgenommen.

Diese Arbeit in der Behandlung von Frau S. gestaltete sich in den Worten der Gestaltungstherapeutin folgendermaßen:

Es war unsere achte gemeinsame Sitzung. Die Patientin war an diesem Tag in einer gänzlich anderen, fast psychotischen Verfassung. Sie betrat den Raum mit den Worten, dass sie nicht mehr richtig sehen könne und auch nicht mehr richtig denken könne und dass sie weder reden noch zuhören könne; sie habe sich bis zu diesem Zeitpunkt an unserem gemeinsamen Termin festgehalten und wolle jetzt eigentlich nur malen. Als Antwort auf diese Situation fiel mir sofort das "gemeinsame Bild" als Behandlungstechnik ein. Das Setting bei dieser Behandlungstechnik entspricht symbolisch dem gemeinsamen Raum, den etwa eine schwangere Mutter ihrem noch ungeborenen Kind zur Verfügung stellt. Dieser frühe gemeinsame Raum beinhaltet mehrere Widersprüchlichkeiten; einmal wächst unter der größten Abhängigkeit das Kind in der Gebärmutter und wird bis zur Geburt immer reifer und letztlich so unabhängig, dass es durch die Geburt den gemeinsamen Raum verlassen kann. Die Mutter kann ihre Schwangerschaft nur geschehen lassen, davon ausgehen, dass sich schon alles richtig entwickeln wird; auf der anderen Seite ist sie in ihrem Verhalten gefordert, sich möglichst schwangerschaftsgerecht zu verhalten. Und das heißt neben der Bereitschaft für das Kind körperlich zu sorgen, vor allem die Bereitschaft zu entwickeln, dem Kind die geistig-seelische Nahrung zu geben, die es für seine Entwicklung braucht. So wusste ich, dass es in dieser Situation notwendig sein würde, mich selber gut zu versorgen und mir selbst sicher zu sein.

Gleichzeitig war es für mich wichtig, mich darauf einzustellen, dass dabei eine besondere Präsenz, Wachheit und Aufmerksamkeit für den Kontakt mit der Patientin von mir gefordert wurde.

Es ging also zunächst darum, einen gemeinsamen, tragenden Raum herzustellen. Dies sah jetzt so aus, dass ich ein Blatt Papier und Ölkreide holte (an diesem Tag war Frau S. dazu selber nicht mehr in der Lage) und ich mich zu ihr, über Eck, an den Tisch setzte. Schweigend, jedoch gleichzeitig jeder auf dem Stück Papier vor sich, aber eben auf dem gemeinsamen Blatt, fingen wir an zu malen. Frau S. begann mit dem Kern ihrer Blüte, ich mit einem gelben Kreis (Abb.1). Der Malprozess verlief eine ganze Zeit ohne Worte, nur das rhythmische Geräusch der Kreiden auf dem Papier war zu hören. Dann fing Frau S. an, während des Malens zu sprechen. Sie erzählte von der Schwierigkeit, ihren inneren "Selbstmörder" immer ein Stück vorausein zu müssen

und wie sie dies innerlich fast zerreiße.
Frau S. sprach, ich hörte zu. Es entstanden immer wieder Pausen, in denen ich
mich gut fühlte, während unsere Augen
und Hände weiterhin mit den Bildern
beschäftigt waren. Nach einiger Zeit
meinte die Patientin, dass sie langsam
wieder richtig sehen könne und dass die
Gedanken nicht mehr Gott weiß wohin
entschwinden würden. Für mich war es
sehr spürbar, dass sie wieder präsenter
wurde. Es kam dann der Moment, in dem
sie zu meinem Bild hinüberschaute und so
wieder auf einer bewussten Ebene Kontakt zu mir aufnahm. Eine "Blüte", als
Ausdruck der wiedereinsetzenden Samm-
lung der Patientin und ein "Mandala" (so
benannte Frau S. mein Gebilde) waren
entstanden (Abb.1). Wir fingen an, über
unsere Bilder zu sprechen. Als Frau S.
nach meinen seltsamen "Spiralschnörk-
seln" fragte und ich ihr erklärte, dass es
ein Ausdruck der Freude darüber war,
dass sie wieder ganz "da" sei, mussten wir
beide lachen.

Es ist das erste gegenständliche Bild, das
Frau S. bis dahin gemalt hatte. Es war
eine Pflanze, die ihren gelb-roten Kern
mit grünen und gelben Blättern beschütz-
te, eine kräftige, kompakte, dreidimensionale Blüte.

Würde ich gefragt werden, wo mein
Fokus bei dem ganzen Malprozess lag -
ob bei der Patientin oder etwa bei mir - so
müsste ich antworten, dass dies eine
Größe ist, eine umfassendere Größe, die
am ehesten dem etwas abgenützten
Begriff der Liebe, der Liebesfähigkeit entspricht. Die Patientin hingegen war ihrer-
seits ganz eindeutig in dieser Episode an
mich gebunden. Über diese Selbstobjekt-
funktion gelang es ihr, ihren Selbstwert so
weit zu stabilisieren, dass sich auch wieder ihre Ich-Funktionen aktivierten. Wie

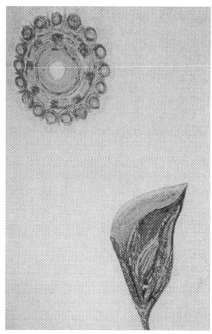

Abb.1

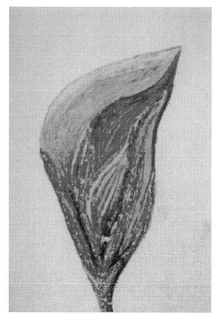

Abb. 2

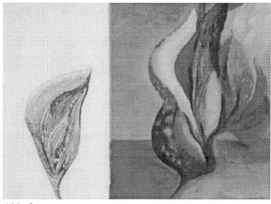

Abb. 3

sehr diese Selbstwertstabilisierung von meiner Person abhing und sie sich im Bild der Patientin widerspiegelt, kann man an einem dritten Bild erkennen, einem Bild, welches ich mehrere Jahre zuvor einmal gemalt habe (Abbildung 2). Legt man nun dieses Bild neben das Bild von Frau S., kann man sehr gut sehen, wie weit die Symbiose der Patientin mit mir während des Malprozesses gegangen ist: die beiden Bilder nebeneinander wirken in ihrer unglaublichen Ähnlichkeit fast wie Mutter und Kind (Abb. 3).

Frau Sch. konnte in dieser Stunde eine neue, vielleicht korrigierende Erfahrung machen in Bezug auf ihr grundsätzliches Angenommensein. Im weiteren kunsttherapeutischen Therapieverlauf war ein neuer, tragender und vertrauenderer Boden deutlich spürbar.

4. Die konzertierte Aktion - die integrative Behandlung im stationären Rahmen

Im Rahmen dieser von uns so genannten konzertierten Behandlung durch den gemeinsamen Einsatz der verbalen Psychotherapie, Körperpsychotherapie und Gestaltungspsychotherapie konnte man davon ausgehen, dass von der Patientin allmählich Erfahrungsqualitäten verinnerlicht wurden, durch die tatsächlich eine Reparation von basalen Ich-strukturellen Defiziten in Gang gekommen war. Frau S. berichtete selber v.a. im letzten Behandlungsdrittel, zwar immer noch mit Skepsis, dass sie sich in einigen Lebenssituationen, zum Beispiel beim Waschen, Ankleiden, bei der Morgentoilette, aber auch beim Essen und abends beim Zubettgehen weniger durch ihre Selbstentwertungsmechanismen beeinträchtigt fühlte und vor allem gegenüber ihren Suizidimpulsen inzwischen eine größere Distanz aufgebaut habe. Insgesamt erlebte sie sich als steuerungsfähiger.

Weitere zentrale Elemente des therapeutischen Konzeptes der OPP konnten im Rahmen dieses Vortrags nicht eingehender dargestellt werden. Wir wollen sie wegen ihrer Wichtigkeit im Behandlungsplan dennoch kurz erwähnen. In der Strukturplanarbeit werden die Patienten angehalten, sich über ihren Tagesablauf genau, vom Erwachen bis zum zu Bett Gehen, Rechenschaft abzulegen. Dabei geht es nicht nur um den formalen Tageslauf, sondern auch um die dabei vorhandenen Gefühle und Wahrnehmungen. Im Aktualitätstraining wird den Patienten vermittelt, sich immer wieder ihrer aktuellen Befindlichkeit und ihrer Therapieziele zu vergewissern, v.a. in Momenten aufkommender Krisen, um sich von den aus der Vergangenheit stammenden dysfunktionalen Orientierungen zu distanzieren.

In der Arbeit "an der Struktur" konnte Frau S. zunehmend offener und ehrlicher und immer weniger schambesetzt über ihre "Vernichtungsmaschine", wie sie sie nannte, sprechen und sich dadurch auch besser davon distanzieren; im Aktualitätstraining arbeitete sie sehr intensiv daran, die Therapeuten, die ihr in dieser Behandlung nähergekommen waren, "in die Fußstapfen ihrer Eltern" treten zu lassen.

Damit sollte neben dem existenzzerstörenden Nein immer öfters das lebenserhaltende und der Selbstachtung dienende Ja in Erscheinung treten. In einer entwicklungspsychologischen Perspektive scheint uns dies so wichtig, weil oft trotz allen guten Willens Eltern dieses Ja, diese Resonanz aus eigenen Defiziten heraus nicht geben können oder konnten. Das sich einzugestehen, und anzuerkennen, ist oft ein erster Schritt hin zur Versöhnung mit den Eltern. Auch Frau S. konnte diesen Gedanken gegen Ende der Behandlung zumindest ins Auge fassen.

Kurz vor Entlassung stellten sich übrigens in dem Bein, das nach Aussagen und Befunden der Neurologen als unwiderruflich geschädigt galt, wieder Nervenaktivitäten ein, die zumindest eine kleine Aussicht darauf eröffneten, dass auch dieser Schaden würde nochmals zu reparieren sein.

Literatur

Martius Ph. (2001) Aktuelle Entwicklungen in der stationären psychodynamischen Psychotherapie von Patienten mit Borderline-Persönlichkeits-Organisation (BPO). In: Dammann, G, Janssen, PL: Psychotherapie für Borderline-Störungen, Thieme Stuttgart.
Spitz R. (1996) Vom Säugling zum Kleinkind. Klett-Cotta. Stuttgart.
Stern D. (1993) Die Lebenserfahrung des Säuglings. Klett-Cotta. Stuttgart.

Thomas Meng

Die vierte Dimension der Behandlung von psychisch Kranken
Am Beispiel des Offenen Ateliers in Münsterlingen

Das Offene Atelier in der Psychiatrischen Klinik Münsterlingen ist ein Ort, der von verschiedenen Menschen geprägt und belebt ist. Es sind dies die BesucherInnen des Ateliers genauso wie die Klinikleitung, die Ärzte und das Pflegepersonal mit ihrer Unterstützung. Es ist ein Zusammenspiel von Auseinandersetzungen mit dem eigenen Schicksal, von Begegnungen mit Menschen und mit dem Behandlungsauftrag einer psychiatrischen Klinik. Um dies zu vermitteln werden Texte von den BesucherInnen, dem Atelierleiter und der Klinikleitung das Offene Atelier vorstellen. Die Texte beschreiben das Gefäss, indem die Verbindungen von persönlichen Erfahrungen, schöpferischem Handeln und Konzeption des Ateliers sich gegenseitig ergänzen und erweitern.

Der Giftpilz

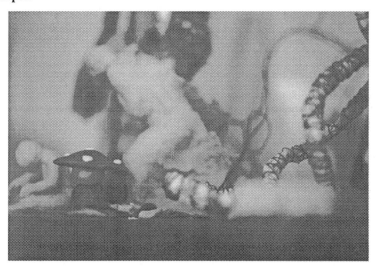

Also, ich will einen Analog zu diesem Giftpilz machen. Und das ist bereits ein Analog. Ich habe mich zu einem Giftpilz entwickelt in Mitten von Menschen und ich versuche diesen Zustand jeden Tag wieder zu lösen; die Angst zu lösen vor Verwicklungen, die Angst zu lösen vor Vermischungen und immer wieder neu Kontakt aufzunehmen zu den Menschen, in der Hoffnung, dass ich die Form von einem Giftpilz ganz verliere.

Ja, das ist das Eigentliche.

L.G.

**Das Offene Atelier ist
ein Raum –**
voll angefangener/
fertiger Bilder
FARBE
alten Möbeln
Ideen,
Phantasien,
Träume
Menschen
Werkzeug

Jeder hat hier
die **Freiheit** zu wählen zwischen
• innen und aussen
• Autonomie und Hilfe annehmen
• Grenzen und Chaos
• Schutz und Risiko
  und hat die

die **Möglichkeit** die eigene
• Geschichte, Verrücktheit,
  sich selbst, kennenzulernen,
  zu gestalten, zu verändern,
  eine neue Sprache zu lernen.

Meistens geschieht hier
der **Anfang**
• der therapeutischen Beziehung
• oder einzige Therapie mit sich
  selbst/seiner Zeit/ seiner Situation
• innerhalb der Psych. Klinik
• für Rückzug und nach Aussen
• zum Experimentieren
• ohne Grenzen und Regeln
• ohne Diagnosen
• mit und ohne Sprache
• zur Begegnung
• mit einem
Leiter/Künstler/Therapeuten

Meist sagen wir einer solchen Situation Therapie, d.h. Bewegung ins Leben bringen.

Dr.med. Karl Studer, Ärztlicher Direktor

Konzept

Das *Offene Atelier* der Psychiatrischen Klinik Münsterlingen ist ein Begegnungsort. Das Medium der Begegnung ist das bildnerische Gestalten. Das Thema ist die Lebensgestaltung und Lebensbewältigung.
Die BesucherInnen des Offenen Ateliers kommen sowohl aus der Psychiatrischen Klinik wie auch von ausserhalb.
Das *Offene Atelier* ist ein "innerer Raum" der Psychiatrischen Klinik und gleichzeitig ein "offener Raum" nach Aussen.
Der innere Raum macht es möglich, eigene Vorstellungen, Phantasien, Träume und

Wünsche wahrzunehmen. Durch die bildhafte Gestaltung werden sie zu Botschaften innerhalb des Raums, der Gruppe und der Öffentlichkeit.

Der innere Raum braucht einen wohlwollenden und anregenden Schutz; ein innerer Raum, der mit den PatientInnen zusammen von den Pflegeteams, Sozialdiensten und den therapeutische Leitern (Ärzten, Psychologen) in die Behandlung einbezogen und gestützt wird. So wird eine Öffnung möglich.

Offenheit bedeutet nicht Beliebigkeit, sondern vielmehr eine intuitive und bewusste Wahrnehmung von bildnerischen Prozessen des betroffenen Menschen und der Gruppe im Atelier.

Die bildnerische Tätigkeit findet im Atelier ihren Anfang weder durch zeitliche Vorgaben, Themen noch festgelegte Abmachungen. Der innere Raum im Menschen, in dem sich Persönliches und sorgfältig Gehütetes ohne Regeln und Grenzen gestalten kann, berührt in seiner Öffnung die Innenräume der anderen. Dazwischen entwickelt sich das neue Gemeinsame im Zwischenmenschlichen, das aber wirkt wiederum auf die inneren Gestaltungskraft und –möglichkeit zurück.

Es entsteht ein hin und her, vom Inneren und Geschützten zum Offenen hin und wieder zurück zum Eigenen und Vertrauten. Dieses hin und her kennzeichnet das *Offene Atelier*.

Thomas Meng, Atelierleiter

Offenes Atelier

Das heisst für mich
Umkehr von einem angeblich gestrandeten Leben. Bewusst werden. Abkehr vom häufigen Lug und Trug in der massgeblichen Welt. Kein Gegeneinander. Verweilen. Aufnehmen. Unterschiedlichste Begegnungen. Fernab von Stand, Herkunft, Alter. Der Pöstler weiss sehr viel. Tätowierungen sind ein gutes Zeichen. Zeitweilige Verirrungen verwirren nicht. Gemeinsames Auffangen, Liebe-voll im Umgang. Keine Angst vor Verlusten. Gemeinsamkeit ohne Hinter-Gedanken. Die Knappheit der Mittel macht erfinderisch.

Die Schwächsten blühen auf. Die Welt da draussen in ihrer Resonanz wird noch absurder. Oft schmunzeln wir. Und dennoch wirken. Aufklären. Die Angst der Normalen ist gross. Könnte das angeblich "ver-rückte" noch überschwappen. Überdrehen. Der Reichtum der verschiedenen Menschen gerade in solcher Zeit wird spürbar. Offenheit in Freud und Leid. Genügsamkeit. Wahrhaftigkeit obsiegt. Weder mit Worten noch anderswie wird hier geschlagen. Der Respekt ist erstaunlich sebst-verständlich. Wie kaum irgendwo.

Was ich hier lernte, erfahren durfte, vergesse ich nie. Umkehr zum Wesentlichen, das zählt.

Demut. Rücksicht. Bescheidenheit. Zuversicht. Liebe.

Wir malen, schreiben, dichten, spielen. Die Welt ist kein Gegner. Ist Spiegelbild dieser Zeit. Der Ohnmacht im Miteinander. Öfter machen wir Ausflüge in die Welt. Lustvoll. Kehren zurück.

Um zu erspüren, was die unsere im innersten Zusammenhält. Unsere Welt.

Ich bin nicht mehr so oft im Atelier, zur Zeit.

Hans Ruedi Binswanger, Scherzingen, März 2001

Ein Erfahrungsbericht

In diesem Zimmer ist auch ein Spinner
dessen Ziel es ist,
dass er dich auffrisst,
und du ihn dannvermisst,
ach so ein Mist.

Ich habe drei Stationen ausgewählt, um meinen Weg im Offenen Atelier aufzuzeigen.

Als erstes eine Zeichnung vom Anfang, wo ich als Übergang zwischen Aufnahme-station und Psychotherapiestation von zu Hause ins Atelier kam. Der Seiltanz als Bild für das Herantasten, an den Raum, die Menschen im Atelier und die Beziehung zu Thomas (Atelierleiter). Andererseits war diese Zeit auch wirklich ein Wagnis, da ich mir überhaupt nicht mehr sicher war, ob ich noch leben will.

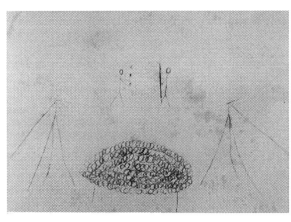

Doch das Auffangnetz machte dies genau möglich. Das Netz steht für die Klinik und die Möglichkeit wieder auf die Aufnahmestation zurück gehen zu können.

Und das Ganze gab ein Bild ab, welches ich spontan zeich-nete und von meiner Umgebung: Thomas und dem betreuenden Arzt Dr. K., wahr- und ernst genommen wurde.

Daraus entstand die Frage: wie sicher ist die Situation wirklich? So verbrachte ich die Übergangzeit in der Klinik und besuchte von da das Atelier.

Die zweite Station war eine ziemlich lange Zeitspanne (3/4 Jahr), wo es Zeiten gab, in denen ich oft im Atelier war und Zeiten, in denen ich nur sporadisch vorbeischaute. In dieser Zeit war ich sehr auf der Suche nach einer Aufgabe, auch nach etwas, das mir Sinn gab. Da entstand einerseits ein Bild, bei dem ich einen klaren Rahmen hatte, jedoch keinen Inhalt fand. Es ist ein Abbild meiner damaligen Lebenssituation, in der ich immer wieder klare Beschäftigungen hatte: Arbeit auf einem Bauernhof, die Freizeit im Offenen Atelier und weiterhin das Kunfu-Training. Gleichzeitig blieb aber eine innere Leere, aus der ich mir immer wieder neue Möglichkeiten suchte und für mich organisierte: wie Schnuppertage an der Schnitzlerschule Brienz, Vorstellungen in IV-Werkstätte "Brüggli" für ein Praktikum, usw..

In diesem 3/4 Jahr gab es immer wieder Zeiten, wo ich keiner Arbeit nachging. Da entstanden Anderseits auch Bilder, bei denen es mir darum ging mich zu beschäftigen und mich in eine Arbeit zu vertiefen.

Und dann kam der Frühling und ich wollte mich endlich von dieser Gegend lösen und zog auf einen Bauernhof im Welschland, wo ich wohnte und arbeitete. Doch dann wurde ich ziemlich schnell das zweite Mal psychotisch und landete wieder in der Klinik. In der Zeit auf der geschlossenen Aufnahmeabteilung war ich sehr froh ein Raum zu haben, den ich schon kannte und in dem ich mich auch "austoben" konnte. Da entstand z.B. diese Kiste, in der ich all meine Ideen, die ich damals hatte, sammeln wollte.

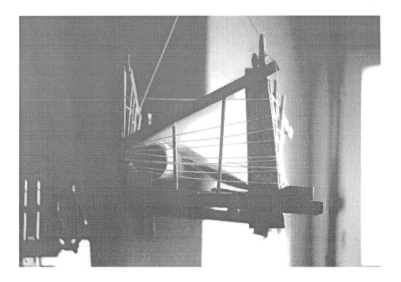

Und dann entstanden auch noch verrückte Pläne und andere überdrehte Fantasieausschöpfungen, die da einfach sein konnten und nicht als verrückt abgestempelt wurden.

Auf seine Art,
haha schon wieder Platz gespart,
gespart an allen Ecken und Enden
um mein eignen Platz zu finden
bräucht ich vielleicht dreihundert Jahr,
und das ist relativ unwahr,
denn ohne alles andere,
wüsst ich nicht wo ich wandere,
und um das allen zu beweisen,
rauch ich nicht mehr auf meinen Reisen,
denn ohne all das liebe Geld,
wüsst ich nicht was uns am leben hält,
und jetzt geht's los in einem Trott zum
irgendwohin wo leben ist,
es sei denn es hat nur eis gepisst,
ach was das ist doch unerhört,
was die da so am Leben stört,
da könnt man meinen ach wie toll
dabei geht's nur um die Kasse zu machen voll,
so voll wie zu wie dicht und selten blau,
denn diese Regel macht nicht schlau.
Denn um Geschichte neu zu formieren,
kann man nicht einfach alles riskieren,
denn ohne Halt und das ist klar,
gibt's kein Sirup
und der ist wunderbar.

(B.S.)

Irmgard Merkt

Musik

Die Musik macht es denen, die über sie nachdenken, nicht leicht. Sie verflüchtigt sich im Moment ihres Entstehens. Sie riecht nicht, sie schmeckt nicht, niemand kann sie sehen. Sie ist die unkörperlichste aller Künste. Musik, die Luftkunst, ist Gegenstand vieler und unterschiedlicher Disziplinen. Philosophie und Physik, Psychologie und Physiologie bemühen sich um die Definition des Phänomens Musik und um die Beschreibung ihrer Wirkung.

Die unsichtbare Musik von einer Idee des Geistigen her zu denken, ist eine immer wiederkehrende Sichtweise abendländischer Geschichte.
Musik vom menschlichen Körper, von seinen Wahrnehmungs- und Ausdrucks-möglichkeiten her zu denken, ist eine Sichtweise, die erst mit dem naturwissenschaft-lichen Blick auf den Körper an Bedeutung gewinnt. Bereits die neueren Ursprungs-theorien der Musik orientieren sich ausnahmslos an beobachtbaren Verhaltens- und Ausdrucksweisen des Menschen. Biologisch orientierte Theorien sprechen vom Ursprung der Musik als Folge der Nachahmung des Vogelgesangs und anderer Natur-laute, soziologisch orientierte Theorien vom Entstehen der Musik aus der rhythmisier-ten Arbeitsbewegung. Die Ausdruckstheorie führt das Entstehen der Musik auf die emotionalen Lautäußerungen zurück und die Kontakttheorie sieht im präverbalen Ausdruck des wortlosen Rufes die Quelle von Musik (vgl. Révész 1946, 274 ff).

Der naturwissenschaftliche Blick auf den Körper und sein Funktionieren ist oft auch einem musikbezogenen Themenkreis von Nutzen. Corti entdeckt 1851 die Funktion des Innenohrs, 1894 veröffentlicht Dogiel seine Beobachtungen über Blutdruck-erhöhung, Atmungsbeschleunigung und Erhöhung des Muskeltonus beim Hören von Musik. Tränkle zeigt die Muskelaktionsströme beim Hören von Musik (vgl. Tränkle 1958). Bis heute gewinnt die medizinische Forschung immer wieder - gleichsam als Nebenprodukt - Erkenntnisse über physiologische Aspekte musikbezogenen Verhaltens. Wenn beispielsweise die Gehirnforschung mit Hilfe bildgebender Verfahren zeigt, in welcher Weise Musikhören und Musikmachen die Aktivitäten des Gehirns anregen (vgl. Birbaumer 1996, 422 ff), so können sowohl Musikpädagogik als auch Musiktherapie dieses Wissen nutzen. Der Blick auf den Körper und seine Reaktionsweisen auf Musik hilft, unterstützende Methoden zur Entfaltung seiner Potentiale zu entwickeln.

Vom Ursprung der Musik im Körper

Noch vor einigen Jahrzehnten war die Medizin der Meinung, Embryo und Foetus seien gleichsam fühllose Lebewesen. Der Blick auf die vorgeburtliche Erfahrung wird mit Hilfe des Ultraschalls kundiger und manchmal auch liebevoller (vgl. Piontelli

1992). Die Tatsache des pränatalen Hörens und das Wissen um seine Bedeutung für das spätere Hören gehören heute zum medizinischen und psychologischen Standard. Die Folgen pränataler Erfahrungen für das postnatale Leben sind das Arbeitsgebiet der „Pränatalen Psychologie" (vgl. Janus 2000). Otto Rank gilt als Pionier dieses Fachgebiets. Er hat den Blick nicht nur auf das Trauma der Geburt, sondern auch auf die Zusammenhänge zwischen den Inhalten künstlerisch-kreativen Ausdrucks und Körpererfahrungen in der pränatalen Zeit gelenkt (vgl. Rank 1924) Für Rank „...besteht das Wesen des Schöpferischen zunächst in der Fähigkeit der Wiederherstellung des einmal Verlorenen" (Rank 1932, 125). Mit dem Verlorenen ist die pränatale Lebenszeit gemeint. Wie kann nun das Erleben dieses Verlorenen gedacht werden?

Der Embryo ist von einer lebhaften Geräusch- bzw. Vibrationswelt umgeben - und er ist mit allen Möglichkeiten ausgestattet, mit dieser Welt zurecht zu kommen. Vor dem, was gemeinhin unter Hören verstanden wird, liegt die Wahrnehmung der Vibration: Die Ausstattung der Haut mit ihren zahlreichen Sensoren zur Vibrationswahrnehmung läßt es zu, vor dem Hören mit Hilfe des Ohrs vom Hören durch die Haut zu sprechen. Das eigentliche Hörorgan, die Schnecke im Innenohr, ist etwa ab der 10. Schwangerschaftswoche ausgebildet. Der Fetus reagiert von diesem Zeitpunkt an deutlich auf akustische Reize und bildet in der Folge Erfahrungsmuster, die später wiederum Impulse für das Wahrnehmungs- und Ausdrucksverhalten geben.

Wie also wäre die erste Partitur des Lebens zu schreiben? Eine Linie gehört dem Herzschlag der Mutter, eine weitere - ab dem 21. Tag nach der Empfängnis - dem Herzschlag des Kindes: Zwei Metren treten auf - Basis für die spätere Orientierung am Metrum und für die Lust am Rhythmus. Dem mehr oder weniger regelmäßigen Ein- und Ausströmen der Luft in den Lungen gilt die dritte Linie. Ist die Atmung vielleicht nicht unmittelbar hörbar, so doch fühlbar als Weitung des Körpers und Rückkehr in die Ausgangslage, eine wellenförmige Bewegung, die später das Auf und Ab der Melodie vertraut sein läßt. Eine vierte Linie gilt der Stimme der Mutter, die in unregelmäßigen Abständen erklingt, ergänzt von den entfernter klingenden Stimmen des Vaters und anderer näherer Personen. Hierin liegt die Basis für das Vertrautsein mit wechselnden Phasen melodischer Gestalten. Eine fünfte und eine sechste Linie gehören den plötzlich und nah auftretenden Geräuschen der Darmperistaltik sowie den plötzlich auftretenden Klängen und Geräuschen der äußeren Umwelt der Mutter - Basis für Vertrautsein mit und Bewältigung von unregelmäßigen und überraschenden akustischen Ereignissen.

Vielleicht erklärt Ranks Ansatz das gleichzeitige Auftreten von Melodie und Rhythmus in aller Welt. Auch die Partituren der mehrstimmigen Werke der traditionellen abendländischen Kunstmusik bekommen unter diesem Blickwinkel etwas Vertrautes. Das immanente Pulsieren des Metrums, der Rhythmus, das melodische Element, die Vielstimmigkeit - wir kennen alles schon...

Körper und Instrument

Nicht nur musikimmanente Strukturen , sondern auch Kombination und Gebrauch von Musikinstrumenten werden durch die Sicht auf die pränatale Erfahrung stimmig. Nicht ohne Grund sprechen die Kulturen der Welt bestimmten Instrumenten besondere Wirkungen zu: Instrumente sind Repräsentanten früher energetischer Erfahrungen. Instrumente sind, wie die Musikanthropologie sagt, Organprojektionen: Das Erleben der organischen Abläufe im Inneren wird nach außen verlagert und gewinnt vertraut-neue Gestalt (vgl. Suppan 1984,132 ff).

Wie die Trommel als Organprojektion für den eigenen und den mütterlichen Herzschlag zu verstehen ist, so ist das Blasinstrument als Verlängerung der Luftröhre und als ihre Verlagerung in das Außen zu sehen. Herzschlag und Atem müssen immer und gleichzeitig vorhanden sein - ansonsten ist das Leben erloschen.

In fast allen Musikkulturen der Welt werden Trommeln und Blasinstrumente zusammen gespielt. Manchmal geschieht dies auch in Personalunion: Eine Person spielt mit einer Hand die Flöte, mit der anderen die Trommel. Die „Musikgeschichte in Bildern" macht in vielen Abbildungen deutlich, daß die Kombination Trommel-Blasinstrument zu den Elementaria des Musizierens in der Menschheitsgeschichte gehört. Eine der frühen Abbildungen des gemeinsamen Spiels von Trommel und Blasinstrument auf einem Elfenbeinreif aus Nimrud aus dem 9.- 8. Jh. v.u.Z. stellt eine Prozession mit Musikanten dar, die Doppeloboe, Rahmentrommel und Psalterien spielen (Subhi Anwar Rashid 1984, 109). Ein mehrfarbiges Gefäß von der südlichen Küste Perus, etwa aus dem 4. bis 6. Jh. zeigt eine Figur, die die Panflöte spielt und trommelt (Marti 1970, 167). Der Gang durch die Musikgeschichte aller Kulturen würde vielerorts Vergleichbares zu Tage fördern, er kann an dieser Stelle nicht fortgesetzt werden. Nur einige Anmerkungen zum Musikleben der Gegenwart: Die türkische, die arabische Musikkultur kennt bis heute als spezifischen und selbstverständlichen Klang das Zusammenspiel des Oboeninstruments zurna mit der Doppelfelltrommel davul. In Südfrankreich, Galizien und in der Bretagne ist das Einhandflötenspiel - der Musiker spielt mit einer Hand die Flöte, mit der anderen die Trommel - in Gebrauch - und auf den Jahrmärkten Europas finden sich bis heute „lustige" Einmann-Kinderinstrumente, die Trommel und Flöte in sich vereinen.

Curt Sachs fragt in seinem Handbuch der Musikinstrumentenkunde in Bezug auf das Phänomen der Einhandflöte: „Wie entstand diese merkwürdige Personalunion?" Er selbst verweist auf die Freude des Menschen, durch den gleichzeitigen Gebrauch verschiedener Ebenen Scherze zu machen, witzige und amüsante Effekte nach der Art der One-man-band hervorzubringen (Sachs 1930, 97) Hier kann der Hinweis auf die pränatalen und frühkindlichen Erfahrung angefügt werden.

Musik und Emotion

Daß Musik mit Gefühlen zu tun hat, ist alltägliche Lebenserfahrung in allen Kulturen. Wie Musik und Gefühl miteinander zusammenhängen, beschäftigt bereits die Antike - und bis heute sind Musikpsychologie und Musiktherapie mit dieser Frage beschäftigt. Von Platos Äußerungen zur Wirkung von Musik über die barocke Affektenlehre bis hin zur Beschreibung und Systematisierung musikalischer Ausdrucksmodelle (vgl. Harrer 1997, 588ff) reicht die Geschichte der Deutungs- und Erklärungsversuche - im wissenschaftlichen Sinne letztlich geklärt ist sie nicht. Ebensowenig geklärt ist die Frage, wie sie eigentlich entsteht, die Beziehung von Musik und Emotion. Als Einstieg in die Beantwortung dieser Frage könnte wiederum ein Blick auf die Entwicklung des Kindes und nunmehr seine frühen postnatalen Erfahrungen mit der Welt der Laute helfen. Weiterhin kann die Zusammenführung zweier bislang nicht eng verbundener Bereiche hilfreich sein: Die Beobachtungen von Mechthild Papousek über die Entwicklung der audiovokalen Kommunikation des Säuglings in Korrespondenz mit dem Babytalk der Mutter werden mit den Erkenntnissen von Stern über die emotionale Entwicklung des Kindes verknüpft.

Mechthild Papousek hat den Entwicklungsprozeß der vorsprachlichen Kommunikation zwischen dem 2. und 15. Monat zwischen Säuglingen und ihren Müttern untersucht. Die Ergebnisse ihrer Untersuchungen lassen sich wie eine Geschichte der Entstehung der Melodie lesen. Papousek nennt die Konturen der müt-terlichen Sprechweise mit Säuglingen auch selbst „melodische Gesten". Sie zeigt über ihre Beobachtungen, daß Mütter im Zusammenhang mit bestimmten Wirkungen, die sie erzielen wollen, bestimmte melodische Gesten benutzen. „Mütter wählen dem Kuckucksruf vergleichbare Rufkonturen, wenn sie sich um Blickkontakt mit dem Kind bemühen. Sie benutzen bevorzugt steigende Melodien, wenn sie die Aufmerksamkeit oder einen Beitrag zum Dialog anzuregen suchen. Sie benutzen niederfrequente, langsam fallende Melodien, um einen übererregten oder verdrießi-chen Säugling zu beruhigen..." (Papousek 1994, 132 ff).

Dieses Verhalten ist nicht an bestimmte Kulturen gebunden, es ist transkulturell. Papousek hat festgestellt, daß Mütter aus unterschiedlichen Sprachräumen im vor-sprachlichen Bereich die gleichen melodischen Gesten benutzen.(ebd. 134 ff).

Der erste intuitive vorsprachliche Kontakt zwischen Mutter und Kind weist bereits prämusikalische Züge auf. Das Kind lernt im kommunikativen Austausch freilich nicht nur die Tatsache des Auf- und Ab der Tonhöhen kennen. Es erfährt und lernt, daß bestimmte melodischen Gesten verknüpft sind mit bestimmten, immer wiederkehren-den Verhaltensweisen der Mutter. Diese mütterlichen Verhaltensweisen sind nun ohne Gefühlstönung nicht denkbar. Das Bemühen der Mutter um Blickkontakt etwa ist in der Regel ein bestätigendes Beziehungsangebot ebenso wie die Aufforderung zum Dialog: Der melodische Gestus wird über die vielfache und immer leicht variierende Wiederholung allmählich mit der Erfahrung des dazugehörigen Gefühls gleichsam aufgeladen.

In der Interaktion geschieht gleichzeitig das, was Stern als „Affektabstimmung" bezeichnet. Affektabstimmung ist die Fähigkeit, affektive Zustände miteinander zu teilen. Bezogen auf die Interaktion Säugling-Mutter meint der Begriff das intuitive Eingehen der Mutter auf die Verhaltensweisen des Kindes. „Ein neun Monate alter Junge haut auf ein weiches Spielzeug los, zuerst ein bißchen wütend, allmählich aber mit Vergnügen, voller Spaß und Übermut. Er entwickelt einen stetigen Rhythmus. Die Mutter fällt in diesen Rhythmus ein und sagt `kaaaa-bam`, `kaaaa-bam`, wobei das `bam` auf den Schlag fällt und `kaaaa` die vorbereitende Aufwärtsbewegung und das erwartungsvolle Innehalten des Arms vor dem Schlag begleitet." (Stern 1998, 200 ff). Das Beispiel macht deutlich, auf welche Weise stimmliche prämelodische Lebensäußerungen aufeinander abgestimmt werden. Welche Gefühle auch immer bei einer Szene wie der beschriebenen im Spiel sein mögen - das Kind erfährt, daß die erlebten Gefühle und ihr körperlicher Ausdruck miteinander zusammenhängen.

Der melodische und rhythmische Gestus füllen sich über die vielen Wiederholungen schließlich mit einem dazugehörigen „Haupt"-Gefühl, einem Gefühl, das gleichzeitig getragen ist vom Erleben der Energetisierung. Diese sich jeweils individuell entwickelnde Verbindung von Melodie, Rhythmus, Energetisierung und z.B. Freude wird in der Person allmählich stabil. In gleicher Weise füllen sich alle musikalischen Parameter, füllen sich auch Klangfarbe und Lautstärke mit den dazugehörigen erfahrenen Erlebens- und Gefühlswelten. Der Körper speichert die vom Gefühl durchdrungenen Wahrnehmungen und Erfahrungen: Ausgehend von der prämusikalischen Erfahrung haftet dem musikalischem Element nun in Zukunft die affektive Tönung an. Musik und affektive Tönung sind schließlich nicht mehr zu trennen.

So hat jedes menschliche Wesen auf diese Weise seine persönliche Musikgeschichte - eine Geschichte von Reiz und Reaktion, von Eindruck und Ausdruck, von Körpererfahrung und Gefühlsausdruck.

Musiktherapie und Körpertherapien

Zu den „essentials" der Musiktherapie gehört, daß sie sich nicht ohne Eingebundensein in psychotherapeutische Verfahren definiert. Jeder musiktherapeutische Ansatz nimmt Bezug auf ein „außermusikalisches" Persönlichkeits- und Therapiemodell. So gibt es die Verbindung von Gestalttherapie und Musiktherapie, gibt es die psychoanalytische, klientenzentrierte, die verhaltenstherapeutische Musiktherapie und viele andere Richtungen. Die Literatur hierzu ist umfangreich und dokumentiert eine vielfältige Praxis (vgl. Smeijsters 1994).

Musiktherapie und die körperorientierten Psychotherapien, im folgenden Körpertherapien genannt, leben allerdings noch in vorsichtiger Distanz zueinander - zumindest was die theoretische Reflexion betrifft. Symptomatisch: Das „Lexikon Musiktherapie" von 1996 hat im Sachwortregister lediglich zwei Verweise auf

Körpertherapie, in den entsprechenden Texten wird ohne inhaltliche Auseinandersetzung auf Körpertherapie nur verwiesen .(vgl. Decker-Voigt 1996). In der musiktherapeutischen Praxis freilich sieht es anders aus: Hier ist die Verbindung Musiktherapie
- Körpertherapie wesentlich intensiver als der „Nicht"-Diskurs vermuten läßt.

An zwei Beispielen aus der Literatur sei gezeigt, wie intensiv in der Musiktherapie
insbesondere in der Arbeit mit behinderten Kindern körpertherapeutisch gedacht und
gehandelt wird - ohne freilich den Theorie-Schritt in Richtung Körpertherapie ganz
zu tun.
„Einem inneren Impuls folgend, habe ich die Idee, Max von hinten hochzuheben und
mit ihm in dieser Haltung zur vertrauten Musik zu tanzen. Er genießt diese Aktivität
spürbar, die ohne einander zugewandt zu sein, eine körperliche Beziehung herstellt. Er
läßt den Klangstab, der ihn gerade noch intensiv beschäftigt hatte, fallen und öffnet
sich für andere Reize. Max überläßt sich diesem Gefühl des Getragen- und rhythmisch
Bewegt-werdens... Diese Art der Körpererfahrung stellt eine aus pränataler Zeit
bekannte Erfahrung dar..." (Schumacher 1994, 59).

Karin Schumacher, Professorin für Musiktherapie an der Hochschule der Künste in
Berlin beschreibt hier ihre Arbeit mit einem etwa achtjährigen autistischen Jungen.
Ihre spontane und einfühlende Intuition führt nicht nur in der zitierten Situation zu
Körperkontakt. Schumacher spricht häufig von Berührung: Ihre Hand liegt auf dem
Bauch des Kindes, sie massiert seine Füße, sie trägt und schaukelt es... Über die
Berührung wird bewußt eine intensive Beziehung zum Klienten aufgebaut. Wäre nicht
immer wieder Musik im Spiel, könnten bei Schumacher oft auch körpertherapeutisch
orientierte Sitzungen beschrieben sein.

Auch für Gertrud Katja Loos - ihr Arbeitsfeld war überwiegend in der Psychiatrie - ist
Musiktherapie ohne den Bezug zur Körperwahrnehmung nicht denkbar.
Musiktherapie heißt für sie unter anderem, die Wahrnehmungsfähigkeit des Körpers
durch Berührung zu verbessern: „Tausend Variationen von Berührungen sind möglich:
Berühren ohne zu berühren, emotionales Berühren durch Stimme und Augen,
Massieren als Übergang zum Berühren, schließlich die Haut-an-Haut-Berührung..."
(Loos 1996, 186).

Die Musiktherapeutinnen, die mit der Unterstützung körperlicher Aktivitäten und mit
Berührung arbeiten, beziehen in ihre Theorie die pränatale Erfahrung und die
Geburtserfahrung mit ein: „Der Körper speichert den schmerzhaften Weg der Geburt
in seinem unbewußten Wissen; er `erinnert` sich, ohne Kenntnis davon zu haben, an
symbiotische Gefühle von Angenommensein oder Ablehnung. Verlassenheitsängste
stammen oft aus diesen frühen Lebensphasen" (Loos 1996, 183).

Eine enge Verbindung zwischen Musiktherapie und Körpertherapie entsteht, wenn
sich Musiktherapie in ihrem theoretischen Selbstverständnis an folgenden zentralen
Grundlagen der körperorientierten Psychotherapien orientiert:

• Die Geschichte des Individuums ist von der Zeit der Konzeption an in seinem Körper gespeichert.

• Durch Intervention in Form von körperlichen Aktivitäten und von Körperkontakt wird die Körperwahrnehmung vertieft.

• Durch die vertiefte Körperwahrnehmung wird „therapeutisches Material" zugänglich.

• Die Arbeit mit körperlicher Aktivität und gegebenenfalls auch mit Berührung ist das Remedium.

Körpertherapien und Musiktherapie

Grob unterteilt lassen sich zwei Hautströmungen der Körpertherapien feststellen: „Die funktionalen Methoden sind therapeutisch auf physiologische Prozesse bzw. autonome Regelkreise (Atmung, Kreislauf, Anspannung-Entspannung, Bewegung-Ruhe) und auf die Mobilisierung von Affekten bzw. innerem Erleben ausgerichtet. Die konfliktorientierten Methoden hingegen werden vor einem zumeist tiefenpsychologisch fundierten Hintergrund konzipiert und dabei demnach biographisch aufdeckend, einsichtsorientiert ausgerichtet" (Röhricht 2000,15). Untersucht man nun die Interventionen von funktionalen wie von konfliktorientierten Methoden, so zeigt sich, daß prämusikalische „Spielregeln" zum selbstverständlichen Repertoire gehören. Sowohl in der Einzel- als auch in der Gruppentherapie gibt es die prämusikalische Intervention, die in der therapeutischen Sitzung oft auch zum genuin musikalischen Ausdruck wird. Drei Beispiele aus einer großen Anzahl von Vorschlägen für gruppenoriente Arbeit:

• „Töne (z.B. Vokale) in Resonanz zu bestimmten Körperteilen intonieren: dabei wird stehend oder liegend eine Hand auf die entsprechende Körperzone aufgelegt und der Ton so lange variiert, bis er unter der Hand im Körper als Resonanz spürbar wird. Sowohl in der aktiven Musiktherapie als auch in der Atemtherapie werden dabei korrespondierende Körperbereiche angesprochen(z.B. I - Kopfbereich, E-Hals-/Schulterbereich, A - Brustbereich, O - Bauchraum, U-Becken).

• Körper-Instrument. Den Körper als Musikinstrument benutzen, um durch Beklopfen, Trommeln, Reiben, Klatschen der Hände, Fingerschnippen, Kratzen, etc. Klänge zu produzieren(Variante: in der Gurppe Klänge komponieren)" (Röhricht 2000, 105).

• „Lautkonzert: aus einer häufig zunächst unkoordiniert-chaotischen und auch zurükkhaltenden Lautgebung (Klatschen der Hände, Stampfen der Füße, Intonieren von Tönen) entwickelt sich im Idealfall eine zunehmende Synchronisierung oder konzertante Abstimmung hin zu einer Lautstruktur - hier deuten sich Anklänge an archetypische Stammesriten an, bei denen eine Gemeinschaft sich in ihrer komplexen, sozialen Struktur ausdrückt und auch einen tranceähnlichen Zustand kreiert, in dem der Einzelne sich ganz unmittelbar als Teil eines größeren Ganzen erlebt. Variante: Benutzen von Percussions-Instrumenten zur Entwicklung eines Lautkonzertes" (Röhricht 2000, 111 ff).

Schlußbemerkung

Musiktherapie und die psychotherapeutischen Körpertherapien haben gemeinsame Methoden und Ziele: Sie würdigen die individuelle Körpergeschichte der Klientinnen und Klienten und unterstützen die Wahrnehmung des Körperselbst mit Hilfe körperbezogener Verfahren. Beide Verfahren arbeiten gleichen Interventionen und benutzen prämusikalisches und musikalisches Material. Beide Verfahren gehen von der individuellen Körpergeschichte aus, die mit der pränatalen Erfahrung beginnt. In welch großem Maße der Umgang mit Musik ein körperbezogenes Verfahren ist - dies wurde hier versucht darzustellen. Eine vertiefte Untersuchung von theoretischen wie praktischen Gemeinsamkeiten und auch Unterschieden könnte der Beginn einer langen Freundschaft zwischen beiden Therapieformen sein.

Im Abschnitt „Vom Ursprung der Musik im Körper" wurde ein Zitat von Otto Rank angeführt, das zum Abschluß der hier vorgebrachten Überlegungen nun vervollständigt werden soll. Hieß es oben „...so besteht das Wesen des Schöpferischen zunächst in der Fähigkeit der Wiederherstellung des einmal Verlorenen", so wird das Zitat nun ergänzt: „ um schließlich in der Neuschöpfung des niemals Dagewesenen zu triumphieren..." (Rank 1932, 125). Auf das Ziel, Klientinnen und Klienten in der Gestaltung des niemals Dagewesenen im Sinne eines befriedigenden Lebens zu unterstützen, können sich Musik- und Körpertherapie zweifellos einigen.

Literatur

Birbaumer, N. u. R. F. Schmidt (1996) Biologische Psychologie. Berlin u.a.: Springer 3.Aufl.
Decker-Voigt, H.H.(Hrsg.) (1996) Lexikon Musiktherapie. Göttingen u.a. : Hogrefe
Harrer, G. (1997) Beziehung zwischen Musikwahrnehmung und Emotionen. In: Bruhn, H., R. Oerter, H.Rösing(Hrsg.) Musikpsychologie. Ein Handbuch. Reinbek: Rowohlt Taschenbuch Verlag. 3. Aufl.
Janus, L. (2000) Der Seelenraum des Ungeborenen. Pränatale Psychologie und Therapie. Düsseldorf: Walter
Loos, G.K. (1996) Körperwahrnehmung. In: Decker-Voigt, H.H.(Hrsg.) (1996) Lexikon Musiktherapie. Göttingen u.a. : Hogrefe
Marti, S. (1970) Alt-Amerika. Musik der Indianer in präkolumbischer Zeit. Musikgeschichte in Bildern. Bd.II.7. Leipzig: VEB Deutscher Verlag für Musik
Papousek, M.(1994) Vom ersten Schrei zum ersten Wort. Anfänge der Sprachentwicklung in der vorsprachlichen Kommunikation. Bern u.a.: Huber
Piontelli, A. (1992) Vom Fetus zum Kind. Die Ursprünge des psychischen Lebens. Stuttgart: Klett-Cotta
Rank, O. (1924) Das Trauma der Geburt und seine Bedeutung für die Psychoanalyse. Gießen: Psychosozial-Verlag. Nachdruck 1998
Rank, O.(1932) Art and Artist. New York: Norton. Nachdruck 1989
Révész, G. (1946) Einführung in die Musikpsychologie. Bern
Röhricht, F. (2000) Körperorientierte Psychotherapie psychischer Störungen. Göttingen u.a. Hogrefe

Sachs, C. (1939) Handbuch der Musikinstrumentenkunde. Reprint 1979 Wiesbaden: Breitkopf
    & Härtel
Schumacher, K. (1994) Musiktherapie mit autistischen Kindern. Musik- Bewegungs- und
    Sprachspiele zur Integration gestörter Sinneswahrnehmung. Stuttgart u.a.: Fischer
Smeijsters, H. (1994) Musiktherapie als Psychotherapie. Grundlagen, Ansätze, Methoden.
    Stuttgart u.a.: Fischer
Stern, D. (1998) Die Lebenserfahrung des Säuglings. Stuttgart: Klett-Cotta, 6. Aufl.
Subhi Anwar Rashid (1984) Mesopotamien. Musikgeschichte in Bildern Bd. II.2 Leipzig: VEB
    Deutscher Verlag für Musik
Suppan, W. (1984) Der musizierende Mensch. Eine Anthropologie der Musik. Mainz: Schott
Tränkle, W. (1958) Über die anregende und entspannende Wirkung der Musik nach Versuchen
    mit elektromyographischer Methode. In: Teirich, H.R.(Hrsg.) Musik in der Medizin.
    Beiträge zur Musiktherapie. Stuttgart: Fischer 1958, 54-67

Wolfgang A. Schlieszus

Einführung in die Kunsttherapie auf anthroposophischer Grundlage
Ein übungstherapeutisches Verfahren im Spannungsfeld zwischen Goethes Weltanschauung und individuellem künstlerischem Schaffen

Kunsttherapie auf anthroposophischer Grundlage ist ein übungstherapeutisches Verfahren. Sie ist werk- und prozeßorientiert; sie bezieht vorhandene Ressourcen mit ein und erarbeitet mit dem Patienten/Klienten neue Fähigkeiten. Ihre Perspektiven/ große Anwendungsbereiche sind
- die Anregung und Förderung der Kreativität,
- die Persönlichkeitsförderung,
- die Heilbehandlung.

Ihre Fachbereiche sind die Maltherapie/Malerei, Plastische Therapie/Bildhauerei, Musiktherapie, Sprach- und Schauspieltherapie und Bewegungstherapie (Heileurythmie).

Es geht dabei um die Anregung und Begleitung gestalterischer und künstlerischer Prozesse. Diese werden aktiv vom Patienten/Klienten getragen. Aus der Wahrnehmung des Patienten/Klienten und seiner leiblichen und seelisch-geistigen Äußerungen, wozu z.B. auch sein Bild/seine Plastik gehören, einerseits, und der Kenntnis von Material, Prozess, der Wirkung der einzelnen Künste und des anthroposophischen Menschenbildes andererseits werden kunsttherapeutische Übungswege entwickelt.

Anthroposophische KunsttherapeutInnen haben ein mindestens vierjähriges künstlerisch-wissenschaftliches Vollzeitstudium durchlaufen, bei dem die praktisch-künstlerische Ausbildung den Schwerpunkt bildet.

Die Kunsttherapie auf anthroposophischer Grundlage gehört zum Therapiespektrum der Anthroposophischen Medizin. Darüber hinaus ist sie Teil eines übergeordneten Impulses: der Idee des Sozialen Wirkens der Kunst. Aufgrund der zahlreichen Anregungen und Schriften Rudolf Steiners (1861-1925) fand diese Idee ihre Ausarbeitung durch Rose-Maria und Siegfried Pütz in der Gründung der Freien Kunst-Studienstätte Ottersberg 1967. Die Anthroposophie R. Steiners ist "ein Erkenntnisweg, der das Geistige im Menschenwesen zum Geistigen im Weltall führen möchte".[1] Mit ihr im Zusammenhang stehen Ideen, von denen hier auszugsweise folgende genannt werden: die Idee der Erkenntnis, die Idee der Freiheit, die Idee des Menschen, die Idee der Wiederverkörperung des Geistes.

Ein Ausgangspunkt der Anthroposophie ist die Weltanschauung Goethes, welcher über 40 Jahre lang botanische und zoologische Studien durchgeführt hat. Er sucht eine neue wissenschaftliche Methode zu begründen, die dem lebendigen, organischen Wesen gerecht wird. Er *schaut* auf die Vielfalt der einzelnen Pflanzen und bekommt nach und nach die Anschauung einer Grundform, in der die Fähigkeit zu Abwandlungen und Neubildungen liegt. Die Idee der Metamorphose ergab sich ihm als er die Mannigfaltigkeit der Pflanzenwelt in geistiger Einheit umspannen wollte. Mit Same und Blüte z. B. sind zwei Erscheinungen gegeben, die sich polar gegenüber stehen. Im Hinblick auf diese hat Aristoteles von Wirklichkeit und Möglichkeit, von aktuellem und potentiellem Sein gesprochen. Goethe schaute u.a. auf diese zwei Stadien, und bewältigt die stattfindenden Entwicklungs-übergänge im Denken. Seine Anschauungsmethode hat zwei Blickrichtungen: einmal sieht er die physische Erscheinung in ihrem räumlichen und zeitlichen Nacheinander. Zum anderen schaut er mit dem Geistesauge. Vor diesem erscheinen bildhaft nicht nur die Zwischenstadien – er vermag zu sehen wie sich ein Organ (z.B. Blatt) aus dem anderen entwickelt – sondern auch die Urbilder in Gestalt wirkender und treibender Kräfte. In dauerndem Üben vertieft sich Goethe *in* den Prozess der Pflanzenbildung mit höchster Sensibilität, und was dabei wirksam wird, ist exakte "Phantasie".[2]

Der Intellekt ist eine seelisch-geistige Fähigkeit des Menschen. Der Intellektualismus ist von H. Witzenmann[3] beschrieben worden: die Erscheinung des rein verstandesmäßigen Denkens, der intellektuellen *Vor*-stellungs-bildung. Der Intellektualismus stellt das Denken in den Dienst seiner Bedürfnisse, verspricht sich Nutzen, ist abhängig vom Ergebnis und sucht äußere Befriedigung durch Vermehrung von Wissen. Er bleibt *außen* vor; das Erlebnis der Vereinigung mit der Wirklichkeit bleibt ihm fremd. Zu dem pflegt er Vorstellungen, dessen Bildung er nicht erlebt. Es entsteht kein Innesein, "das auf einer echten Vereinigung des erkennenden Menschen mit dem von ihm Erkannten beruht".[4]

Nunmehr sind zwei geistige Haltungen skizziert worden, die im künstlerischen und kunsttherapeutischen Prozess eine entscheidende Wirkung haben: ob es gelingt den inneren Duktus einer anfänglichen Arbeit zu finden, eine Bildung von Innen her im Hinblick auf eine noch geheime Einheit vorzunehmen – oder ob eine bloße Addition der Teile nach äußerlichen formal-ästhetischen Kriterien operativ gesucht wird.

Auch in dem Satz in R. Steiners Schrift "Goethe als Vater einer neuen Ästhetik"[5] im Hinblick auf den Künstler wird die erste Herangehensweise genannt: "Er muss in dem Objekte den Punkt finden, aus dem sich ein Gegenstand in seiner vollkommensten Gestalt entwickeln lässt, in der er sich aber (...) selbst nicht entwickeln kann."

In den Blick gerät hier zudem die Einschränkung eines Entwicklungspotentials. Der Kunsttherapeut lebt somit zusätzlich in der Frage: was fehlt, welche Einseitigkeit liegt vor? Es gilt kunsttherapeutische Prozesse derart anzuregen und zu begleiten, dass der Patient/Klient aus der Anschauung, aus der Einfühlung in die bildnerischen Gegebenheiten gestalterisch handelt. Dies erfordert eine Gegenwärtigkeit vor Ort, *im* Bild mit der Frage zu leben: was will werden, was will sich entwickeln? Der Umgang mit den Möglichkeiten, die *in* der Gestaltung liegen, findet in Form eines inneren, bildhaften Mitgehens sowie eines äußeren Handelns statt. Diesem Umgang kommt also große Bedeutung zu.

Die Kunsttherapie verfügt über drei Vorgehensweisen:
- geführte Verfahren
- Aufgabenstellungen mit allgemeinen oder gezielten Implikationen (ggf. indikationsgebunden)
- künstlerische Tätigkeit im kunsttherapeutischen Kontext
Zur Ausführung soll hier nur die erste und die dritte Vorgehensweise kommen.

Ein geführtes Verfahren ist das *Formenzeichnen*. Es geht auf einen pädagogisch-künstlerischen Impuls R.Steiners zurück, den H. R. Niederhäuser[6] aufgegriffen hat. R. Kutzli[7] entwickelte Übungsreihen in Hinblick auf die Kunst der Linie (z.B. lang-obardische Flechtbänder). Elke Frieling[8] arbeitete das Formenzeichnen als kunsttherapeutisches Verfahren mit einer anthroposophischen menschenkundlichen Begründung in ihrer klinischen Praxis weiter aus.

Im Workshop wurde die basale Übung "Ein- und Umstülpung des Kreises" unter Anleitung durchgeführt. Gezeichnet wurde mit zwei verschieden farbigen Kreiden auf Papier in Größe DIN A 1 auf dem Tisch in lockerer Hand-/Armbewegung. Dabei sollten die Zeichenbewegungen die ersten Linien (in roter Kreide) nachbilden und ausdauernd gleichmäßig wiederholen. Die Innenseite des Kreises und der nachfolgenden Formen wurden grün markiert.

Die Übung beginnt mit einem Kreis, der oben leicht beeindruckt wird, dann eine Vertiefung, später eine Einstülpung bis zum unteren Rand des Kreises erfährt. Dieser wird dann durch die sich weiter einstülpende Teilform durchkreuzt. Die Teilform dehnt sich aus. Die oberen Schlaufen verkleinern sich, ziehen sich zusammen, bis der Kreis über diese Umstülpung neu entsteht. Die bisher innere grüne Markierung liegt jetzt außen. Die Zeichenbewegung verläuft jetzt in entgegengesetzter Richtung.

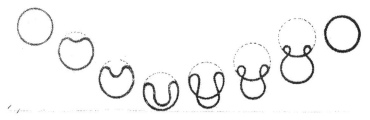

(Darstellung vereinfacht. Die Zeichnungen bestehen aus vielen feinen Linien. Niederhäuser, S.16).

Der Übung schloß sich ein reger Erlebnisaustausch an. Auszugsweise hier einige der genannten Anforderungen und Qualitäten: Die Linie ist Spur einer Bewegung und hat eine besondere Affinität zum Verstand. Der Kreis hat eine strenge geometrische Grundform. Seine und die folgenden Formen sind bezogen auf einen Mittelpunkt und haben konzentrierende Wirkung. Konzentration, Gefühl und Gleichgewichtssinn sind gefordert bei der ersten Setzung. Gleichzeitig soll die Hand-/Armbewegung locker sein; das Nachfahren der ersten Linien ermöglicht ein "Anlehnen". Die Bewegungen müssen gehalten werden, die Form gewahrt werden, sonst "ufern" sie aus. Die Tätigkeit hat gleichzeitig eine lösende, entspannende Wirkung; sie ist getragen von einem Rhythmus. Die Durchkreuzung im 5. Schritt wurde von den TeilnehmerInnen nicht als ein besonderes Moment empfunden; dies ist bei Patienten/Klientel häufig anders: sie zögern oder vermeiden sogar diesen Schritt. Die Umstülpung wurde sowohl plausibel als auch überraschend erlebt.

Das Verfahren *Formenzeichnen* umfaßt neben basalen ein ganzes Repertoire von weitergehenden, anspruchsvollen Übungen. Ihre Wirkung kann von außen nicht beurteilt werden; sie wird erfahrbar durch das Erlebnis im Tun. Sie brauchen Gegenwärigkeit und Hinein-fühlung in die Formen, den Verlauf der Linien und der wirkenden Kräfte. Form ist nicht etwas Fertiges; es geht um Formentstehung aus der Entwicklung, aus der Bewegung. Formenzeichnen ist ein geführtes Wechselspiel zwischen dynamischen Wachstumskräften und ordnenden, begrenzenden Kräften.[9]

Die Übungen fordern ein anschauendes Denken heraus. Sie fördern geistige Flexibilität und Klarheit. Im Hinblick auf die Bildung der intellektuellen Fähigkeit des Menschen wird ein Weg beschritten, der von der körperlichen Bewegung über die bildhaft fühlende Wahrnehmung zur Form führt. Im Hinblick auf die Bildung und Anregung des Intellektes ergibt sich, dass er "als Konsequenz des ganzen Menschen" (R. Steiner)[10] entsteht.

Um die sog. "freie", d. h. von Aufgabenstellungen ungebundene künstlerische Tätigkeit im kunsttherapeutischen Kontext hier zur Darstellung zu bringen, sei hier auf F. Schillers Briefe "Über die ästhetische Erziehung des Menschen"[11] hingewiesen. Schiller verfaßte diese Briefe mit Blick auf die Geistesart Goethes; sie fanden bei der Erkenntnistheorie der Goethischen Weltanschauung R. Steiners besondere Berücksichtigung. Die Idee des Sozialen Wirkens der Kunst ist mit ihnen verbunden; sie können als ein Konzept des schöpferischen Menschen angesehen werden. Schiller zeichnet einen Entwurf einer sinnlich-vernünftigen Natur des Menschen. Das Wesen des Menschen ist von zwei Kräften bestimmt: dem sinnlich-stofflichen Trieb und dem Formtrieb. Ersterer macht den Menschen "materiell", worunter Schiller Veränderung und Realität versteht, und beschränkt ihn in der Zeit: "Der *Zustand* der bloß erfüllten Zeit heißt Empfindung..."[12] Demgegenüber - polar - stellt er eine Kraft, die von der vernünftigen Natur ausgeht. Sie will in dem ganzen Wechsel das Bleibende behaupten. Sie sucht eine bleibende Einheit in die Vielfalt der Erscheinungen zu bringen. Diese Kraft ist verbunden mit der *Person*, die sich im Ich offenbart. Der Stofftrieb produziert Fälle, der Formtrieb dringt auf Form, letztlich auf Gesetze (für jedes Urteil, Erkennen und Handeln), Wahrheit und Recht. Auf dem Wege einer gedanklichen Abstraktion gewinnt Schiller ein Bild des Menschen. Der Mensch ist in sich zerrissen und einseitig genötigt: einmal durch die sinnlich-stoffliche Seite, ein anderes Mal durch die Forderung der Vernunft. Schiller kennzeichnet hier die Herrschaft des Zwangs. Überläßt er sich der einen Seite, wird er Opfer von Lebensprozessen, andererseits wird er unfrei durch die Herrschaft seiner starren Formen und Grundsätze. Der sinnlich-stoffliche Trieb will werden, will empfangen; sein Objekt heißt *Leben*. Der Formtrieb will selbst bestimmen, hervorbringen, absolut sein; sein Objekt heißt *Gestalt*. Die Kräfte sind einander höchst verschieden und entgegengesetzt; es besteht zwischen ihnen eine unendliche Kluft. Nur ein neues selbständiges Vermögen, von keiner Seite beeinflußt, vermag sie zu überwinden. Schiller sieht eine neue Kraft: den Spieltrieb ("und er ist nur da ganz Mensch, wo er spielt.")[13] Dieser sucht die *lebende Gestalt*.[14] Dieses neue Vermögen ist verbunden mit einer mittleren, *freien* Stimmung, da alle nötigenden Wirkungen der polaren Kräfte aufgehoben sind ("Bestimmungslosigkeit") und dem *ästhetischen Zustand*[15] , in dem alle möglichen Formen einer Bestimmung ("Bestimmbarkeit") gegeben sind. Dies ist die unbegrenzte Fülle aller Möglichkeiten. Schiller kommt zu diesen Begriffen durch ein abstrahierendes Gedankenkunstwerk.

Aus der Erfahrung der künstlerischen Arbeit kann man zu einer anderen Formulierung kommen. Soweit eine Verallgemeinerung möglich ist, zeigen sich verschiedene Phasen des Prozesses. Die künstlerische Arbeit im kunsttherapeutischen Kontext hat ihren besonderen Ausgangspunkt: der Patient/Klient stellt sich selbst – soweit er es vermag – eine Aufgabe, sein eigenes Thema und wählt dazu das ihm geeignet erscheinende Material. Es geht um Entwicklung von eigenen künstlerischen Ansätzen, Konzeptionierung und Umsetzung.

Das Spiel hat auch seinen Ernst: auf der Basis von Annahme, Hingabe und Mut (auch sie können erübt werden) findet eine Konfrontation mit sich selbst statt. Eine gestalterische Phase am Werk ist gekennzeichnet ist von Aus-ein-an-der Setzung und Verwandlung. Verwandlung ist nur möglich durch Verzicht auf das Gewordene. Dies ist ein labiler Zustand des ,Nicht mehr' und ,Noch nicht' (nach M. Buber). Das bekannte Terrain, die Heimat alter Sicht- und Denkweisen wird verlassen. Im Bild/Plastik zeigt sich häufig die Aufhebung, Störung eines bis dahin vorhandenen sinnvollen Zusammenhanges, Desintegration und Chaos. Voraussetzungslosigkeit, Disposition, und innere Öffnung für neue gestalterische Lösungen werden geübt. *Verwandlung* und *Intuition* als das Gewahrwerden eines neuen seelisch-geistigen Inhaltes in der Handlung sind Teil eines schöpferischen Stromes. Die künstlerische Arbeit ist verbunden mit einem Ringen um die eigene Aussage und Ausdruck. Sie mündet ein in gestaltete Integration, in einen sich selbst tragenden, aussagefähigen Zusammenhang.

Bei wem liegt hier die Führung? Sie liegt beim Patienten/Klienten soweit er es vermag, dann im Prozeß und dessen Kräften und im Werk selbst, das phasenweise Autorität gewinnt, gibt, leitet und fordert.
Aus therapeutischer Sicht findet eine Inszenierung und Aktualisierung von Inhalten im

Bezug auf Vergangenheit, Gegenwart und Zukunft statt. Letztere beginnt mit der Selbstorganisation des Patienten über den Arbeitsprozess.

"Die Kunst ist eine Tochter der Freiheit...." sagt Schiller. Der Kunsttherapeut ist Künstler und kennt diese Bedingung für sein Schaffen. Im kunsttherapeutischen Kontext hat er die Aufgabe des Begleiters und Wächters. Aus Kenntnis des künstlerischen und kunsttherapeutischen Prozesses begleitet er. Er sieht, welche seelisch-geistigen Kräfte herausgefordert und mobilisiert werden. Er weiss, wo der Klient/Patient steht, wann sich bildende und heilende Kräfte geltend machen. Er schützt ihn vor Destabilisierung, interveniert und stellt ggfs. gesonderte Aufgaben.

Das Angebot zur künstlerischen Arbeit ist verbunden mit Intentionen: durch M. Altmaier ist eine kunsttherapeutische Prozesskunde/-theorie gegeben: "Nach der Phase des Verbindens gilt es für den Therapeuten, fein abzuspüren, wann ein neuer Impuls für einen neuen Prozess sichtbar wird, durch den der Patient nun stärker mit dem konfrontiert wird, was er nicht kann. Der Therapeut wird nun in seiner Aufgabenstellung spezieller. Er läßt den Patienten etwas erüben, was jenem fehlt."[16] Aus seinem künstlerischen Vermögen findet der Kunsttherapeut vielfältige Übungswege. Durch Wiederholung entstehen selbständige Fähigkeiten.

Ein weiteres zentrales Anliegen ist die Ausrichtung einer künstlerischen Arbeit/eines Werkes auf überpersönliche kompositorische Gesichtspunkte. Dabei nimmt die Kunsttherapie auf anthroposophischer Grundlage im Hinblick auf das Material folgende Position ein: Linie, Farbe, Form und Raum – Material überhaupt – besitzen überpersönliche, ihnen zugehörige Qualitäten. Es sind Qualitäten einer neuen ‚Welt‘, für deren wesenhaften Gehalt der Patient/Klient empfindend, fühlend erwacht. Eine gebogene Linie hat ihre Spannung, eine Farbe die ihr eigenen Kraft und Gebärde. Eine konvexe oder konkave Fläche einer Plastik z.B. haben einen elementaren Gehalt, der keiner weiteren symbolischen, interpretierenden, assoziierenden Befrachtung bedarf.[17]

Eine weitere Bedeutung hat die *Durch*gestaltung einer Arbeit. Sie beinhaltet den intensiven Einsatz der verschiedenen leiblichen, seelischen und geistigen Kräfte und ein hohes Maß an Selbstorganisation des übenden Menschen. Aus einer vollbewussten Wahrnehmung geht es darum, der "inneren Notwendigkeit", dem "inneren Klang" (Kandinsky) des Vorgefundenen zu folgen.[18] Die Gestaltung soll vom Ich des Menschen ergriffen und durchgetragen sein. Der Inhalt des mit der Anthroposophie verbundenen Ich-Begriffs geht über die Darstellung von herkömmlichen Ich-Funktionen hinaus; er wird in einem Zusammenhang mit einer erweiterten geistigen Dimension gesehen.

Zum Schluss sei noch einmal auf den Anwendungsbereich der Kunsttherapie in der Heilbehandlung hingewiesen. Sie hat ihren Ausgangspunkt in der ärztlichen Diagnose und in der Erhebung eines kunsttherapeutischen Befundes. Grundlage dabei ist die anthroposophische Menschenkunde, die von vier Bereichen ausgeht. Der Kürze und

Prägnanz wegen zitiere ich hier M. Schmidt-Brabant:

1. "Der Bereich der physich-räumlichen Welt, die sich ihm durch seinen physischen Leib erschließt.
2. Der Bereich, der sich rein in der Zeit konstituierenden Prozessualität, dessen Offenbarung in der räumlich-physischen Welt als Vorgang des Lebens erfasst wird. Diesem Bereich ordnet sich der Mensch durch eine eigene Leiblichkeit, den ‚ätherischen‘ oder ‚Bildekräfteleib‘ ein. (Er ist Träger aller Lebens-, Wachstums- und Regenerationsprozesse, also des Prinzips des unbewussten organischen Aufbaus und des Heilens – Anm. d. Verf.)
3. Der Bereich rein seelischer Gesetzmässigkeit, den sich der Mensch durch eine eigenen Konfiguration erschließt: den Astral- oder Seelenleib. Dessen Wirksamkeit bringt in den beiden unteren Bereichen zu den Vorgängen des Lebens die Erscheinung eines jeweils eigenen Seeleninnern hervor. (D.h. auch: seine Wirkung reicht bis in die Physiologie hinein – Anm.d.Verf.)
4. Den rein geistigen Bereich, der seine Qualität und Gesetzmäßigkeit nach dem Ich des Menschen entspricht."[19]

Diese sogenannten Wesensglieder stehen in einer Wechselwirkung zueinander und können durch die Künste und Kunsttherapie differenziert angesprochen werden: Beim Malen z.B. sind Empfindung und Gefühl, die Kräfte des seelentragenden Astralleibes tätig. Das Plastizieren spricht verstärkt die formenden Bildekräfte räumlich an; zu ihnen hat auch das Formenzeichnen eine Beziehung durch den zeitlichen Bewegungsablauf der Übungen.

Das Menschenbild beinhaltet auch die Dreigliederung des menschlichen Organismus nach Leib, Seele und Geist. Ihnen werden drei Funktionssysteme zugeordnet, die in differenzierter Weise ineinander wirken.

"Jedem Organismus wohnt die natürliche Kraft inne, die Auswirkungen von Schädigungen und Verletzungen (auch seelische – Anm. d. Verf.) zu restituieren. Jede Heilbehandlung muss deshalb die Verschränkung von Heilungsmaßnahmen und Selbstheilungstendenz sein."[20] Durch Kunsttherapie können die Selbstheilungskräfte, insbesondere das Ich und der die Regeneration tragende Bildekräfteleib angeregt und unterstützt werden. In der Zusammenarbeit mit dem anthroposophischen Arzt sind Medizin und Kunsttherapie ganzheitbildende Heilkunst.

Die Heilbehandlung umfasst u.U. die Persönlichkeitsbildung, insbesondere die Auseinandersetzung mit dem Lebensstil des Patienten/Klienten. Bei Erkrankung ist häufig das Lebensverhalten mehr oder weniger mitbeteiligt. Dieses resultiert aus einem intellektuellen, praktischen und charakterlichen Befähigungspotential: Viele Male konnte der Betreffende durch dieses Potential Krankheit verhindern, bis zu dem Zeitpunkt, an dem es nicht mehr ausreicht und als Mitverursachung einer Krankheit angesehen werden muss. Damit erweist sich das Auftreten einer Erkrankung als Aufforderung zur Erweiterung des bestehenden Befähigungspotentials.[21] Im künstlerisch-kunsttherapeutischsen Prozess können dem Patienten/Klienten persönliche Umgangsweisen seines Lebensverhaltens widergespiegelt und im Rahmen von Aufgabenstellung und Gestaltung übend bearbeitet werden. Aufgrund von Erlebnissen und der Erfahrung der eigenen Kreativität kann er zu einer geänderten Lebensanschauung und Handlungsweise finden: ‚Ich bestimme selbst...'

Weg und Ziel ist der individuelle Mensch, der sich und sein Leben aus schöpferischem Vermögen mit dem Bewusstsein seiner Geistigkeit gestaltet.

Anmerkungen
1) Steiner, R., Anthroposophische Sätze, Dornach 1924/1925.
2) Bockenmühl, J., Lebenszusammenhänge, Dornach 1980.
3) Witzenmann, H., Verstandesblinheit u. Ideenschau, Dornach 1985.
4) ebd. S. 64.
5) Steiner, R., Goethe als Vater einer neuen Ästhetik, Dornach 1961.
6) Niederhäuser, H. R., Formenzeichnen, Stuttgart 1975.
7) Kutzli, R., Entfaltung schöpferischer Kräfte durch lebendiges Formenzeichnen, Schaffhausen 2000.
8) Frieling, E. , Formenzeichnen, Eigendrucke, Herdecke 1997, 1999.
9) ebd.
10) Niederhäuser, S. 31
11) Schiller, F. , Über die ästhetische Erziehung des Menschen, Stuttgart 1961.
12) ebd. S 44.
13) ebd. S. 59.
14) ebd. S. 55.
15) ebd. S. 77.
16) Altmaier, M., Der kunsttehrapeutische Prozess, Stuttgart 1995, S.24.
17) siehe auch Marburg, F., Was soll die Kunst in der Therapie, in: Aktuelle Tendenzen in der Kunsttherapie, Stuttgart 1993, S. 145-154.
18) ebd. S. 150.
19) Schmidt-Brabant, Mensch und Form, in: Wirkung von Formen und Symbolen auf gesellschaftliche Verhaltensweisen, Berlin, 1971, S. 19.
20) Siebel/Winkler, Noosomatik, Bd. I und IV, Langwedel 1990.
21) Book, M., unveröffentlicher Manuskript, Hamborn 1998.

Weitere Literaturhinweise
Kranich/Jünemann: Formenzeichnen. Die Entwicklung des Formsinns in der Erziehung, Stuttgart 1995.
Pütz, R. M.: Kunsttherapie. Eine Alternative zur Regeneration des Menschen, Bielefeld 1981.
Treichler, M.: Mensch – Kunst –Therapie. Anthropologische, medizinische und therapeutische Grundlagen der Kunsttherapie, Stuttgart 1996.
Rosch, A.: Um überhaupt anzufangen, braucht man Mut – Jugendliche schulen sich an der Kunst. Eine Dokumentation, Dornach 1990.
Div. Autoren: Anthroposophische Kunsttherapie – 4 Bd. Therap. Zeichnen und Malen. Plastisches therap. Gestalten. Musik, Gesang, Sprachgestaltung, Stuttgart 2000.

Ulrich Schmidt

Standorte der Musiktherapie im Spannungsfeld zwischen Psychotherapie und somatischer Medizin

Abstract

Einige Anmerkungen zur aktuellen Musiktherapie-Forschung sollen zunächst der Frage gewidmet sein, welche Forschungsfelder dazu beitragen können, der Frage nach einer möglichen musiktherapeutischen Behandlungsspezifität weiter nachzugehen. Diese Frage erscheint nach wie vor - nun vor allem auf dem Hintergrund kostenpolitischer Aspekte - von hoher Aktualität. Spätestens seit Grawe befindet sich - bei aller berechtigten Kritik an seinen Vergleichs- und Beurteilungskriterien verschiedener psychotherapeutischer Methoden - die Musiktherapie in einer regen Forschungsdiskussion. Es scheint, daß dabei wieder stärker auf Fragen des Einsatzes von Musiktherapie in der somatischen Medizin fokussiert wird. Insbesondere im neurologischen Bereich scheint der Einsatz von Musiktherapie zu meßbaren Veränderungen somatischer Parameter zu führen, es seien hier Koma-Patienten oder solche mit Parkinson-Symptomatik genannt (Michael Thaut, Colorado). Letzterer Autor argumentiert bezüglich musiktherapeutischer Behandlungseffekte mit dem Kriterium objektiv nachweisbarer Behandlungseffizienz (z. B. verbesserte Beweglichkeit durch eine Art musikalisches Bewegungstraining), die letztlich wichtiger sei als mögliche psychotherapeutische Behandlungseffekte. Überspitzt gedacht, ließen sich musiktherapeutische Behandlungsprogramme durchführen, die kaum noch etwas mit "Therapie", geschweige Psychotherapie zu tun hätten, jedoch höchst effektvoll sein könnten und auf diesem Wege nicht zuletzt zur Spezifitätsdiskussion entscheidend beitragen könnten. Der primär psychotherapeutisch orientierte Ansatz dagegen - häufig in Psychosomatischen Kliniken im Verein mit anderen Methoden praktiziert - sieht sich immer wieder mit der Schwierigkeit konfrontiert, daß es aufgrund verschiedener Faktoren ("Gewicht" der einzelnen Methoden, Gruppeneffekte) kaum möglich erscheint, einzelne Effekte der musiktherapeutischen Behandlung zuzuschreiben.
Vergleichende Befragungen der parallelen Behandlungsverfahren, die Aussagen zumindest besser möglich machen würden, werden nach wie vor kaum praktiziert.
Die im folgenden vorgestellte Untersuchung ist im Bereich der somatischen Medizin angesiedelt und versucht, bezüglich möglicher Behandlungseffekte sowohl psychologische als auch somatische Effekte zu erfassen:
Ein von uns am Universitätsklinikum Eppendorf in Kooperation mit der Neurologischen Klinik durchgeführtes Pilotprojekt untersuchte die Auswirkung von Gruppenmusiktherapie bei Patienten mit Multipler Sklerose. Es handelte sich um ein hypothesengenerierendes Forschungsprojekt, da es kaum Voruntersuchungen zu musiktherapeutischer Behandlung bei einer solchen Patientenklientel gibt. 7 Patienten mit vorwiegend chronisch progredientem Verlauf erhielten nach neurologischer Voruntersuchung, tiefenpsychologisch fundiertem Erstinterview sowie Vorgespräch mit der Musiktherapeutin über ein Jahr einmal wöchentlich kombiniert aktive und rezeptive Musiktherapie mit Anschlußgespräch durch die Musiktherapeutin. Die musiktherapeutischen Behandlungsziele (z. B. In-Kontakt-Kommen zu Gefühlen, Balance finden) wurden aus dem bedürfnisbezogenen Eindruck abgeleitet, den wir

aus den Erstgesprächen mit den Patienten gewinnen konnten. Wir führten vor Beginn und im Verlauf ein Neurologisches (EDSS, Hamburger Lebensqualitätsfragebogen bei MS, SDMT, Serummarker) und psychologisches Monitoring (analytisches Erstinterview, Patiententagebuch, speziell entwik-kelte Musiktherapie-Fragebögen) durch. Die Halbjahresauswertung der seit September 1998 durchgeführten Untersuchung liegt vor: Im Selbsterleben nach der Musiktherapie dominieren "positive" Kategorien (zufrieden, harmonisiert, aufgehoben), ebenfalls im Vergleich vorher/nachher. Bei der Betrachtung der Mittelwerte von 1-5 skalierter Items zur Gefühls- und Körperwahrnehmung zeigt sich eine deutliche Polarisierung zu "positiv" besetzten Items. Positive Verlaufstendenzen bestehen hinsichtlich Spaß, Offenheit, verbesserter Stimmung und Ausdruck. Die Lebensqualität beschreiben 4 Patienten als besser, 2 als gleich, 1 Patient als schlechter. Depressivität beschreiben 4 Patienten als verbessert, 3 als gleich, kein Patientals verschlechtert. 4 Patienten bezeichnen Müdigkeit als verbessert, 2 als gleich, 1 Patient als verschlechtert. Die Endergebnisse werden aller Voraussicht nach zum Kongreß vorliegen.

Das Projekt sowie ein zur Zeit beginnendes Anschlußprojekt mit Warte-Kontrollgruppe werden durch die Hertie-Stiftung gefördert.

a) "Unter Musiktherapie ist eine diagnosespezifische Behandlungsmethode der Psychotherapie zu verstehen, welche, nach psychopathologischen Erfordernissen ausgerichtet, das spezifische Kommunikationsmedium Musik rezeptiv und aktiv anwendet, um therapeutische Effekte in der Behandlung von Neurosen, psychosomatischen Störungen, Psychosen und neuropsychiatrischen Erkrankungen zu erzielen", Walter Simon, "Musik und Heilkunst", Mitte der 70er Jahre, vor ca. 25 Jahren... Vor allem Autoren wie Schwabe und Willms forderten um diese Zeit klarere Indikationsstellungen und die Formulierung gewünschter therapeutischer Effekte. 1977 kritisierte Linke("Heilung durch Musik"?) Abhandlungen zur Geschichte der Musiktherapie als "positivistische, unkritische, ausklammernde Geschichtsschreibung". Geschichte der Musiktherapie als "Geschichte der Heilserwartung" - so Linke - fände ihren Niederschlag unter anderem in äußerst breiten Indikationsspektren, in fehlenden Kontraindikationen sowie in häufigen Einzelfallbeschreibungen an Stelle größerer, vielleicht sogar kontrollierter Studien. So wenig haltbar die eingangs erwähnte Simon`sche Definition meines Erachtens ist - sie spiegelt zumindest die damalige Bestrebung wider, der Musiktherapie ihren Platz im therapeutischen Fächerkanon zuzuweisen, vielleicht auch ein wenig die Ahnung, wie wichtig so ein "Platz" in der weiteren Entwicklung sein könnte.

Ein zunehmendes Bemühen war also spürbar, der Musiktherapie eine "psychotherapeutische Etikettierung" zu geben. Vor allem unter dem Einfluß der Anthroposophen entwickelte sich die Aktive Musiktherapie stärker, das handelnd-musizierende Aktivsein machte eine Zuordnung der Musiktherapie zur Psychotherapie naheliegend. Eine große Rolle für diese Entwicklung spielte sicherlich auch, daß im Bereich der Passiven Musiktherapie die Suche nach vorhersehbaren Wirkungen von Musik immer wieder scheiterte - eine direkte Beziehung zwischen der Ursache Musik und der

Wirkung in körperlichem oder seelischem Erleben war auch mit differenzierten musikalischen Methoden nicht nachweisbar (Harrer, 1975). Funktionelle Musik trat zunehmend in den Hintergrund. Seit Mitte der 80er Jahre wird am Gemeinschaftskrankenhaus Herdecke Schöpferische Musiktherapie nach Nordoff/Robbins praktiziert, Ausgangsbasis ist hier z. B. immer die musikalische Äußerung des Klienten, die sowohl diagnostisch als auch dialogisch genutzt werden kann. Langsam etablierten sich Grund- und Aufbaustudiengänge, in den 90er Jahren machte die Musiktherapie eine Phase der Professionalisierung durch. Ohne Zweifel kam der Musiktherapie eine zunehmend wichtige Behandlungsfunktion zu, meines Erachtens vor allem, wenn es darum ging, Ressourcen in Patienten zu mobilisieren und auszubauen. Monika Nöcker-Ribaupierre erwähnte jedoch - meines Erachtens nicht zu Unrecht -, daß die moderne Musiktherapie zugunsten der Zweierbeziehung (man könnte auch sagen: der Beziehung) die Musik vernachlässigte, also z. B. die Frage musikalischer Behandlungswirkfaktoren. Das ist meines Erachtens ein sehr wichtiger Punkt: Je mehr das Beziehungserleben im Vordergrund der Betrachtung steht (so wichtig das für die eine Psychotherapie jeglicher Art natürlich zunächst ist), desto "unschärfer" könnte die Abgrenzung zu anderen Methoden werden, desto mehr könnte das mögliche Spezifische eben einer Musiktherapie (oder zumindest die Suche danach) aus dem Blickfeld geraten. Das gilt insbesondere für Gruppentherapien, in denen sich per se äußerst schwer untersuchen läßt, was mögliche spezifische Behandlungseffekte und was Gruppeneffekte sind. Die Frage nach einer möglichen Behandlungsspezifität hat die Musiktherapie seit langem begleitet - erwähnt seien z. B. Harm Willms, in jüngerer Zeit auch ein wichtiger neuer "Mentor" der Musiktherapie, Horst Kächele aus Ulm.

Es entwickelte sich nun eine zunehmende Diskrepanz zwischen der Etablierung musiktherapeutischer Verfahren in stationärem und ambulantem Setting und der Einsicht in die Notwendigkeit, Musiktherapie entsprechend zu beforschen. Natürlich liegt die Schwierigkeit zum Teil im Gegenstand selbst begründet. Tüpker formulierte1990 streng: "Individualität bezogen auf den Untersuchungsgegenstand (Musiktherapie) besagt: Keine zwei Menschen sind einander gleich. Streng genommen muß daraus folgen: dieselbe Maßnahme - angewandt auf zwei (und mehr) Menschen - kann niemals zum selben Ergebnis führen... Individualität gilt... nicht nur für die beteiligten Personen, sondern ist auch für jede Produktion gegeben..." Damit hat sie zweifellos recht. Sie folgerte: "Für den Bereich der kunsttherapeutischen Forschung ist der Weg der Suche nach Objektivität nicht gangbar. Ihm stehen Grundtatsachen des Untersuchungsgegenstandes entgegen." Ich zitiere Tüpker hier nur stellvertretend für eine Auffassung, in Folge derer sich die Musiktherapie zunehmend den Vorwurf gefallen lassen mußte, eine besondere Disziplin zu sein, eine, die sich eben nicht wie andere beforschen lasse. Natürlich erfordert der Untersuchungsgegenstand eine besondere Herangehensweise, z. B. meines Erachtens unbedingt die Kombination qualitativer und quantitativer Untersuchungsmethoden - er darf jedoch auf keinen Fall dazu führen, der Musiktherapie die Position einer "forschungsresistenten Hermeneutik" zuzusprechen. Ich weiß, daß obige Auffassung auf viele Kolleginnen und Kollegen nicht zutraf oder -trifft, weiß z. B. auch um die Besonderheiten anthroposophischer Musiktherapie. Ich bin dennoch sicher, daß diese Auffassung vielerorten noch bestehen würde, wenn nicht folgendes passiert wäre:

1991 verfaßten A.-E. Meyer, R. Richter, K. Grawe und andere im Auftrag des Bundesministeriums für Jugend, Familie, Frauen und Gesundheit das sog. Forschungsgutachten zu Fragen eines Psychotherapeutengesetzes. Grawe hat auf der Grundlage dieses Gutachtens später seine berühmt gewordene Metaanalyse verfaßt, in der verschiedene psychotherapeutische Verfahren in meines Erachtens nicht zulässiger Weise miteinander verglichen sind (übrigens kommt dort auch die Psychoanalyse - gegenüber der Verhaltenstherapie - nicht gut weg...). Nichtsdestotrotz: Während z. B. der Kombination von Tanz- und Kunsttherapie bei psychiatrischen Patienten eine gewisse Wirkung testiert wird, sind der Musiktherapie von ca. 350 Seiten 2 prosaische Absätze gewidmet, so kurz, daß sie sich hier zitieren lassen:
"Die Forschung zur Musiktherapie ist bisher, sowohl was ihren Umfang als auch ihre Qualität angeht, außerordentlich dürftig. Es liegen insgesamt nur drei Untersuchungen vor, in denen die Wirkung von Musiktherapie in einem kontrollierten Versuchsplan geprüft wurde. Der untersuchte Anwendungsbereich beschränkt sich auf Alterspatienten und Schizophrene. Die methodische Anlage der Untersuchungen und der Forschungsaufwand, der dafür betrieben wurde, liegen erheblich unter dem Niveau, das nötig wäre, um einigermaßen gesicherte Aussagen zur Wirkung von Musiktherapie machen zu können. Die angesichts der eingeschränkten Effektmessung und Auswertung notwendigerweise spärlichen Ergebnisse können nicht als gesicherte Wirksankeitsnachweise angesehen werden, da sehr naheliegende alternative Erklärungen für ihr Zustandekommen durch die jeweiligen Versuchspläne nicht ausgeschlossen werden.
Die Frage, inwieweit es wirklich *spezifische* therapeutische Wirkungen der Musiktherapie gibt, muß heute noch als völlig offen angesehen werden. Die Musiktherapie ist noch weit davon entfernt, den Anspruch erheben zu können, ein wissenschaftlich fundiertes Therapieverfahren zu sein."

In diesem Forschungsgutachten findet sich übrigens genau die Frage nach möglicher Spezifität wieder, die schon vormals erwähnt wurde. Mag es früher noch um individuelle Anschauungen, "Privatmeinungen" gegangen sein - in diesem Kontext erhielt der Begriff der Spezifität den Charakter eines nun schon dringlichen Appells. Denn er war nun in deutlich stärkerem Maße mit der Zuteilung möglicher Mittel verknüpft.

Ich bin nur der Überbringer, der Bote dieser Nachricht, meine Damen und Herren. Es nützt nichts, wenn Sie mich köpfen wie im alten Rom. Im Kern ist Wahrheit, jedenfalls trugen dieses Gutachten und das anschließende Grawe-Buch vor allem zu zwei Konsequenzen entscheidend bei:
a) Musiktherapie wurde nicht als eigenständiges psychotherapeutisches Behandlungsverfahren anerkannt, was zu massiven berufspolitischen und sozialen Konsequenzen etc. führte
b) Auf musiktherapeutischen Tagungen und Kongressen mehren sich Aufrufe zu

gemeinsamer Forschung, zur Untersuchung größerer - nun auch kontrollierter - Kollektive etc.. Wo früher z. T. große Widerstände unter Musiktherapeuten anzutreffen waren, herrschen nun oft fast einhellig wirkende Auffassungen über dringende Forschungsnotwendigkeit. Quantitativen Verfahren wird ein deutlich größerer Raum als früher eingeräumt.

Die eingangs zitierte - 25 Jahre alte - Simon`sche Definition wird durch dieses Gutachten zu- mindest massiv in Frage gestellt. 25 Jahre später läßt sich weder von "Diagnosespezifität" sprechen noch gut definieren, was eigentlich ein "spezifisches Kommunikationsmedium Musik" ist... Persönlich meine ich, daß das vielleicht am ehesten spezifische Behandlungsfeld die musiktherapeutische Behandlung autistischer Kinder ist. Die Suche nach Spezifität wird und muß weitergehen. Gerade die von Simon erwähnten "Neurosen" und "Psychosomatosen" sind hier problematisch: Meist ist bei der Behandlung solcher Patienten die Musiktherapie in ein stationäres Behandlungssetting eingebettet, was die Beurteilung der einzelnen Methode massiv erschwert. Parallelbefragungen zu den einzelnen Verfahren könnten hier hilfreich sein, sie werden meines Wissens kaum gemacht. Was ist der Gruppeneffekt, was der Effekt der Methode? Viele Fragen...Grundsätzlich muß es auch erlaubt sein, darüber nachzudenken, ob der Bereich der Aktiven Musiktherapie - also das "klassische" psychotherapeutische Behandlungsfeld der Musiktherapie - wirklich der geeigneteste Bereich ist, Aussagen über mögliche Spezifitäten zu treffen. Z. B. gibt es eindrucksvolle Behandlungsergebnisse mit musiktherapeutischen Behandlungsprogrammen in der Neurologischen Rehabilitation bei Parkinson-Patienten, die Michael Thaut vor ziemlich genau einem Jahr auf dem Musiktherapie-Weltkongreß in Washington vorstellte. Thaut konnte eindrucksvolle Verbesserungen klinischer Parameter wie z. B. verbesserte Beweglichkeit über mehrere Wochen durch eine Art rhythmischer Stimulation zeigen.
Er hat mit seinen Studien eine hohe Akzeptanz innerhalb medizinischer Journale. Kritiker meinen, es handele sich hier nicht um Musiktherapie, da die Methode - praktisch therapeutenunabhängig - in einer Art technischem Programm bestünde. Thaut argumentiert mit der objektiv nachweisbaren Effizienz. Überspitzt gedacht, ließen sich auf solche Weise regelrechte "Behandlungsprogramme" entwickeln, deren Anwendung letztlich nicht mehr zwingend musiktherapeutisches "know how" erfordern würde, die jedoch sehr effektvoll sein könnten. Mehr noch: Es könnte gerade hier etwas über mögliche spezifisch musikalische Wirkungen ausgesagt werden, in einem Setting also, in dem die Person des Therapeuten weitgehend ausgeklammert ist - ich bin mir durchaus bewußt, welche Diskussion ich hier möglicherweise anfachen könnte...
Es gibt Stimmen - hier sei nochmals Horst Kächele erwähnt -, die meinen, daß z. B. die chronischen Krankheitsbilder der primär somatischen Medizin (chronischer Schmerz z. B.) sich besonders gut eignen könnten, zumindest Stärken und Behandlungsvorteile musiktherapeutischer Behandlung aufzuzeigen. Ich erwähnte schon die Parkinson`sche Erkrankung, wo sich z. B. der Aspekt rhythmischer Stimulation (sei es in Tanz-, sei es in Musiktherapie) als ein allen anderen rehabilitati-

ven Verfahren überlegener Faktor erweisen könnte. Es ginge hier z. T. um sehr direkte Musikeinwirkungen, die sich möglicherweise sogar in rhythmischen Behandlungs- programmen anwenden ließen. Es seien Koma-Patienten erwähnt, auch Patienten mit Multipler Sklerose - in allen diesen Fällen könnte sich Musikeinwirkung als ein in die neuronale Struktur eingreifender Vorgang erweisen, der einen Behandlungsvorteil gegenüber anderen Methoden

aufweist. Eine solche Entwicklung war bereits auf den letzten beiden Musiktherapie- Weltkongressen spürbar. Es wäre für die weitere Entwicklung der Musiktherapie von großem Vorteil, wenn sich hier keine zu großen Berührungsängste zwischen - sehr grob gesagt - mehr "biologisch" und mehr "humanistisch" orientierten Musiktherapie- Forschern entwickeln würden. Michael Thaut z. B. mit zunächst sehr technisch-biolo- gisch anmutender Forschung zweifelt in keinster Weise einen auch psychotherapeuti- schen Effekt seiner rhythmischen Behandlungsprogramme an (schließlich erhöht die objektiv verbesserte Beweglichkeit nach rhythmischer Stimulation zweifelsohne die Lebensqualität, was wiederum beziehungsstiftend wirken dürfte). Nur fokussiert Thaut eben nicht auf diese Effekte (er setzt sie quasi implizit voraus).

Nachdem ich Sie mit einigen kritischen Gedanken konfrontiert habe, lassen Sie mich doch sagen, daß ich natürlich davon überzeugt bin, daß Musiktherapie ein sehr wichti- ges Behandlungsverfahren ist. Wenn es auch schwer gelingen mag, Spezifitäten her- auszuarbeiten und zu verfestigen, so sollte zumindest alles getan werden, um die mög- lichen Behandlungsvorteile musiktherapeutischer Behandlung vor allem indikationsbezogen zu definieren. Die Verbindung quantitativer und qualitativer Forschung sehe ich hierbei nicht etwa als Widerspruch, sondern als absolute Notwendigkeit. Adressat und Motiv des Forschenden sind hier die wesentlichen "Wei- chensteller".

b) Ich möchte Ihnen in Folge ein Projekt vorstellen, in dem wir eine gruppenmusik- therapeutische Behandlung bei Patienten mit Multipler Sklerose in Form einer Pilotstudie untersucht haben. Diese Untersuchung ist im Bereich der "somatischen Medizin" angesiedelt und versucht, bezüglich möglicher Behandlungseffekte sowohl psychologische als auch somatische Effekte zu erfassen.
Das im folgenden vorgestellte Projekt "Gruppenmusiktherapie bei Patienten mit Multipler Sklerose" ist dem Bereich der aktiven Musik-Psychotherapie zuzuordnen. Für den Entstehungsprozeß war die gute Kooperation von Psychosomatik und Neurologie am UKE von Vorteil, ebenso die Erfahrung der beteiligten Musik- therapeutin im somatischen Bereich (KMT).
Motivation für das Projekt waren unter anderem die psychotherapeutische Unterversorgung von MS-Patienten und die geringe Anzahl von Psycho- therapiestudien - insbesondere Untersuchungen zur Musiktherapie - bei dieser Erkrankung. Beteiligt sindneben dem Vortragenden a) Christoph Heesen, Neurologische Klinik UKE, b) Ute Hennings, Einrichtung für Knochen- marksplantation UKE, c) Stefan Gold, Medizinische Psychologie UKE, d) Ralf

Wenzel, Abteilung Psychosomatik/Psychotherapie UKE. Das Projekt ist durch die Deutsche Hertiestiftung drittmittelgefördert, ein Anschlußprojekt mit Warte-Kontrollgruppen-Design ist bewilligt. Bei diesem Anschlußprojekt werden die Patienten nur noch über ein halbes Jahr wöchentlich Musiktherapie erhalten, dann über ein weiteres halbes Jahr in monatlichem Abstand.

Pilotprojekt
Ab September 1998 untersuchten wir über den Zeitraum eines Jahres in Kooperation mit der MS-Sprechstunde der Neurologischen Klinik des Universitätskrankenhauses Eppendorf Effekte einer gruppenmusiktherapeutischen Behandlung (Symptome, allgemeines Befindlichkeit, Krankheitsbewältigung). Es handelte sich um ein hypothesengenerierendes Forschungsprojekt. 7 Patienten (5 weiblich, 2 männlich, Alter 35-62a, mittleres Alter 43,4a, Zeitspanne Diagnosestellung 3-17a, mittlere Zeitspanne 9,1a, vorwiegend Patienten mit primär oder sekundär chronisch progredienten Verlauf) erhielten nach psychosomatischer und neurologischer Voruntersuchung und musiktherapeutischem Vorgespräch einmal wöchentlich kombiniert aktive und rezeptive Gruppenmusiktherapie mirt Anschlußgespräch durch die Musiktherapeutin. Musiktherapeutische Behandlungsziele waren z. B.: In-Kontakt-Kommen zu Gefühlen, Gefühlen Ausdruck geben, Schaffung von Selbstvertrauen, "Brücke" zum verbalen Ausdruck schaffen, Balance finden. Das Neurologische Monitoring umfaßte a) vor Beginn: EDSS, HALEMS (Hamburger Lebensqualitätsfragebogen bei MS), SDMT, Serummarker, b) im Verlauf: EDSS, HALEMS, Serummarker, c) 1 Jahr nach Therapieende: EDSS, HALEMS, SDMT, Serummarker. Das Psychologische Monitoring umfaßte: a) vor Beginn: Analytisches Erstinterview, b) im Verlauf: Patiententagebuch, Musiktherapie-Fragebogen.

In der Halbjahresauswertung dominieren im Selbsterleben "positive" Kategorien (zufrieden, harmonisiert, aufgehoben), ebenfalls im Vergleich vorher/nachher. Bei der Betrachtung der Mittelwerte von 1-5 skalierter Items zur gefühls- und Körperwahrnehmung zeigt sich eine deutliche Polarisierung zu "positiv" besetzten Items. Positive Verlaufstendenzen bestehen hinsichtlich Spaß, Offenheit, Stimmung und Ausdruck. Die Lebensqualität beschreiben 4 Patienten als besser, 2 als gleich, ein Patient als schlechter. Depressivität beschreiben 4 Patienten als verbessert, 3 als gleich, kein Patient als verschlechtert. 4 Patienten bezeichnen Müdigkeit als verbessert, 2 als gleich, ein Patient als verschlechtert.

Die Jahresauswertung des psychologischen Monitoring (Patiententagebuch, Musiktherapie-Fragebogen) bestätigt weitgehend Tendenzen der Zwischenauswertung. Weiterhin zeigt sich eine Polarisierung zu "positiv" besetzten Items (ausgeglichen 3,54; entspannt 3,5; ruhig 3,43; aufgeschlossen 3,29; körperlich ausgeglichen 3,24 vs. deprimiert 1,34; verzagt 1,3; starr 1,29; ängstlich 1,26; verärgert 1,19). Die Korrelationsanalyse bestätigt ebenfalls die in der Halbjahresauswertung gefundenen Zusammenhänge (das Item "ausgeglichen" korreliert signifikant positiv mit "aufgeschlossen, gesellig, hoffnungsvoll, heiter, freudig etc.", negativ mit "ängstlich, traurig, unsicher, deprimiert"). Bezüglich solcher Items gab es allerdings zwischen einigen Therapieteilnehmern statistisch signifikante Unterschiede, so daß man an unterschiedliche "emotionale Lagetypen" denken könnte. Eine genauere Betrachtung des zweiten Therapie-Halbjahres zeigt eine gewisse "Verschlechterungstendenz" innerhalb der "positiv" besetzten Items in Musiktherapie-Tagebuch und Musiktherapie-Verlaufsfragebogen (z. B. "ausgegli- chen" Mittelwert 3,7 nach 1/2a vs. 3,54 nach 1a). Eine mögliche Erklärung könnten hier interne gruppendynamische Prozesse sein. Ein zeitlicher Effekt im Verlauf der Therapie kann aufgrund der Variabilität der Daten letztlich nicht nachgewiesen werden. In 67,6% der Fälle fühlten sich die Patienten nach der Therapie anders als vorher, in 21,9% nicht (fehlende Werte: 10,5%). Hier wurde zunächst keine Wertung vorgenommen, da die Veränderung freitextlich dokumen- tiert ist. Körperlich anders als vorher fühlten sich 57,1% der Patienten, 31,0% nicht (fehlende Werte: 11,9%). Frei attribuisierbare Felder wurden kaum benutzt (nur ca. 3-4mal), so daß diesbezüglich keine Auswertung erfolgen konnte.

Im Neurologischen Monitoring (HALEMS) beschreibt nur mehr ein Patient eine verbesserte Lebensqualität, 4 Patienten beschreiben eine gleichbleibende, ein Patient eine verschlechterte Lebensqualität. Depressivität beschreiben noch 3 Patienten als verbessert, 4 als gleichbleibend, kein Patient als verschlechtert.

c) Mittlerweile gründete sich ein *"Arbeitskreis künstlerischer Therapien in der Medizin am UKE"*. Insbesondere sollen gemeinsam Forschungsstandards entwickelt werden, die einerseits qualitativen Aspekten, die ja gerade im Bereich künstlerischer Therapien eine wichtige Rolle spielen, gerecht werden, andererseits jedoch der Notwendigkeit Rechnung tragen, quantitative Methoden in geeigneter Weise zu plazieren. Der Arbeitskreis vertritt eine Kombination solcher Verfahren. Im Arbeitskreis sind die Verfahren Musiktherapie, Kunsttherapie und Tanztherapie repräsentiert. Nicht zuletzt zeigen mehrere aktuelle Drittmittelbewilligungen aus privaten Stiftungen das öffentliche Interesse an derartigen Methoden. Durch die Zusammensetzung der Teilnehmer entstehen Berührungen zur Psychosomatik insbesondere chronischer Erkrankungen, zur Psychiatrie (Demenzforschung), zur Psychoonkologie und zur Inneren Medizin.

Als *Ziele* des Arbeitskreises lassen sich insgesamt zusammenfassen:
- Planung und Evaluation von Praxis- und Forschungsprojekten
- Evaluation und Etablierung neuer Anwendungsfelder
- Entwicklung von Leitlinien (Indikationen, Qualitätsmerkmale, Effektivität)
- Etablierung von Versorgung
- Mittelbeschaffung

Teilnehmer dieses Arbeitskreises sind neben dem Vortragenden:
- Tomas Müller-Thomsen, Klinik für Psychiatrie und Psychotherapie
- Frank Schulz-Kindermann, Einrichtung für Knochenmarktransplantation

- Ute Hennings, Einrichtung für Knochenmarkstransplantation
- Christa Jessen, Kunsttherapeutin
- Hanne-Doris Lang, Abteilung Medizinische Psychologie

Musiktherapie, Multiple Sklerose
Gruppenmusiktherapie bei Patienten mit Multipler Sklerose
HANS ULRICH SCHMIDT, ABTEILUNG PSYCHOSOMATIK/PSYCHOTHERAPIE
CHRISTOPH HEESEN, NEUROLOGISCHE KLINIK
UTE HENNINGS, EINRICHTUNG FÜR KNOCHENMARKSTRANSPLANTATION
STEFAN GOLD, ABTEILUNG MEDIZINISCHE PSYCHOLOGIE
RALF WENZEL, ABTEILUNG PSYCHOSOMATIK/PSYCHOTHERAPIE
UNIVERSITÄTSKRANKENHAUS EPPENDORF

Über-blick und Untersuchungsziel:
-    psychotherapeutisches Angebot
-    Psychotherapieforschung
-    hypothesenkreierend
-    Beobachtung musiktherapeutischer Behandlungseffekte
     (zentrale Aspekte: Symptomveränderungen, subjektive Befindlichkeit, Krankheits-bewältigung)
-    Drittmittelprojekt
-    Anschlußprojekt mit Warte-Kontrollgruppen-Design

                                                    (Schmidt Ascona 11/2000 MT 1)
Musiktherapie, Multiple Sklerose
Untersuchungsgruppe:
- gehfähige Patienten
- keine medikamentöse Dauertherapie
- keine parallele Psychotherapie

Einschlußkriterien:
- sichere Diagnose
- EDSS 2,0 - 5,5
- schubförmig oder chronisch progredient
- stabile Situation zu Studienbeginn

Ausschlußkriterien:
- deutliches, schweres Psychosyndrom

Behandlungsmethode:
- aktive und rezeptive Gruppenmusiktherapie
                                                    (Schmidt Ascona 11/2000 MT 2)
Musiktherapie, Multiple Sklerose
Behandlungsziele:
- aus Erstinterviews entwickelt
- Wiederherstellung Vertrauen(k/s)
- In-Kontakt-Kommen zu Gefühlen
- Gefühlen Ausdruck Geben
- Schaffung von Selbstvertrauen
- Einstellung zur Erkrankung modifizieren
- "Brücke" zum verbalen Ausdruck
- "Balance" finden

Patienten:
- 30 Kontakte, 13 kombinierte Vorgespräche, Therapie 7 Patienten (5 w., 2 m. , mittl. Alter 43a, Diagn. 3-17a)

Untersuchungsinstrumente:
- neurologisch: EDSS, HALEMS, Serum
- psychologisch: Erstinterview, Patiententagebuch, Musiktherapie-Fragebogen

(Schmidt Ascona 11/2000 MT 3)

Musiktherapie, Multiple Sklerose
Halbjahresergebnisse:
- Dominanz "positiver" Kategorien im Selbsterleben nach der Musiktherapie
- Mittelwerte von 1-5 skalierter Items zur Gefühls- u. Körperwahrnehmung zeigen in Verlauf deutliche Polarisierung zu "positiv" besetzten Items
- Verbesserung von Lebensqualität, Depressivität u. Müdigkeit

Jahresergebnisse:
- weiterhin Dominanz "positiver" Kategorien im Selbsterleben nach Musiktherapie, abgeschwächter Effekt
- weiterhin Polarisierung zu "positiv" besetzten Items
- insgesamt kein Nachweis eines zeitlichen Effektes im Therapieverlauf
- 67,6% fühlen sich "anders als vorher" (57,1% körperlich "anders als vorher") wenig Freitextangaben

(Schmidt Ascona 11/2000 MT 4)

"Arbeitskreis künstlerischer Therapien..."
"Arbeitskreis künstlerischer Therapien in der Medizin am UKE"

Teilnehmer:
- Tomas Müller-Thomsen, Klinik Psychiatrie
- Frank Schulz-Kindermann, Einr. f. KMT
- Ute Hennings, Musiktherapie, KMT
- Christa Jessen, Kunsttherapie
- Hanne-Doris Lang, Abt. Med. Psych.
- Hans Ulrich Schmidt, Abt. Psychosomatik

Verfahren:
- Musiktherapie
- Kunsttherapie
- Tanztherapie

Ziele:
Planung und Evaluation von Praxis- u. Forschungsprojekten
- Evaluation u. Etablierung neuer Anwendungsfelder
- Entwicklung von Leitlinien (Indikationen, Qualitätsmerkmale, Effektivität)
- Etablierung von Versorgung
- Mittelbeschaffung

(Schmidt Ascona 11/2000 AK 1)

Gertraud Schottenloher

Eine Vision nimmt Gestalt an
15 Jahre Aufbaustudium Bildnerisches Gestalten und Therapie an der Akademie der Bildenden Künste München

Hintergrund

Als wir 1987 mit dem Weiterbildungsmodell "Bildnerisches Gestalten und Therapie" an der Akademie der Bildenden Künste begannen, hatten wir eine weite, fast unbebaute Landschaft der Kunsttherapie vor uns. Was Kunsttherapie ist, wußte damals fast keiner. Es gab kaum Stellen in diesem Bereich und nur einige wenige private Ausbildungsmöglichkeiten.

Was wir unternahmen war Aufklärungs- und Pionierarbeit – mit dem vollen Enthusiasmus der ersten Stunde. Alle Studierenden waren Mitarbeiter an einem spannenden neuen Konzept und mit großem Engagement bei der Entwicklung neuer Ideen und Verbindungen dabei.

Heute sieht die Landschaft ganz anders aus: So gut wie jede Klinik in den Bereichen Psychosomatik und Psychiatrie, aber auch viele andere Institutionen z.B. in der Seniorenarbeit, für Menschen mit Behinderungen, in der Aidshilfe, in der Onkologie, im Strafvollzug, in Rehabilitation und Prophylaxe, im Sonderschulbereich etc. beschäftigen heute Künstler mit therapeutischer Zusatzausbildung oder Kunsttherapeuten. Viele davon haben, vor allem im Raum München und Bayern, ihren Abschluss an der Akademie erhalten.

Auch gibt es inzwischen viele Ausbildungsstätten, meist jedoch privater Natur. Die Hochschule für Bildende Künste in Dresden hingegen richtete einen Aufbaustudiengang "Kunsttherapie" entsprechend dem "Münchner Modell" ein. Eine Absolventin des Münchner Aufbaustudiums hat dort die Professur und die Leitung inne. Zwei weitere ProfessorInnen gingen aus dem Münchner Studiengang hervor und spielen eine wichtige Rolle in der "Kunsttherpieszene". Doch auch viele der praktisch arbeitenden ca. 150 AbsolventInnen halten wichtige Positionen im klinischen (und außerklinischen) Bereich besetzt und tragen zur Weiterentwicklung des Konzepts bei. Ca. 90% bis 95% von ihnen finden anschließend in irgendeiner Form Arbeit im kunsttherapeutischen Feld.

Das Konzept hebt sich von anderen kunsttherapeutischen Richtungen dahingehend ab, dass die künstlerische Arbeit die Basis der therapeutischen ist. Von künstlerischen Prozessen ausgehend werden Gestaltungsprozesse therapeutisch begleitet, so dass das schöpferische Potential seine selbstheilende Kraft entfalten kann. Dieser Schwerpunkt steht vor dem Hintergrund der künstlerischen Professionalität der Künstler-Therapeuten, sowie der Kunstgeschichte des 20. Jahrhunderts, die einen Paradigmenwechsel unterlag, der weg ging von der werkorientierten akademischen Malerei des 19. Jahrhunderts hin zur Prozessorientierung, zum gestischen Ausdruck, zur Wertschätzung des Spontanen, zur Demokratisierung der Kunst, zur interaktiven Arbeit, auch im sozialen Bereich. Ich habe das an anderer Stelle ausgeführt.

Doch zurück zum Anfang. Was war unser Ausgangspunkt und wohin hat er uns geführt?

Der Beginn

"Was hat Kunst mit Therapie zu tun?" Wurden wir anfänglich oft gefragt.

"Erst einmal gar nichts!" Mußten wir antworten.

Doch auf den zweiten Blick, wenn man etwas nachdenkt, kann man fragen: welchen Kunstbegriff legt die Kunsttherapie ihrem Ansatz zugrunde?

Im klassischen Sinn hat Kunsttherapie natürlich nichts mit Kunst zu tun: Es geht ihr nicht um die Produktion von Kunst, KlientInnen und PatientInnen arbeiten nicht für die Öffentlichkeit, nicht für Galerien und nicht für den Kunstmarkt.

Beuys hingegen erweiterte den Kunstbegriff um die kreative Lebensgestaltung im allgemeinen. Der Kunstbegriff ist nicht mehr am Werk orientiert, sondern am (kreativen) Prozess, der zu einer Lebensform wird, die ständiges Wachstum bewirkt. In diesem Sinne gilt das Beuys-Zitat: "Kunst ist ja Therapie."

Legt man diesen Kunstbegriff zugrunde, hat Kunsttherapie mit Kunst zu tun. Denn in der so definierten Kunst geht es nicht um das fertige Werk als Objekt, sondern um den gestalterischen Prozess. In der Sprache der Bilder reflektiert und konfrontiert dieser Fragen, Blockaden, Probleme, spiegelt das Suchen, die Ressourcen und die Lösungen.

So nannten wir das Aufbaustudium an der Münchner Akademie der Bildenden Künste bewußt "Bildnerisches Gestalten und Therapie" und nicht Kunsttherapie.

Unser Experiment begann im Sommer 1987 und wurde zunächst als Weiterbildungsmodell für Künstler vom Bundesministerium für Bildung und Wissenschaft, Bonn (BRD), im Rahmen der Künstlerförderung dreieinhalb Jahre lang finanziert. Es versuchte, eine Idee, eine Vision zu verwirklichen, die manchem zunächst verrückt oder sogar gefährlich erschien:

Künstler werden ausgebildet, um in Prophylaxe, Rehabilitation und Therapie mit Randgruppen zu arbeiten, mit PatientInnen und mit Menschen ganz allgemein, die ihr Ausdruckspotential entwickeln und daran wachsen wollen. Ausgerechnet Künstler als Therapeuten, die doch selbst im Ruf stehen, oft leicht verrückt zu sein. Gerade diese "Verrücktheit" jedoch, die Fähigkeit, Lösungen jenseits von Konventionen zu finden, macht sie zu idealen Partnern derer, die der Lebensweg weggeführt hat von den asphaltierten und ausgetretenen Straßen der Leistungsgesellschaft.

Das Modell gab den sozial engagierten KünstlerInnen recht. Sie brachten die Möglichkeit, an Kunst und Kultur teilzuhaben, in Bereiche zurück, in denen die Menschen aus verschiedenen Gründen davon weitgehend ausgeschlossen sind, und inspirierten diese Menschen, ihre Ausdrucksfähigkeit wieder in Besitz zu nehmen und zu entfalten. Sie setzten Prozesse in Gang, die die Entwicklung der Betroffenen im Ganzen stimulierten. Trotz vieler Schwierigkeiten, vor allem in extremen Situationen wie der forensischen Psychiatrie, und auch deutlicher Grenzen durch Persönlichkeiten und Institutionen überwogen die positiven Seiten des Experiments deutlich. Das Weiterbildungsmodell wurde als Aufbaustudium "Bildnerisches Gestalten und

Therapie" an der Akademie der Bildenden Künste München zum Wintersemester 1991/92 endgültig eingerichtet.

Das Studium heute

Im Studium selbst spielen fünf Bereiche zusammen: Bildnerisch-künstlerisches Arbeiten, Theorie, Methodik (auch in Form von Selbsterfahrung), Praxis (in Form von Praktika mit begleitender Supervision) und eine studienbegleitende Lehrtherapie. Was in theoretischen und methodischen Veranstaltungen gelernt wird, wird in den Praktika umgesetzt, und Fragen, die dort entstehen, werden in Supervision und Seminaren reflektiert. Während des Studiums findet neben den studienbegleitenden Praktika ein therapeutisch orientiertes Kunstprojekt mit PatientInnen statt, meist in großen Kliniken, gelegentlich als Kunst-am-Bau-Projekt.

Um die Qualität der Lehre zu sichern, werden jeweils Fachleute zur spezifischen Wissensvermittlung und bestimmten Schwerpunkten herangezogen, wie Ärzte, Psychiater, spezifische Fachtherapeuten, Psychologen und Künstler.

Absoventen und Absolventnnen

Es wurden bisher über 150 KünstlerInnen und KunstpädagogInnen ausgebildet, die in verschiedenen Bereichen kunsttherapeutisch arbeiten oder praktizieren, zum Beispiel in psychosomatischen und psychiatrischen Kliniken, im Strafvollzug, in (Sonder-) Schulen und Seniorenheimen, in Einrichtungen für Kinder und Jugendliche, in der Kulturpädagogik, im Wirtschaftsbereich oder mit Menschen mit geistiger und/oder körperlicher Behinderung, Menschen mit der Diagnose HIV positiv oder anderen lebensbedrohenden Erkrankungen, Menschen mit Drogenabhängigkeit usw.

Zahlreiche Kliniken richteten neue Stellen ein aufgrund der guten Erfahrungen, die praktizierende KünstlerStudentInnen in ihr Haus brachten, und der positiven Reaktion von Patienten und Patientinnen. Erfolge wurden sichtbar, die mit anderen therapeutischen Methoden in dieser Art schwer zu erreichen gewesen wären. So wurde Kunsttherapie über die Bereicherung hinaus eine Notwendigkeit im Behandlungskonzept vieler Einrichtungen und in die bestehenden Behandlungspäne integriert.

Doch auch im Hochschulbereich arbeiten Absolventen und Absolventinnen des Aufbaustudiums, als AssistenInnen und ProfessorInnen, zwei davon in leitender Position.

Die therapeutische Arbeit von Künstlern und Künstlerinnen

Was erwies sich nun als das Besondere an der therapeutischen Arbeit der scheinbar artfremden Spezies "Künstler"?

Der Künstler setzt in seiner therapeutischen Arbeit an den gesunden Ich-Anteilen der PatientInnen an und unterstützt diese im aktiv-bildnerischen Prozess. Nicht der Mangel, nicht die Krankheit steht im Vordergrund der gemeinsamen Arbeit, sondern die kreativen Fähigkeiten, die es PatientInnen ermöglichen, eigenverantwortlich und autonom ihre Ideen darzustellen. So finden sie einen neuen Zugang zu sich selbst und ihren Möglichkeiten, finden neue Formen der Verarbeitung ihrer Probleme, die sie nicht als PatientInnen stigmatisieren, sondern in ihrem schöpferischen Potential sichtbar werden lassen. Gleichzeitig holt sie die bildnerische Arbeit aus ihrer Isolierung, verbindet sie mit BetrachterInnen und MitarbeiterInnen und auch mit ihrer eigenen Geschichte, die ebenso Teil der Bilder ist wie die Gegenwart. Das Selbstvertrauen wächst, sonst Unsagbares kann ausgedrückt werden und damit seine krankmachende Wirkung verlieren. Was in der bildnerischen Arbeit an Ausdauer, Einfühlung, Vertrauen, Einsicht, Gefühl für Kompetenz, Neugierde, Unternehmungsgeist etc. entwickelt wird, kann in das Alltagsleben übertragen werden. In der künstlerischen Arbeit wird selbständig oder unter Anleitung durch die KünstlerInnen eine Lösung für die bildnerischen Probleme gefunden. Diese Erfolge stärken das Vertrauen und den Willen generell, Probleme zu lösen. Nicht die Krankheit und die damit verbundene, oft festgefahrene Haltung steht im Atelier im Krankenhaus im Vordergrund, sondern die Fähigkeit, neue Wege und Lösungen zu finden.

Offensichtlich liegt in der bildnerischen Arbeit ein therapeutisches Element, das die Selbstheilungskräfte fördert. Dies konnte in verschiedenen, von den KünstlerInnen durchgeführten Projekten beobachtet werden. In einem kunsttherapeutischen Projekt z.B., das in einer geschlossenen psychiatrischen Abteilung eines Bezirkskrankenhauses durchgeführt wurde, erlitt keine Patientin während der Zeit des Projektes einen psychotischen Schub, und alle Patientinnen konnten nach der zweimonatigen Projektdauer auf offene Abteilungen verlegt werden. Leider war in einigen Fällen nach Beendigung des Projekts die Entwicklung rückläufig, nachdem über längere Zeit keine Betreuung durch KünstlerInnen mehr stattfand.

Auch SchmerzpatientInnen, depressiven oder an einer unheilbaren Krankheit leidenden PatientInnen kann mit künstlerischem Arbeiten geholfen werden. Die intensive Konzentration auf den gestalterischen Prozess bindet die Aufmerksamkeit an konstruktives Tun. Damit wird sie dem Leiden entzogen. So entsteht ohne Leugnung der Krankheit eine andere Form des Ausdrucks. Indem Leiden gestaltet wird, findet es eine neue Form, wird respektiert und gleichzeitig relativiert. Dem bildnerisch Tätigen stellt sich eine produktive, sinnvolle Aufgabe, die die Opferrolle des Kranken ersetzt.

Wodurch wirkt die therapeutische Arbeit von Künstlern?
Worauf läßt sich die verändernde Wirkung des bildnerischen Tuns zurückführen?
Die Beobachtung verschiedener künstlerischer Projekte vorwiegend mit psychiatrischen PatientInnen zeigt folgendes :
Künstler und Künstlerinnen sind stark am Form- und FarbgebungsProzess orientiert. Im therapeutischen Zusammenhang orientieren sie sich dabei nicht an ästhetischen Kriterien, sondern daran, was der Patient oder die Patientin ausdrücken will und kann. Sie unterstützen diesen Willen und dieses Vermögen und geben, wenn nötig, die technischen Anleitungen dazu. In dem Maße, in dem der formal-ästhetische Aspekt in den Hintergrund rückt, tritt der persönliche Ausdruck hervor, der dann in der Dialektik des Prozesses wieder eine formale Gestaltung findet, die den Patienten letztendlich zufriedenstellt. In diesem Prozess drücken sich Geschichte, Prägung und Struktur des

Patienten aus. Diese äußern sich unmittelbar und werden vom Patienten direkt verstanden. Das Unsichtbare wird sichtbar, auch wenn es oft nicht in Worte gefaßt werden kann.

Im Bild ist eine eigene Form der Transformation möglich. Alles kann sich verwandeln, gefühltes Chaos, psychisch noch Ungestaltetes erhält objektivierte, sichtbare Form, die, losgelöst vom Träger, weiter bearbeitet werden kann. Was in anderen Lebensbereichen, z.B. im sozialen Kontakt, unmöglich erscheint, wird auf dem Papier möglich. Die Bilder hängen sich an die Gedanken und beeinflussen sie. In diesem, in der Regel ungeübten, das heißt auch unverbildeten, Bereich sammelt sich plötzlich, was sonst im Leben verdrängt wird, und fordert zur Auseinandersetzung auf. Oder: Es drängen sich Formen und Inhalte auf das Papier, von denen der Malende im Leben überflutet und überschwemmt wird. Auf dem Papier kann er sie ordnen und "zähmen" und wieder Herr über sie werden. Die Objektivierung ist mit einer Neutralisierung verbunden, die neue Aspekte und unerwartete Formgebungen ermöglicht. Da Form und Inhalt nicht zu trennen sind, verwandelt sich mit der neuen Form auch der Inhalt. So ist die künstlerische Arbeit an der Form gleichzeitig auch Arbeit am Inhalt.

Damit dieser VerwandlungsProzess geschehen kann, ist eine bestimmte Atmosphäre nötig, die man vielleicht künstlerische Atmosphäre nennen könnte. Sie besteht einmal in der Akzeptanz des jeweiligen Künstlers allen Erscheinungsformen gegenüber, die sich äußern, seinem intuitiven Verstehen der Bilder, seiner eigenen Bereitschaft, einmal Geformtes wieder zu verändern, seiner Neugier und seinem unvoreingenommenen Interesse am Geäußerten. In diesem Prozess verschwindet die Frage, was Kunst ist, das unmittelbare Tun steht im Vordergrund und das Bemühen, die Hindernisse beiseite zu räumen, die einer flexiblen Entfaltung von Ideen im Bild im Wege stehen. Durch die Direktheit unverbildeter Bildideen und Bildfindungen der Patienten und Patientinnen wird der Künstler in seiner eigenen Arbeit bereichert. Gleichzeitig ist für ihn die therapeutische Arbeit in verschiedener Hinsicht eine Gratwanderung. Einmal zieht sie kreative Aufmerksamkeit vom eigenen Werk ab und gibt sie in die Arbeit mit den Patienten, zum anderen ist der Künstler oder die Künstlerin unter Umständen schutzlos den Bildern und ihren Inhalten auf einer unbewußten Ebene ausgeliefert.

Wie wirkt die therapeutische Arbeit von Künstlern?

Für die PatientInnen scheint der künstlerisch-therapeutische Prozess in erster Linie folgende Konsequenzen zu haben:

Sie werden autonomer und selbstbewußter. Sie entwickeln mehr Vertrauen in ihre Fähigkeit, Probleme zu bewältigen. Sie beginnen, stärker nach Lösungen zu suchen und alte Verhaltensmuster aufzubrechen. Sie werden sozialer und auch sprachlich gewandter. Sie können ihre Situation besser ausdrücken und verstehen. Ansatzweise wurde beobachtet (siehe oben), daß während der Projekte psychotische Schübe nicht oder seltener durchbrachen. Die Unterstützung der "gesunden Ichanteile" verlagert, wie erwähnt, die Aufmerksamkeit von Leiden und Mängeln weg zu Ausdruckswillen und Gestaltungsfähigkeit. Diese Verlagerung geschieht nicht nur bei den PatientInnen, sondern häufig auch bei Klinikpersonal und Mitpatienten. Sie sehen die PatientInnen in einem neuen Licht, was diesen wiederum neue Möglichkeiten des Fühlens und Verhaltens eröffnet.

Das bildnerische Gestalten ist nicht nur eine Möglichkeit, in vorsprachliche Bereiche zu gehen und dort unmittelbar dynamische Prozesse zu bewirken, es fördert auch die aktiv-progressiven Anteile des Gestalters. Er setzt aktiv innere Bilder um, verändert sie, gestaltet sie, muß sich mit dem oft widerspenstigen Material auseinandersetzen, muß viele Entscheidungen fällen, muß ein anfänglich leeres Blatt oder einen rohen Stein mit aller Ungewissheit, was daraus wird, bearbeiten. Die begleitenden KünstlerTherapeutInnen geben zwar Hilfestellungen, nehmen damit aber Entscheidungen nicht ab. Auch sie müssen ertragen, dass sie nicht wissen, was im nächsten Augenblick geschieht und wie das fertige Werkstück aussehen wird. Eine ihrer wichtigsten Aufgaben ist es, Störungen und Konflikte im Patienten so mit diesem zu bearbeiten, dass sich seine eigene Fähigkeit zur Entwicklung und Veränderung entfaltet. Durch ihre therapeutische Schulung verhindern sie, daß der bildnerische Prozess in Abwehr oder Agieren stagniert, und ermöglichen im Gegenteil seinen progressiven Verlauf.

Noch ist wenig oder kaum erforscht, was es eigentlich ist, das die bildnerische Arbeit therapeutisch wirken lässt. Wir können uns nur auf die Beobachtungen aus zahlreichen Projekten stützen. Sicher scheint zu sein, dass ein wesentlicher Faktor die Kombination von autonomer bildnerischer Arbeit seitens des Patienten und die wohlwollend begleitende, unterstützende Aufmerksamkeit des oder der anwesenden KünstlerInnen ist. Dabei stellen die KünstlerInnen ihr eigenes Unbewusstes atmosphärisch zur Verfügung. Sie tragen die Konflikte und das Ringen des Patienten mit und unterstützen so eine Wandlung. Auf diese Weise haben sie am bildnerischen Ergebnis der PatientInnen Anteil, ohne selbst direkt in den bildnerischen Prozess einzugreifen. Die Verwandlungskraft des Bildnerischen in Verbindung mit der therapeutischen Beziehung scheint die besondere Wirksamkeit der künstlerisch-therapeutischen Arbeit auszumachen.

Wie muß ein therapeutisches Aufbaustudium für KünstlerInnen gestaltet sein?
Welche Anforderungen ergeben sich aus dem Gesagten an eine therapeutische Weiterbildung für KünstlerInnen?

Die Ausbildung muß hinreichend therapeutische Fähigkeiten und Kenntnisse vermitteln, um den bildnerischen Prozess in therapeutische Bahnen lenken zu können. Dadurch können die selbstheilenden und selbstregulierenden Tendenzen, die dem bildnerischen Prozess innewohnen, unterstützt werden.

Die Ausbildung darf jedoch nicht so angelegt sein, dass der Künstler aufhört, Künstler zu sein. Diese Grundkompetenz ist das tragende Element seiner therapeutischen Arbeit. In der glücklichen Verbindung beider Elemente versteht er es, ein Klima zu schaffen, das den künstlerischen Prozess zum therapeutischen werden läßt.

Das Aufbaustudium Bildnerisches Gestalten und Therapie versucht diesen Anforderungen gerecht zu werden. Zum einen spielt die eigene künstlerische Arbeit der TeilnehmerInnen eine wichtige Rolle, zum anderen ist das Studium vorwiegend als

Projektstudium mit starkem praktischem und Selbsterfahrungsanteil konzipiert. Die Offenheit des Lernens und die Flexibilität der Anwendung entsprechen der Ausbildung an einer Kunstakademie. Der sich entwickelnde therapeutische Ideenreichtum entspricht dem künstlerischen Ideenreichtum. Die begleitende Praxisbetreuung (Supervision der Praktika) regt die Objektivierung, Systematisierung und Verallgemeinerung der Erfahrung an. Der Künstler begibt sich jedoch mit diesem Studium auf eine Gratwanderung: Ob er als Künstler überlebt, bleibt der Stärke seiner inneren Motivation und seiner Disziplin überlassen. Ob er als Künstler den Therapeuten in sich integrieren kann, hängt von seinem Interesse am anderen ab. Ob er beides leben kann, hängt von seiner Fähigkeit ab, sich sowohl von sich selbst als auch von seinem sozialen Engagement zu distanzieren.

Zwischenräumen - Seelenschrei
Ein Beispiel aus der praktischen Arbeit der KünsterTherapeuten von Eva Meschede

Das Projekt ZwischenRäumen entwickelte sich aus der Idee, unterschiedliche gesellschaftliche Räume miteinander in Beziehung zu bringen: Den psychiatrischen Raum, den künstlerischen Raum und den öffentlichen Raum.

Wie lässt sich Kunst, Therapie und Kunsttherapie verbinden, aber auch voneinander abgrenzen? Wie sind diese Räume definiert? Wo bilden sich Zwischenräume, Freiräume, nicht definierte offene Zonen? Wie nehmen wir diese wahr und wie reagieren wir darauf? Uns interessierte, welche Erfahrungsräume sich öffnen, wenn sich Künstler und Patienten begegnen und in einen gemeinsamen Prozess treten, der nicht unter therapeutischen Vorzeichen steht und in dem entstehende Gestaltungen nicht an den Maßstäben des Kunstbetriebs gemessen werden.

Im Rahmen eines interaktiven Konzeptes, welches in Zusammenarbeit mit der Psychiatrischen Klinik in Münsterlingen und dem Studiengang erarbeitet worden war, lud die Klinik sieben Künstler und Künstlerinnen vom zweiten Ausbildungsjahr ein, sich über einen Zeitraum von zwei Wochen einer Begegnung zwischen den Räumen zu stellen. Patienten, Therapeuten und Ärzte, Künstler, Mitglieder des örtlichen Kunstvereins und andere Interessierte traten in einen offenen ästhetischen Dialog, der beinhaltete, dass eine Idee ebenso zum Bild werden kann wie auch das Nicht-Finden einer Form am Ende eines künstlerischen Prozesses stehen kann. Darüber hinaus wurde eine interessierte Öffentlichkeit eingeladen, sich an diesem Dialog zu beteiligen, der in Form offenen Forums stattfand.
Das Projekt wurde mit einer öffentlichen Ausstellung der entstandenen Werke abgeschlossen.

Eines der Einzelprojekte entstand zwischen der Bildhauerin und jetzigen Assistentin des Aufbaustudiums Eva Meschede und der Patientin Sandra. Als Eva und Sandra das alte Stationshaus, in dem das Projekt stattfand, besuchen und Sandra einen der früheren geschlossenen Räume betritt, entsteht aus einem Impuls heraus in ihr der Wunsch, eine große Gipsfigur mit dem Titel "Seelenschrei" zu gestalten. "Es soll ein Mensch sein, der sich selbst in die Seele schaut und hinausschreit, weil er so viel Schmerz darin sieht", sagt sie. Eigene Erinnerungen an den geschlossenen Raum und das Gefühl eines inneren "Drucks" in Reaktion auf den Raum lösen diesen Impuls aus.

Während der ersten Projektwoche arbeitet Sandra selbständig und zielstrebig an der Ausarbeitung dieser Gipsfigur. Eva ist anwesend, ohne einzugreifen. Es entstehen Gespräche über den "Seelenschrei". Eva drückt Sandra gegenüber ihre Gedanken, Gefühle und Assoziationen, die beim Anschauen der Figur auftauchen, aus. Diese übt eine unheimliche Wirkung auf Eva aus. Der Kopf, die Augen und der Mund weit aufgerissen, scheint mit enormer Kraft den eigenen Körper zu durchstoßen, die Brust zerfetzt, das Rückrat bricht. Ein selbstquälerischer Akt oder vielleicht ein Herausbrechen, ein Aufbrechen? Was bedeutet es, dass der Kopf im Körper ist? Was bedeutet es, alles auf dem Kopf zu sehen? Ein Wunsch nach veränderter Sichtweise? Sandra reagiert auf all die Fragen mit der Antwort: "Ich habe mir oft in die Seele geschaut, alleine im Raum geschrien. Jetzt soll der Kopf hinausschauen und hinausschreien." (Abb. 1) Eva kommt das vor wie eine Aufforderung, ein Appell. Die Figur selbst scheint den Raum für sich einnehmen zu wollen. ‚Nur nicht zu nahe kommen!' sagt sie. Und doch soll einem Schrei der Seele Platz gemacht werden. Also hinaus aus dem Raum. Hinaus aus der Psychiatrie, hinaus in die Öffentlichkeit.

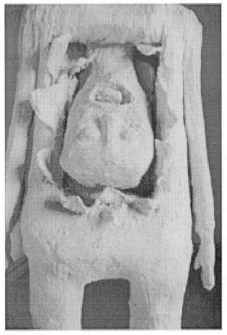 

Abb.1   Abb. 2

Eva hat die Idee, für Sandras "Seelenschrei" einen erweiterten Raum zu gestalten. Mittels einer Tonbandaufnahme kann der Schrei transportabel werden. Er kann in anonymer Form zu anderen Menschen getragen werden und gehört werden. Diese können auf den Schrei reagieren, also Sandra wiederum eine Antwort geben.

Sandra nimmt ihren "Seelenschrei" auf ein Tonband auf. Eva hört sich den Schrei an, er geht ihr durch Mark und Bein. Dann trägt sie ihn mithilfe eines Walkmans in den benachbarten Ort Kreuzlingen. Dort spricht sie Leute auf der Strasse an. Sie informiert sie über das Projekt und fragt sie, ob sie bereit seien, diesen Schrei zu teilen. Während des Vorgangs des Anhörens fotografiert Eva die Menschen, um Gesicht, Körperhaltung, Bewegungen zu dokumentieren (Abb.2). Manchmal ergibt sich ein Gespräch, manchmal gehen die Menschen schweigend weg. Manche lachen unsicher, manche weinen.

Sandra fühlt sich angenommen durch diese Aktion. "Das Gefühl, endlich leben zu dürfen, ... auch als gebrochener Mensch anerkannt zu werden." Die Aufnahmen werden zu einem Gegenüber für die inzwischen fertiggestellte Gipsfigur "Seelenschrei". Die Dias der anteilnehmenden Menschen werden an die der Gipsfigur gegenüberliegende Wand projiziert und sind mit der Figur in der Ausstellung vertreten (Abb.3). Der Schrei selbst ist nicht zu hören und wird doch sichtbar, er bekommt eine Richtung und ein lebendiges Gegenüber. Weder steckt er in einem geschlossenen Raum fest, noch verliert er sich in der Ferne, sondern er wird von Menschen getragen und in ihre täglichen Aktivitäten eingebettet.

Abb. 3

Sandra sagt dazu: "Dadurch dass die Menschen ihn aufnehmen, habe ich das Gefühl frei sein zu können, im Kopf frei zu werden von dem immer wiederkehrenden Schmerz. Es ist für mich wie ein Prozess, der meine Seele heilen kann."

Anmerkungen

1) Schottenloher. G./Schnell, H. (Hrsg.), Wenn Worte fehlen, sprechen Bilder. Bildnerisches Gestalten und Therapie, Schottenloher,G.: Bildnerische Therapie als angewandte Kunst Bd. 1, S. 19 – 23, Weg als Ziel: Bildnerisches Gestalten als Therapie? Bd. 1, S. 28 – 52 und - Wurzeln der KunstTherapie in der zeitgenössischen Kunst Bd. 1, S. 53 – 65, Kösel Verlag, München 1994.

2) Im folgenden vergl.: Schottenloher, G.: Bildnerisches Gestalten und Therapie: Vom Weiterbildungsmodell zum Aufbaustudium an der Akademie der Bildenden Künste München, in: Echo of my Mind. Über das Zusammenspiel von Kunst und Therapie. Ausstellungskatalog der Aspekte Galerie, Kulturzentrum Gasteig, München, 199, S. 7 und S. 34 – 36.

3) Beuys, J., Jeder Mensch ist ein Künstler, Gespräche auf der Documenta 1972, aufgezeichnet von C. Bodemann-Ritter, Frankfurt a.M. 1992, S. 69.

4) Das BMBW förderte zu dieser Zeit Projekte zur Berufsfelderweiterung von Künstlern. Diese Förderung war die Folge einer grossen Studie zur Lage von Künstlern, die ergab, dass nur 1% der Künstler von der künstlerischen Arbeit leben kann.

5) Vgl.: Schottenloher. G./Schnell, H. (Hrsg.), Wenn Worte fehlen, sprechen Bilder. Bildnerisches Gestalten und Therapie, Kösel Verlag, München 1994.

6) Vgl.: Schottenloher, G., Der Künstler als Therapeut, Kunst und Therapie I, Polycollege Wien 1991, S. 165.

7) Vgl.: G. Schottenloher, J. Lukas, K. Wächter, D. Titze: Patienten schaffen Kunst am Bau. In: Kunst und Psychiatrie, Kongress in Münster 1990, Tagungsbericht, hrsg. von H.v.Andel/ W. Pittrich.

8) Meschede, Eva: Seelenschrei und Lebensraum, in:ZwischenRäumen. Bewegungen und Handlungen im Spannungsfeld von Kunst und Psychiatrie. Projektdokumentation des Aufbaustudiums Bildnerisches Gestalten und Therapie an der AdBK München und Psychiatrische Klinik Münsterlingen, 1999.

Bildnachweis

Fotos von Eva Meschede

M. Sabine Schröder

Kommunikation - eine Kunst?

Zunächst freut es mich, dass wir uns 'mal wieder auf dem Monte Verità treffen, wo wir damals diese IGKGT/IAACT - im Jahre 1984 - gründeten. Sie ist sozusagen eine junge, 16-jährige Urmutter, denn daraus entstanden dann in der Folge nationale und regionale Gruppierungen. Doch auch schon vor dieser IGKGT-Gründung gab es jahrealte Pioniergruppen in den unterschiedlichsten Ländern, die sich durch diesen Zusammenschluss hier oben eine weltweit fliessende Kommunikation erhofften. Auch unsere MPE, die seit 1974 mit vielen Fachleuten Workshops anbot und anbietet, hat dem diesjährigen Tagungsthema folgend ihre Aspekte der Wandlung - allerdings immer auf der Basis des total Empathisch-Da-Seienden - erfahren. Ob wir von sogenannter "Innovation" sprechen sollten, ist eine Frage für die Diskussion. Es sei hier nur vermerkt, dass das echte, der wahren Berufung folgende therapeutische Vorgehen seit eh und je individuell und damit einzigartig, spontan und ohne Routine geschieht. Unser Thema lautet "Kommunikation - eine Kunst?".

Bild 1

Was mögen wohl die Drei - Vater, Mutter und Kind - an der ihnen entgegenkommenden Frau wahrnehmen? (Bild 1) Wird allen Dreien das Gleiche an ihr auffallen? Wie sehen ihre Gedanken aus? - Fragen über Fragen können wir uns hier stellen und Jede und Jeder unter Ihnen, liebes Publikum, wird *seine* individuelle Vorstellung haben.

Bild 2

Der Zeichner dieses Cartoons illustriert hier seine Denkblasen (Bild 2) und trifft damit einerseits die drei unterschiedlichen, altersbedingten Interessen, Bedürfnisse und Wünsche und andererseits das fixierte Augenmerk auf *einen* ganz bestimmten Teil der ihnen entgegenkommenden Person. Die Frau wird somit prima vista nicht als ganze Persönlichkeit gesehen, sondern es wird jeweils nur *ein* Aspekt von ihr herausgegriffen und zwar gerade der Teil, der im Gegenüber zu dem Zeitpunkt der Begegnung bei ihm selber anklingt. Dieser durch die Wahrnehmung der Frau aufsteigende Gedanke führt in der Folge von der Frau weg und verselbständigt sich, so dass dann die jeweils eigene individuelle Geschichte beginnen kann, die mit der Frau dann nichts mehr zu tun hat. Sie gibt lediglich den Denkanstoss zur eigenen Geschichtlichkeit. Auf die Unterschiedlichkeit des weib-

Bild 3

lichen und männlichen Fühlens, Denkens und Handelns werde ich noch später kurz eingehen. - Auf was weist uns dieser Cartoon noch hin? Er offenbart auch die nonverbale Kommunikation, die immer abläuft, und zeigt, dass wir - wie WATZLAWICK sagt - nicht nicht kommunizieren können. Der wirkliche Gedankenaustausch, Dialog, kann erst dann eintreten, wenn wir sprechen oder auch gemeinsam im Einvernehmen schweigen. Nun können wir Worte einerseits zum Sichverstecken wie hinter einer Maske (Bild 3) einsetzen - sei es bei einer Behauptung, Information oder sinnentleerten Unterhaltung -, oder wir können auch aus Liebe zum Verstehen eine annähernde Verständigung schaffen - sei es um die Vermittlung eines Liebesgefühls, was geteilt und mitgeteilt werden möchte. Wird z. B. weder um praktische Massnahmen diskutiert, noch um Höflichkeitsformen gebuhlt, um sich dahinter zu verstecken, d.h., wenn wir mit unserem sog. Versteckspiel am Ende sind, dann öffnen sich unsere Herzen und Lippen zum echten Gespräch. Tastend und stockend beginnt dann der Gedankenaustausch, gespickt mit vielen übereinstimmenden Pausen. Da zudem unsere Worte jeweils mit eigenen Erlebens- und Erfahrungswerten besetzt sind, haben wir vordergründig recht unterschiedliche Erkenntnisse daraus gewonnen, so dass die echte Verständigung, das offene, mitfühlende Gespräch, ein empathisches Einfühlen in den anderen Menschen abverlangt. Sind wir wirklich gewillt ein Gespräch in diesem Sinne zu führen oder soll es lieber beim blossen Instrumentalisieren der

Arzt-Patienten-Kommunikation
„Einverständnis im Mißverständnis"

„Herr Doktor, ich habe wieder Magenkneifen und mag nichts essen".

„Voriges Mal hat Ihnen Magenfix geholfen. Wollen wir es damit wieder probieren?"

Patient denkt:
Der ewige Streit mit meiner Frau ist mir auf den Magen geschlagen

Arzt denkt:
Er wird auch Beziehungsprobleme haben, aber er wird kaum darüber sprechen wollen

Bild 4

Sprache bleiben? Setzen wir Geschwätz, Geplauder oder vorsätzliches Missverständnis ein, damit wir uns nicht offenbaren und engagieren müssen? (Bild 4) Entstehen nicht dadurch Scheinwelten und/oder Ersatzhandlungen? Wird unsere Sprache mit dem undifferenziert reduziertem Jargon, insbesondere bei den Jugendlichen, von uns ernstlich hinterfragt? Oder sind wir auch da Meister im Ausweichen geworden und leben - überspitzt formuliert - in einer wortlosen Welt? Um dem Wort "Missverständnis" nicht noch mehr Nahrung für Missverständnisse zu geben, soll die Vorsilbe "miss" etymologisch hergeleitet werden.

> **miß-, Miß-** (mis-; mhd. mis(se)-, ahd. missi-, missa-, urspr.= verwechselt, vertauscht) **~verständlich** <Adj.>: *leicht zu einem Mißverständnis führend; nicht klar u. eindeutig*: eine -e Formulierung, Äußerung; Kürzer darf der Text nicht sein, ... sonst wird er m. (v. d. Grün, Glatteis 258); etw. m. darstellen; **~verständnis**, das: *(unbeabsichtigte) falsche Deutung, Auslegung einer Aussage od. Handlung*: ein grobes, folgenschweres, fatales M.; alles war ein einziges M.; das muß ein M. sein; hier liegt wohl ein M. vor; ein M. beseitigen, aufklären, aus der Welt schaffen; wir müssen den Brief eindeutig formulieren, damit es kein M. gibt, keine -se aufkommen; in unserer Ehe hat es selten -se *(Meinungsverschiedenheiten)* gegeben; **~verstehen** <mißverstand, hat mißverstanden>: *eine Aussage, eine Handlung [unbeabsichtigt] falsch deuten, auslegen*: er mißverstand mich; du hast mich, meine Frage, meinen Blick mißverstanden; er.mißversteht mich absichtlich; die Bemerkung war nicht mißzuverstehen; er fühlt sich mißverstanden; verstehen Sie mich bitte nicht miß (ugs. scherzh.; *verstehen Sie mich nicht falsch*); er lehnte das Angebot in nicht mißzuverstehender Weise (klar u. deutlich) ab; er machte eine nicht mißzuverstehende *(eindeutige)* Handbewegung;

Es bedeutet "verwechselt, vertauscht". Ein sog. Missverständnis ist demnach ein "verwechseltes, vertauschtes Verständnis, eine unbeabsichtigte falsche Deutung oder Auslegung einer Aussage oder Handlung". Da das Verstehen einen Lernprozess abverlangt, sind wir bei einem Ver-stehen nicht mehr am gleichen Ort, d.h. wir haben uns zu etwas Neuem hinbewegt und deswegen etwas verstanden. Wir haben eine Veränderung in unserer Wahrnehmung oder in unseren Gedanken vollzogen und damit einen neuen Standpunkt eingenommen. Bleiben wir am alten Ort hängen oder irgendwo zwischendrin, können wir dem Gedankengang des anderen nicht folgen, es sei denn, wir sind ihm herzmässig zugewandt, dann verstehen wir ihn auch ohne Worte. "Die Sprache ist die Quelle der Missverständnisse"- sagte der Fuchs dem kleinen Prinzen und wir alle kennen SAINT-EXUPERYs (1900-1944) Botschaft aus "Le petit prince", die der Fuchs beim Abschied dem kleinen Prinzen anvertraut: "Man sieht nur mit dem Herzen gut. Das Wesentliche ist für die Augen unsichtbar." - Wie unachtsam wir jedoch mit unseren Mitmenschen umgehen, möge dieser vielsagende Psychologenwitz (Bild 5) zeigen:

Bild 5

Das wache, spontane Kind, das Kind in uns, lässt sich nicht von der sog. Hierarchie wie Wissenschaftlichkeit beeindrucken .... Ist das gemeint, wenn es in der Bibel heisst "werdet wie die Kinder?" Fragen über Fragen.
Wir wollen uns ja heute hier mit Kommunikation beschäftigen.

> **Kommunikation** (...ka'tsio:n), die;- , -en (lat. commûnicâtio = Mitteilung, Unterredung]: **1.** (o. Pl.) *Verständigung untereinander; Umgang, Verkehr:* K. durch Sprache; alle K. verläuft prozeßhaft über mindestens drei Stationen: Verschlüsselung, Übermittlung, Entschlüsselung; Die K. zwischen den Beteiligten ist... blockiert (Habermas, Spätkapitalismus 44). **2.** *Verbindung, Zusammenhang:* seelische -en unter den einzelnen Gruppen; eine K. zwischen Traum und Wirklichkeit.
> **Kommunikation** *(communication).* Allgemeine und umfassende Bezeichnung für Prozesse, die einen *Sender (initiator), Empfänger (recipient),* einen *Kommunikationsmodus* oder *-kanal* (z. B, Sprache), eine (inhaltlich bestimmbare) *Botschaft* oder *Nachricht (message)* und eine auf Empfang erfolgende Verhaltensänderung oder allg. einen Effekt gleichwelcher Art als analytische Einheiten aufweisen *(->Informationstheorie, ->Psycholinguistik, ->Sozialpsychologie, ->Semantik, ->Sprache).*

Jetzt wollen wir uns zunächst mit der partnerschaftlichen Kommunikation aus-ein-andersetzen, um uns dann zusammenraufen zu können, denn dass Frauen und Männer so unterschiedlich sind wie Kaninchen und Hasen, ist eine Binsenwahrheit, die wir allerdings scheuen, handelnd anzunehmen. Würden wir uns primär die Mühe machen, uns selber und dann erst den gegengeschlechtlichen wie auch den gleichgeschlechtlichen Partner zu verstehen, hätten wir zunächst die Erwartungen an uns selber zu stellen. Erst das Nichterfüllen der eigenen Erwartungen würde das Ende unserer selbst kreierten Täuschung, also die Ent-täuschung, zur Folge haben, die immer uns selber betrifft und nicht den Partner oder die Partnerin. Es ist ja viel einfacher, alles Störende nicht in uns, sondern im Gegenüber oder in den Umständen zu suchen und auch zu finden. Die Spiegelfunktion, die alles um uns Seiende hat, wollen wir nicht wahrhaben, weil wir dann etwas an und in uns ändern müssten. Es ist viel bequemer im status quo zu bleiben, weil wir uns dort sicher fühlen, uns dort auskennen und weil wir die aktive Auseinandersetzung mit dem Unbekannten, dem unsicheren Risiko scheuen sowie Angst vor unserem Gesichtsverlust haben. Die hemmende Angst ist insofern nachvollziehbar, weil wir verletzlich werden könnten und dies nicht angenehm ist. Nur liebevolles Umgehen mit uns selber und dann auch mit dem Anderen, kann uns den Mut und die Kraft zum Risiko, Wagnis geben. Folgen wir dem weisen Satz "wie innen, so aussen" oder "wie unten, so oben", würde es einzig an uns liegen, ob wir den einfacheren Weg der sog. Projektion oder den schwereren Weg der Eigenänderung gehen wollen. Genau hier fängt unser freier Wille zur Entscheidung an. Vorausgesetzt, wir kennen uns einigermassen, dann merken wir auch, dass alle Menschen, die diesen Erkenntnisweg wählen, ähnliche Hindernisse zu überwinden haben. Wir werden wohlwollender und toleranter mit uns selber und dem Anderen, wir lernen zu verzeihen und zwar uns selber und dem Anderen. Durch die Eigenbetroffenheit sehen wir, dass der Andere Aehnliches durchmacht - aber auf seine Art und Weise. Jeder und Jede muss den Lebens-Erkenntnisweg alleine, nicht einsam, gehen. Dieser Weg ist individuell und entspricht der eigenen Lebensmelodie mit ihrem einzigartigem Rhythmus und ihren unterschiedlichen Tempi. Dabei kommt auch das Innehaltenmüssen in der Pausenzeit vor. Dass die Lebendigkeit nur im Wechsel gewährleistet ist, können wir vor allem in der Musik nachvollziehen. In der Musik gibt es kein zurück, die Zeit läuft

und sie wird mit Pausen
oder Tönen in unterschiedlichen Tempi genutzt. Ein
Fehler kann nicht mehr
rückgängig gemacht wer-
den, er kann aber - durch
das Üben - in der Wieder-
holung ausbleiben. Auch
unser Jahresrhythmus kann
uns das Immerwechselnde
aufzeigen. Die vier Jahres-
zeiten beispielsweise mö-
gen unsere partnerschaftliche Kommunikation in
groben Zügen illustrieren.
Reden wir nicht gerne über

Bild 6

das Wetter, die Wetterlage? Getrauen wir uns vornehmlich dort unsere Gefühle ohne
Hemmungen zu äussern? - Die erste partnerschaftliche Verliebtheit/Liebe wird von der
knospen-aufbrechenden Frühlingszeit durch eine warme bis heisse Sommerwüstenzeit
abgelöst, in der das Ziel dann darin besteht, gemeinsam eine Oase zu finden und zu
erreichen (Bild 6). Die dortige Labung tut wohl, darf aber nicht ewig dauern, weil
sonst die Gewöhnung, Gewohnheit uns an unserer Weiterentwicklung hindert und uns
das Gefühl der Langeweile überkommt (Bild 7).
Die farbenfrohe herbstliche Ernte mit ihren unberechenbaren Stürmen lehrt uns flexibel und kreativ zu reagieren, damit wir ggf. in der kalten Winterzeit unter unserer Eis-
schicht (Bild 8) die durch Innenschau auflodernde Erkenntnisflamme schüren können,

Bild 7   Bild 8

damit das Eis wieder schmelzen kann und wir nicht erstarrt und verstummt stehenblei-
ben, sondern wiederum in die notwendige Bewegung kommen. 'Der moderne
Mensch, gewohnt, seine Bedürfnisse sofort und ohne Anstrengung zu befriedigen, versteht unter "Liebe" heute hauptsächlich "Geliebtwerden". Er lässt seine Fähigkeit zu
lieben brachliegen und erwartet egozentrisch, etwas zu erhalten, für das er keinen aktiven Einsatz mehr zu liefern braucht.' Die immertätige Natur, die Vielfältigkeit der sog.
Wetterlagen zeigt, dass wir uns der ständigen Metamorphose nur hinzugeben bräuch-
ten, d.h., die Bewegung mitmachen und uns nicht dagegen auflehnen sollten. Da sich
die Lebendigkeit durch Entwicklung und nicht durch Stillstand definiert, sollen hier
HESSEs "Stufen" herangezogen werden.

STUFEN

Wie jede Blüte welkt und jede Jugend
Dem Alter weicht, blüht jede Lebensstufe,
Blüht jede Weisheit auch und jede Tugend
Zu ihrer Zeit und darf nicht ewig dauern.
Es muß das Herz bei jedem Lebensrufe
Bereit zum Abschied sein und Neubeginne,
Um sich in Tapferkeit und ohne Trauern
In andre, neue Bindungen zu geben.
Und jedem Anfang wohnt ein Zauber inne,
Der uns beschützt und der uns hilft, zu leben.
Wir sollen heiter Raum um Raum durchschreiten,
An keinem wie an einer Heimat hängen,
Der Weltgeist will nicht fesseln uns und engen,
Er will uns Stuf' um Stufe heben, weiten.
Kaum sind wir heimisch einem Lebenskreise
Und traulich eingewohnt, so droht Erschlaffen,
Nur wer bereit zu Aufbruch ist und Reise,
Mag lähmender Gewöhnung sich entraffen.
Es wird vielleicht auch noch die Todesstunde
Uns neuen Räumen jung entgegensenden,
Des Lebens Ruf an uns wird niemals enden...
Wohlan denn, Herz, nimm Abschied und gesunde!

HERMANN HESSE

Diejenigen, die mich kennen, wissen, dass ein Goethezitat nicht fehlen darf :

Die Kunst ist eine Vermittlerin des Unaussprechlichen, darum erscheint es eine Torheit,
sie wieder durch Worte vermitteln zu wollen. Doch indem wir uns darum bemühen,
findet sich für den Verstand so mancher Gewinn,
der dem ausübenden Vermögen auch wieder zugute kommt.

Goethe, 1827

Kommunikation - eine Kunst - Fragezeichen.
Ja, das Fragezeichen ist das Zeichen ans Publikum. Bezieht es sich auf die Kunst? Leiten Sie "Kunst" von "Können" oder "Künden" ab? Oder ist es ein "sowohl-als-auch"? Genau mit dieser Frage kommen wir an die am Anfang zurückgestellte Unterschiedlichkeit vom typisch Männlichen und typisch Weiblichen. Basierend auf der total gegensätzlichen Grundkonstitution von Mann und Frau, denkt er eher im "Entweder-Oder" Schema und bezeichnet dies beispielsweise als "logisch", während die Frau eher nach dem "Sowohl-als-auch" Empfinden

Bild 9

lebt. Ist das männliche Seelenleben mehr begriffsorientiert, so ist das weibliche eher wahrnehmungsorientiert u.s.w. Wir wissen ja alle, dass wir alle sog. Mischtypen sind und von daher sind meine Beispiele absichtlich überzeichnet ausgedrückt, damit uns die Unterschiedlichkeit bewusster wird (Bild 9).
Wir sehen hier, dass beide gleichberechtigt ihren Teil bringen und dass erst das Gemeinsame, das Sichergänzende, das wirklich Kunstvolle, voll der Kunst Seiende, darstellt.

Hier ein 1999 kreiertes Gedicht von Bruno Adrian LÜSCHER, den ich am 28.8.99 bei der schweizerischen Goethegeburtstagsfeier in Rüttihubelbad kennenlernte.

Neubeginn

Wenn die Liebe langsam schwindet,
Kein Gehör - kein Echo findet -
Wenn die gemeinsam schöne Zeit
Überwuchert wird von Streit;
Wenn Verletzungen und Wunden
Verhindern fröhlich leichte Stunden,
Ist's höchste Zeit für Neubeginn,
Sonst verliert Beziehung ihren Sinn.

Wer das Verzeihen nicht mehr schafft,
Wem fehlt Grossherzigkeit und Kraft,
Der / dem steht ein Helfer still bereit,
Der einem hilft, dass man verzeiht:
Der Schöpfer selbst von allem Leben,
Möchte, dass wir Liebe geben,
Er möchte, dass wir uns verzeihen,
Er möchte uns von Neuem weihen.

Vertrauen wir auf Gottes Gaben,
Statt Stellungskrieg und Schützengraben.
Die Verbindung zu entpfropfen,
Statt noch weiter zuzustopfen;
Verheissungsorientiert gilt es zu bauen,
Dem grossen Heiler zu vertrauen,
Auf Rechthabereien zu verzichten
Und Streit in Ruhe mal zu schlichten.

Auch wenn sich Widerstände regen,
Bitte ich um Gottes Segen:
"Vergib uns unsre grosse Schuld,
Und nimm uns auf in deiner Huld,
Segne unsre Partnerschaft
Mit deiner starken Liebeskraft
Erfülle uns mit Zuversicht,
damit der Hoffnungssteg nicht bricht."

Wenn wir das liebe-volle miteinander Umgehen beherzigen, d.h., wenn wir unseren Herzgefühlen und nicht dem egozentrischen Konkurrenzdenken folgen, dann erst haben wir alles verstanden und damit sind wir auch in der Lage alles zu verzeihen. Die hier illustrierte exemplarische Unterschiedlichkeit zwischen Mann und Frau lässt sich ohne weiteres auf die sogenannten Generationsmissverständnisse übertragen. Mir scheinen allerdings die sog. Generationenmissverständnisse viel zu global formuliert zu sein, denn die wahren menschlichen Missverständnisse liegen im Miteinanderleben und in der Konfrontation mit Menschen, die *nicht* in der gleichen oder ähnlichen geistig-seelischen Entwicklung stecken. Unsere Persönlichkeitsentwicklung ist nicht an ein bestimmtes Alter gebunden, von daher gibt es sterbende Kinder, die ihre Eltern wie Grosseltern trösten können und damit - als sog. Kinder - den Älteren helfen. Wir sehen, es geht um das Erreichen der gereiften Herzensbildung und nicht um eine eingebildete Prestigefrage, die unsere täglichen Giftpfeile darstellen. Wenn wir nicht zu dieser Ein-sicht kommen können, bleibt die Zersplitterung an der Tagesordnung. Wir sollten als Menschen jeweils unserer eigenen Berufung folgen, nicht etwas immitieren wollen, was dem Zeitgeist unterworfen ist und uns aufgrund unserer Fähigkeiten nicht liegt, dann sind wir zu-frieden, haben Frieden in und um uns.

Almuth Sellschopp und Flora von Spreti

„Im Bild Sein"
Supervision in der Kunst- und Gestaltungstherapie

In fast allen Bereichen, in denen Menschen anderen Menschen auf der Grundlage einer klar definierten Beziehung, sei es einer therapeutischen, pädagogischen, seelsorgerischen, wirtschaftlichen aber auch geschäftlichen Ebene begegnen, ist Supervision als wichtiges, Beziehung klärendes "drittes Auge" sinnvoll. Sie wirkt als zusätzlich erhellendes und strukturierendes Element in schwer durchschaubaren und unlösbar erscheinenden Beziehungskonflikten immer wieder hilfreich. Im Grunde haben wir es hier mit der auf Lernprozesse im Erwachsenenalter transformierten „Urform" aller Lernprozesse zu tun. Vom Kleinkindalter an finden in der Regel triadische Konstellationen mit Vater und Mutter statt. Je nach dem, welche Angebote dem Kind - auch gerade in wichtigen Lebensabschnitten, z.B. der Entwicklung seiner kognitiven Fähigkeiten und Symbolbildung um das 3.-5. Lj. beginnend - gemacht werden, bildet sich die sog. „triadische Kompetenz" aus. Es ist die Fähigkeit, über dyadische Interaktionen erweiternd das Dritte, wozu auch Sachbezüge gehören, in die individuelle Bedeutungsverleihung einzubeziehen.

In der Supervision lernt also auch der Therapeut, der mit kreativen Medien arbeitet, die verflochtenen Ebenen von Beziehung, Gestaltung und Umfeld mit Hilfe – in diesem Falle – des Vierten in der Beziehung, komplexer zu erfragen und neben der emotional getragenen Beziehungsebene die Metaebene der reflektierenden Betrachtung einzunehmen. Die Wahrnehmung von Viererkonstellationen ist dabei oft für die menschliche Fähigkeit, psychodynamische interaktionelle Bedeutungen zu verleihen, zu komplex. Bei genauerem Hinsehen wird man daher immer wieder eine Tendenz entdecken, triadische oder dyadische Apperzeptionen zu fokussieren, das innere Wahrnehmungsfeld quasi vereinfachend dadurch zu gliedern.

Erst in der Reflexion mit dem Therapeuten – eine positive Beziehung zwischen Beiden vorausgesetzt – entfaltet das in der Kunsttherapie entstandene Bild eines Patienten die ganze Vielfalt und Vielschichtigkeit seiner Darstellung und damit auch seiner Aussage.
Mit „positiver Beziehung" ist damit keineswegs gemeint, dass Konflikte nicht auftauchen dürfen. Im Gegenteil: Es ist die in der Beziehung zum(r) Supervisor/in, oder einer supervidierenden Gruppe, aber auch zum behandelnden Therapeuten vom Patienten aus sich entfaltende, manchmal auch konfliktreiche und widersprüchliche, irrationale, zeitweilig schwer verstehbare Dynamik, die immer wieder eine unhinterfragt positive Beziehung verändert und das Oszillierende in der therapeutischen Arbeit kennzeichnet. Es ist eben gerade die reflektierende Person (wieder als „Dritter") als Bündnis sozusagen zwischen Supervisor und Therapeut, Therapeut und Patient, die die Chance gibt, aus der unmittelbaren gegenseitigen Verwicklung herauszukommen

und eine Distanz des Erkennens zu gewinnen. Gerade traumatische Erfahrungen bei Patienten und/oder strukturell früh gestörten Kranken können über ihre Bildinhalte, z.B. zur Spaltung und zur Bedrohung der Kohärenz zum Verstehen beitragen.

In der verbal orientierten Therapie tritt der Supervisor als Dritter in die dyadische Beziehung Patient/Therapeut ein und wir sprechen im übertragenen Sinn von eine Triangulierung.
In der Kunsttherapie aber findet diese Triangulierung von Anfang an statt. Hier ist das vom Patienten gestaltete Bild das Dritte in der Therapie: Patient, Gestaltung, Therapeut.
Der Supervisor dieses Triangulierungsgeschehens ist also in der kunsttherapeutischen Supervision der vierte Eckpfeiler der reflexiven Betrachtung.

Die Botschaft des Bildes aufzunehmen und in der Supervision zu bearbeiten, ohne dabei die Beziehungsebene mit einfließen zu lassen, wäre eine Art von Blindheit gegenüber den gestalterischen Signalen und Metaphern; denn gerade im Bild symbolisieren diese auch immer die Beziehung zwischen Patient und Therapeut.

Die gestalterischen Hinweise und Aussagen können also ebenso wenig nur für sich alleine betrachtet werden, wie auch der ausschließliche Beziehungsaspekt ohne das Bild nur eine unvollständige und auch eingeengte Sicht auf die Qualität der therapeutischen Arbeit zu ließe.

Daher bedarf nicht nur die Dynamik der Beziehung Therapeut/Patient, sondern auch das Erfassen des Bildes und dessen therapeutische Deutung, welche durch eben diese Beziehung geprägt und gestaltet wird, der besonders sorgfältigen Supervision. Das heißt, die triadische Beziehung Patient/Bild/Therapeut wird abermals um das reflexive Auge des Supervisors erweitert. Anlehnend an den Traum eines Therapeuten, den G. Benedetti in seinem Vortrag "Selbstbild und therapeutischer Spiegel der Todesträume in der Psychotherapie" anlässlich des Symposiums "Selbstbilder in Psychose und Kunst" in der medizinischen Fakultät der TU München im Juni 1999 erläuterte (Benedetti 2001), wird das Bild ebenfalls wie der Traum zum Spiel-, Entfaltungs- und Spiegelraum der therapeutischen Beziehung in dem die Präsenz des Supervisors dem Patienten zusätzlich Sicherheit und Schutz vermitteln kann.

Wenn wir uns also nun die Frage stellen, was in der kunsttherapeutischen Supervision speziell betrachtet wird, das Bild, der Patient, die Beziehung oder zusätzlich vielleicht auch noch die Interaktion im Behandlungsteam, können wir eine einfache Antwort geben:

Kein Therapeut im klinischen Setting kann mit dem Patienten entspannt und produktiv arbeiten, wenn es im Team Spannungen und Auseinandersetzungen gibt, vielleicht auch die kunsttherapeutische Arbeit nicht anerkannt oder gar entwertet wird.
Auch gibt es nach Jahren der Berufstätigkeit immer wieder Situationen einer schwieri-

gen und unbefriedigenden therapeutischen Beziehung oder auch deren Gegenteil: Eine realitätsferne, idealisierte Beziehungsentwicklung im therapeutischen Prozess.

In unserem Seminar haben wir das Feld Supervision im Bereich der klinischen Kunsttherapie aus zwei verschiedenen therapeutischen Sichtweisen beleuchtet.

Die besondere Betrachtungsweise der Psychoanalytikerin ermöglicht im analytischen "Geschehenlassen" eine erweiternde Dimension eines sich langsam entfaltenden therapeutischen Prozesses.
Eine interessante Demonstration, die auch zeigte, wie die Fokussierung auf das Objekt und die Gegenübertragung fluktuierend stattfinden kann, bot das Seminar:
Eine Teilnehmerin brachte eine Kugel mit, die in ihrer besonderen Weise die sensible Balance deutlich machte zwischen offenem Schwebenlassen des Eigenen und gleichzeitigen Begrenzen in der Begegnung mit der Welt des anderen. Diese Präsentation wurde zum Ausgangspunkt spezifischer Gegenübertragungsphantasien der Gruppe, als Dritten; sie ermöglichte Aspekte der eigenen Arbeit zu reflektieren. In gleicher Weise konnten die mitgebrachten Bilder einer Kollegin aus ihrer Arbeit mit einer schwerkranken Patientibn im Wechselspiel mit der Gruppe die auf den Bildern dargestellten Inhalte interaktionell vertiefen.

Das eher handlungsorientierte und bildbezogene Vorgehen der Kunsttherapeutin hingegen, nimmt Bezug auf die Besonderheit der Therapie mit bildnerischen Mitteln. Sie zeigt sich in einer beschleunigten Entwicklung des innerpsychischen Geschehens, das sich deutlich im Bild ausdrückt und daher immer wieder auch ein handlungsorientiertes Vorgehen verlangt.

Wir können dabei an die "positivierende Umdeutung" von Benedetti denken, die auf besondere Weise dem Patienten destruktive ich-auflösende Bildinhalte einer positiven, progressiv zukunft- weisenden Betrachtungsebene zugänglich macht.

Im Dialog mit der Gruppe über die Bedeutung kunsttherapeutischer Supervision, wurde deutlich, dass gerade das Zusammenspiel beider Sichtweisen – der psychoanalytischen wie auch der kunsttherapeutischen – einen besonderes Zugang zu speziellen visuellen und innerpsychischen Übertragungsphänomenen ermöglicht.

Literatur
Benedetti, G. (2001). Selbstbild und therapeutischer Spiegel bei Todesträumen in der Psychotherapie. In: F. von Spreti, H. Förstl, K. Brendl, Ph. Martius (Hrsg.): Selbstbilder in Kunst und Psychose. Akademischer Verlag, München, S. 119-130.

Brigitte Shah

Das therapeutische Marionettenspiel in der Folge von Jean-Paul Gonseth

"Wir leben gleichzeitig in zwei Welten: in der äußeren Welt, welche wir Realität nennen, sowie in der inneren Welt der Phantasie und der Gefühle. Es ist ganz unmöglich, sie zu trennen, denn sie vermischen sich ständig und gehen fortwährend ineinander über." (Jean Paul Gonseth)

Dieses Zitat nach Jean-Paul Gonseth soll uns wie ein Leitfaden durch diesen Beitrag begleiten. Jean-Paul ist im Dezember 1999 gestorben – und dieser Vortrag ist ihm und seinem Andenken gewidmet.

I. EINLEITUNG

In diesem Beitrag will ich zuerst meine persönliche Begegnung mit Jean-Paul Gonseth, sowie einige wichtige Konzepte und Ideen aus der von ihm ausgearbeiteten Methode "DAS FIGURATIVE PSYCHODRAMA" vorstellen. Ich werde diese Methode illustrieren mit ein paar Marionnetten, welche von Kindern und Erwachsenen in dem von mir geleiteten therapeutischen Puppenspielatelier gestaltet wurden.
Anschliessend werde ich eine am Centre Pédagigique in Malvilliers (Schweiz) ent-wickelte, weiterführende Arbeitsweise darstellen, welche in langjähriger Zusammenarbeit mit Christian Müller, Psychiater für Kinder und Jugendliche, entstan-den ist. Wir nennen diese Methode "DIE GESTALTUNG DER EIGENEN FIGUREN UND DES PERSOENLICHEN MAERCHENS". Ich werde in diesem Zusammenhang von einigen Techniken und Modellen der NLP (Neuro- Linguistische-Programmation) sprechen, welche in meiner Praxis sehr hilfreich und klärend sind: Sie tragen dazu bei, die therapeutischen Prozesse gezielter einzuleiten, zu begleiten und zu verstehen.

II. JEAN-PAUL GONSETH UND DAS FIGURATIVE PSYCHODRAMA

Ich habe den Menschen Jean-Paul Gonseth auf drei ganz verschiedenen Ebenen ken-nengelernt:
- Als Psychiater und Gruppenleiter; in dieser Rolle hat er mich beeindruckt durch seine Anteilnahme, seine Empathie und seinen Humor.
- Als Lehrer, Denker und Schriftsteller; hier schätzte ich seine originellen Ideen und Theorien zum Therapeutischen Puppenspiel.
- Als Diskussions- und Austauschpartner beeindruckte er mich durch seine

Aufmerksamkeit, seine Offenheit und Ehrlichkeit.

Ich werde nun einige Zitate, Ideen und Konzepte von Jean-Paul Gonseth erwähnen, welche ich als besonders bedeutungsvoll für die Arbeit in einem Therapeutischen Puppenspielatelier erachte. Jean-Paul hat immer wieder darauf hingewiesen, dass seine Methode z.T. auf persönlichen Erfahrungen und deren Auswertung beruht. Er schreibt über seine erste Begegnung mit seinen eigenen "inneren Figuren":
"In existentieller Not, im Kampf mit den Widersprüchlichkeiten innerer Tendenzen, entdeckte ich 1962 verschiedene "Wesen" in mir – innere Figuren, Teilpersönlichkeiten meiner selbst. Um mit ihnen umgehen zu können, gab ich ihnen Namen."
(3)
Einige Jahre später schreibt er in seiner Dissertationsschrift "Théâtre de Veille et Théâtre de Songe" folgenden Abschnitt, der ebenfalls eine der Grundlagen seiner therapeutischen Methode zu sein scheint:

«La chose poétique» – das poetische Ding
« Ainsi les mêmes objets nous présentent deux visages, l'un , tourné vers la réalité extérieure,....L'autre, tourné vers notre monde profond, intérieur. Les deux aspects de la chose donnent lieu à deux façons de penser et de parler... L'une est cette dialectique de la connaissance objective...., l'autre se donne pour but de décrire adéquatement les réalités du monde intérieur, de donner une expression à certaines réalités qui nous sont propres, à certaines réalités intimes. » (1)

« Die gleichen Objekte zeigen uns zwei Gesichter : Eines richtet sich an unsere äussere materielle Wirklichkeit.... Eines richtet sich an unsere tiefen inneren Welten ...Die beiden verschiedenen Weisen, ein Objekt wahrzunehmen, ermöglichen zwei verschiedene Arten zu denken und zu sprechen.... Eine ist die Dialekitik der objektiven Erkenntnis... , die andere gibt sich zum Ziel, die Wirklichkeit der inneren Welt möglichst klar zu beschreiben, einen inneren Zustand darzustellen und ganz persönlichen, intimen Wahrheiten Ausdruck zu geben. » (Freie Uebersetzung B.Shah)

Es ist also eine wichtige Grundidee des therapeutischen Puppenspieles, dass ein äusseres, materielles Objekt einen inneren, seelischen Zustand darstellen kann. Diese Idee kann mit folgenden zwei Objekten aufgezeigt werden:

Die Marionnette « Der gerupfte, traurige Vogel, der alle Federn verloren hat » stammt von einer erwachsenen, zu jenem Zeitpunkt depressiven Frau, die am Anfang ihres Individuationsprozesses steht: Sie ist daran, die alten Federn – d.h. für sie die alten, anerzogenen, starren Verhaltensweisen – abzuwerfen. Im Moment ist sie wie der Vogel: nackt, traurig, verletzlich - und unfähig zu fliegen. (Bild 1)

Die Marionnette "Der schreckliche Seeräuber Viclud, der einäugig und einbeinig ist, der die Menschen hasst und immer allein in seinem Schiff auf dem Meer reist und

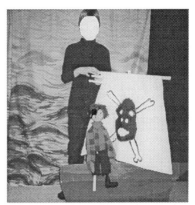

Bild 1

Bild 2

seine Schätze hütet. " Diese Figur und ihre Beschreibung stammt von einem zehnjährigen Jungen, welcher in grosser seelischer und sozialer Isolation lebte, und seine Aggressionen nur nach innen richtete. (Bild 2)

Das "Figurative Persönlichkeitsmodell" und die "Inneren Figuren"
Ausgehend von eigenen Erfahrungen sind wir beide, sowohl Jean- Paul Gonseth als Psychiater wie auch ich als Künstlerin und Puppenspielerin, in unserem Leben ganz verschiedenen inneren psychischen Anteilen in Form von inneren Bildern und Figuren begegnet. Ich selber habe diese inneren Wesen und Stimmen künstlerisch verwandelt in Marionnetten und Figuren, und habe sie zu Geschichten verwoben. Jean-Paul gab seinen inneren Figuren psychologisch-analytische Namen: Das Alltags-Ich, das Integrative Ich, der innere Widersacher, die Kontrollinstanz, Klein- und Nebenwesen. Er schreibt dazu:
"Die Methode wurzelt in einem besonderen Konzept des Persönlichkeitsaufbaues: Das Figurative Persönlichkeitsmodelll entspricht der Erfahrungstatsache, dass in uns verschiedene Persönlichkeitsbereiche vorhanden sind, die in einem dynamischen Gleichgewicht oder Ungleichgewicht zueinander stehen, und laufend in Wechselwirkungen treten... Die Projektion unserer Innenwesen in kreative Gestaltungen bringt sie uns näher, hebt sie ins Bewusstsein, ermöglicht ihre Integration."(2)

Die "Innere und Aeussere Lebensbühne" und das "Drehbühnensystem"
Jean-Paul Gonseth beschreibt diese Konzepte mit folgenden Worten:
"Das Figurative Verfahren soll uns dazu verhelfen, unsere Innenwelt, unsere "Innenbühne", darzustellen und auf diese Weise intensiver zu erleben und zu verstehen. Es soll uns in die Lage versetzen, Kontakt mit unseren "Inneren Figuren" aufzunehmen und mit ihnen zu interagieren. Es soll uns dadurch Möglichkeiten geben, mit unserer Umwelt, unserer "Aussenbühne", flexibler und konstruktiver umzugehen." (2)

"Die komplexen Interaktionen, die in unserem psychischen Bezugsfeld stattfinden, lassen sich mit dem Geschehen auf einer Drehbühne vergleichen, die abwechselnd oder zugleich von Figuren der Innenwelt und der Aussenwelt bevölkert wird." (2)

"Stehen wir mit unseren Persönlichkeitsanteilen in Kontakt – sozusagen im inneren Gleichgewicht – so kann sich das auf die Reifung, Entwicklung und Entfaltung der Persönlichkeit positiv auswirken. Von meiner "inneren Lebensbühne" aus vermag ich einen realitätsgerechteren Zugang zu meiner "äusseren Lebensbühne" zu finden." (3)

Das Figurative Psychodrama nach Gonseth
Im figurativen Psychodrama wählt der Klient aus einer Vielzahl von vorhandenen Marionnetten eine passende Figur aus, welche die Rolle des "Protagonisten" oder "Alltags-Ichs" spielt. Diese Figur spielt und improvisiert eine problematische Situation im wirklichen Leben des Spielers. Der Therapeut und/oder andere Gruppenmitglieder "ergreifen" andere Marionnetten und "greifen" mit diesen Figuren ins Spielgeschehen ein. Sie spielen die "Antagonisten" oder "Nebenwesen", und bewirken einen Dialog und eine Konfrontation zwischen den Figuren. Der Klient kann dadurch unerwartete Einsichten in sein eigenes Verhalten gewinnen. Er kann neue Möglichkeiten des Handelns und des Reagierens entdecken, spielerisch einüben und so neues Verhalten lernen.

Die Weiterentwicklung des Figurativen Psychodramas
Ausgehend von den verschiedenen Konzepten von Gonseth haben wir in unserem Marionnetten- Atelier eine weiterführende Methode ausgearbeitet. In dieser Methode gestaltet der Klient alle seine inneren Figuren selber und benutzt keine vorhandenen Figuren. Zur Illustration dieser Methode will ich Ihnen jetzt einige Figuren und Geschichten von einem Jungen vorstellen, der längere Zeit im Marionnetten-Atelier gearbeitet hat. Stefan hat einige seiner "Inneren Figuren" materiell gestaltet, er hat sie im Spiel kennengelernt, zu Geschichten verwoben und verwandelt. Mit jeder dieser Figuren ist Stefan einem anderen wichtigen Anteil seines inneren Lebens und Erlebens begegnet:
1. Figur: "Ein-Hase-wie-der-Hase-von-Xavier"
   Mit diesem "Hasen" – der Kopie einer Figur eines anderen Jungen! – zeigt Stefan seine Unsicherheit und seinen Mangel an Vertrauen in seine eigenen Ideen und inneren Bilder. Noch fehlt ihm der Mut, eine persönliche, individuelle Figur zu gestalten. Zu dieser Figur entwickelt er keine Beziehung, und er lässt sie bald liegen.
2. Figur: "Raja, ein junger Tiger, der auf die Jagd geht"
   Mit " dem jungen Tiger" lernt Stefan auf die Jagd zu gehen in seinem Innenleben. Er entwickelt seinen Instinkt und seine Intuition - und so begegnet er langsam seinen weiteren inneren Figuren. (Bild 3)
3. Figur: "Ein aufgeblasener und bluffender König".
   Dieser " bluffende König" spiegelt sein eigenes, häufig angeberisches, unangenehmes Verhalten den andern Kindern und den Erwachsenen gegenüber. (Bild 4)

Bild 3   Bild 4

Bild 5

4. Figur: "Tom-Tom, der Sohn des Königs, ein richtiger Lausbub"
   "Tom-Tom" bringt langsam eine Veränderung ins Leben des Königs, denn er ist ein richtiger Lausebengel, und spielt viele Streiche. Er ist aber auch sehr ehrlich, und sagt dem König einige unangenehme Wahrheiten ins Gesicht. Stefan liebte diese Figur sehr, er konnte sich richtig mit diesem Jungen identifizieren. (Bilder 3+4)
5. Figur: "Die hässlichste und böseste Hexe, die Tom-Tom mit vergifteten Aepfeln verzaubern will"
   Mit dieser "hässlichen, bösen Hexe" spielt Stefan seine Angst und Ambivalenz vor den weiblichen Wesen– er war als kleiner Junge von einer jungen Frau sexuell missbraucht worden. (Bild 5)
6. Figur: "Regina, die Tochter der Hexe"
   Die "Tochter der Hexe" macht in der Geschichte von Stefan eine wichtige Verwandlung durch: Sie weigert sich plötzlich, weiterhin so böse wie ihre Mutter zu sein. Sie hat Tom-Tom und den jungen Tiger im Wald kennengelernt und verbündet sich mit ihnen. Bild 5)
   Am Schluss seiner Geschichte will Stefan den König mit der gescheiten Hexentochter Regina verheiraten, Tom-Tom darf den jungen Tiger Raja zu sich einladen, und alle vier leben glücklich zusammen im Schloss. (Bild 6) Die böse Hexe wird überwältigt und getötet vom König.

In diesen Spielen begegnet Stefan in jeder Figur anderen Verhaltensweisen, anderen Ressourcen – und er kann dieses Verhalten ausprobieren, er kann sich neue Ressourcen aneignen, sich innerlich verändern und bereichern. Im spielerischen Austausch zwischen all diesen Figuren, im Improvisieren von Dialogen und Handlungen, erlebt jede Figur eine innerliche –

Bild 6   manchmal gleichzeitig auch eine äusserliche – Verwandlung. Da Stefan sich mit jeder seiner Figuren total identifiziert, geht er dabei selber auch durch einen inneren Verwandlungsprozess.

Es ist interessant zu beobachten, dass der Junge ganz intuitiv und selbständig – d.h. ohne Suggestion oder Eingreifen der Therapeutin – als Gegenstück zu jeder "problematischen" Figur eine "junge und ressourcen-bringende" Figur gestaltet hat:
- nach der kopierten, kraftlosen Figur, dem "Hasen-wie-der-Hase-von-Xavier" gestaltet Stefan den "jungen wilden Tiger Raja der auf die Jagd geht" in seinem Innenleben und verschiedenen anderen "Inneren Figuren" begegnet.
- der "bluffende stolze König" bekommt einen "frechen Sohn, der ein richtiger Lausbengel ist und dem König einige unangenehme Wahrheiten sagt".
- nach der "hässlichsten und bösesten Hexe" entsteht deren "schöne Tochter Regina", die das Reich des Bösen verlässt und sich mit "Raja" und "Tom-Tom" verbindet.

Zusammenfassend können wir sagen:
Die Geschichten, die Stefan mit all diesen Figuren erfindet, und als Marionnettenmärchen in der Schule aufführt, zeigt den Weg aus erstarrtem oder negativem Verhalten – repräsentiert durch den "Hasen", den "König" und die "Hexe" – zu neuem, lebhaftem, positivem Verhalten – repräsentiert durch den jungen Tiger "Raja", und die Kinder "Tom-Tom" und "Regina". Es ist auffällig, dass die positiven Veränderungen von drei "jungen" Lebewesen verursacht werden: "Kinder" verkörpern Erneuerung, sie provozieren Verwandlungen, etwas Neues kann aus ihnen entstehen. Diese Erfahrungen von positiven Veränderungen im Spiel mit den Marionnetten kann Stefan langsam und intuitiv in sein tägliches Leben übertragen.

Dieses Beispiel zeigt Ihnen eine Weiterentwicklung von Jean-Paul Gonseths Theorien. Es ist ein neues Konzept, das in jahrelanger Arbeit im Therapeutischen Marionnetten-Atelier und in der Zusammenarbeit mit Christian Müller, dem Kinder- und Jugendpsychiater im Centre Pédagogique, entstanden ist. Wir nennen dieses neue Konzept:

III. DIE GESTALTUNG DER EIGENEN MARIONNETTEN UND DES PER-SOENLICHEN MAERCHENS (4)

<u>Einleitende Bemerkungen</u>
Wie wir gesehen haben, sind die einzelnen Marionnetten nicht nur ein ausgezeichnetes Mittel, um den jeweiligen Problemzustand auf poetische Weise darzustellen. Sie wirken wie ein Auslöser, um in uns Dialoge, Geschichten und Metaphern wachzurufen, denn sie stellen für uns einen wichtigen symbolischen Wert dar und wir können uns im Spiel mit ihnen identifizieren. So kommt Bewegung in den Prozess, und die Figur bleibt nicht in ihrem Problemzustand stecken. Sie kann ihre Situation erklären, sie kann Wünsche anmelden, sie kann Kontakt aufnehmen mit anderen Marionnetten oder Menschen und ihren Ressourcen. Mit der Zeit lernen die Figur und der Spieler neue Verhaltensweisen kennen, und sie erleben eine Verwandlung. Mit den Marionnetten kann er diese Prozesse auf spielerische Weise erleben und einüben.

In unserem therapeutischen Marionnetten-Atelier wird die innere Verwandlung von den Kindern und den Erwachsenen häufig nicht nur verbal gespielt und dargestellt, sondern sie lassen ihre Figur eine sichtbare Verwandlung erleben.

<u>Metaphern erzählen von Metamorphosen ...</u>
Verfolgen wir jetzt, welche Verwandlungswege und Gleichnisse für eine der am Anfang vorgestellten problematischen Marionnettenfiguren erfunden und in Improvisationsspielen erfahren wurden:

Die depressive Frau erzählt:"Der traurige gerupfte Vogel sucht sich ein Kind – einen Jungen - und bittet ihn, für ihn ein neues Federkleid zu nähen und zu weben. Der Junge ist einverstanden, und beginnt diese grosse, schwierige Arbeit. Das neue Kleid wird noch schöner und farbiger als das erste, und endlich kann der Vogel wieder fliegen, und ist sehr glücklich. Zum Dank bringt er aus den hohen Lüften ein kleines Insekt, das der Junge unbedingt braucht, um seine Freundin aus dem Netz einer Riesenspinne zu befreien, ...usw.... usw.... " ....Hier hören wir den Beginn eines "Persönlichen Märchens"!
Aber die Frau erzählt diese Geschichte nicht nur, sondern sie näht tatsächlich ein neues Federkleid für den gerupften Vogel...und beim Nähen denkt sie nach über die Bedeutung von Federn, vom Leichtsein, vom Fliegen, vom Federnverlieren usw., und sie überlegt was dies wohl für ihr eigenes Leben bedeuten kann. Indem sie also gleichzeitig näht und innerlich an der Geschichte weiterwebt, arbeitet sie gleichzeitig in der äusseren, materiellen Welt und in der inneren, imaginären, poetischen Welt. Später wird sie das Federkleid dem nackten Vogel anziehen, und wird spielen und erleben, wie er wieder ein richtiger, "lebendiger" Vogel wird und fliegen kann..... (Bild 7)

Bild 7

Mit diesen Metaphern beschreibt die Frau auch einen wichtigen Teil ihres Individuationsprozesses: Die alten Federn sind weg – d.h. die ererbten, veralteten, einengenden Verhaltensweisen müssen abgelegt werden. Es ist sicher eine sehr grosse Arbeit, sich bewusst ein neues Federkleid zu nähen und zu gestalten, um wieder fliegen zu können – es ist eine noch viel grössere innere Arbeit, die angelernten, überholten Lebenseinstellungen abzulegen und neues, echtes, authentisches Verhalten zu entdecken und sich anzueignen.

Diese tiefgehende und gleichzeitige Verbindung von äusserem Tun und Gestalten, und innerem Mitdenken und Geschichtenweben ist ein "vereinigender Prozess", der uns die Einheit von Innenbühne und Aussenbühne erleben lässt. Wenn wir uns auf diese Weise ganz in einen kreativen Gestaltungsprozess einlassen, so finden wir einzelne Figuren, welche für uns eine ganz besondere Bedeutung haben. Die dramatischen Handlungen und Dialoge, welche diese Figuren miteinander verbinden, werden langsam zu einer für uns bedeutungsvollen Geschichte verwoben: Unser persönliches Märchen entsteht !

Ein illustratives Beispiel: Die Figuren und die Märchen von David
Nun möchte ich Ihnen mit Bildern ein solches Märchen und einen solchen Verwandlungsprozess vorstellen. Es ist das Abschluss-Märchen eines Jungen, David, der während fünf Jahren im Marionetten-Atelier mit einer aussergewöhnlich reichen Gestaltungskraft gearbeitet hat. Er hat zwölf sehr originelle, ausdrucksstarke Marionetten gestaltet. Er hat unzählige Märchen und Geschichten improvisiert. Ich kann hier seine äusserst interessanten Spiele und Figuren hier leider nur sehr zusammenfassend vorstellen.

Was ich Ihnen zuerst einmal zeigen möchte, sind die *fünf Etappen* in seiner therapeutisch-gestalterischen Arbeit:

1. Die *Transposition*: Der Übergang von der realen äusseren Welt in die poetisch-symbolische innere Welt.
2. Die *Visualisation*: Das Eintauchen in die innere Welt der Bilder und der Symbole: Den grossen Reichtum an inneren Figuren und Geschichten sehen und erleben.
3. Die *Kreation*: Die materielle Gestaltung der inneren Figuren und das Sichtbarmachen ihres jeweiligen Charakters.
4. Die *Improvisation*: Das freie Spielen mit den Figuren erlaubt einen befreienden Ausdruck von glücklichen, aber auch von problematischen Gefühlen. Es führt zur Entdeckung von neuen, nährenden Ressourcen, welche mit den Figuren spielerisch erlebt und entwickelt werden können. Im Zusammenspiel der verschiedenen Figuren entsteht nach und nach eine sehr persönliche Geschichte: Das eigene Märchen.
5. Die *Integration*: Die Auseinandersetzung mit den eigenen positiven und negativen inneren Anteilen und Figuren, das Erleben ihres Zusammenspiels in einem einma-

ligen, persönlichen Märchens führt zu ihrer Integration. Dies ermöglicht ein Wiederauftauchen aus der Innenwelt in die Aussenwelt als verwandelter Mensch, dem neue Ressourcen für sein tägliches Leben zur Verfügung stehen.

Schauen wir diese *fünf Etappen* im Beispiel von David näher an:

1.Transposition: David erzählt im August 1995: " Dieses Jahr möchte ich in meinem neuen Theaterstück etwas zeigen, was in meinem wirklichen Leben geschehen ist. Ich möchte ein Stück machen über die Zeit als meine Mutter depressiv und in einer psychiatrischen Klinik war. Man hat von dieser Situation profitiert und ihr die zwei anderen Kinder weggenommen, meine Brüder Peter und Paul. Wir waren sehr traurig, meine Mutter und ich, und weinten zusammen.- Ich möchte jetzt die Geschichte von einem zweiten Gericht erfinden, das seine Meinung ändert und die Kinder wieder meiner Mutter zurückgibt... Ach nein, das ist zu hart, zu schwierig, das tut zu weh..."
David beginnt nachzudenken und zu träumen....

2. Visualisation: Eine bestimmte Lebenssituation wird in Bilder und Figuren, in Symbole und Metaphern verwandelt:

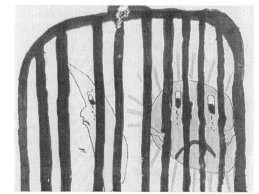

David taucht ein in seine innere Welt und "träumt" – und plötzlich hat er eine kreative Idee, und er macht eine Zeichnung von Sonne und Mond, und erzählt: (Bild 8)
"Ich will die Geschichte von der Sonne erzählen, die seit vier Jahren nicht mehr scheint. Die Pflanzen wachsen nicht mehr. Die Schmetterlinge tanzen nicht mehr. Die Vögel singen nicht mehr. Die Grillen zirpen nicht mehr... Der böse, mächtige Kaiser Froa hat die Sonne und den Mond gestohlen und eingesperrt in seinem finsteren Palast. – Der junge Zauberer Benjamin, die Prinzessin Boucle d'Or und der Drache Tonnerre de Feu machen sich auf den Weg, um die Sonne und den Mond zu befreien. Die Stimme von Boris, dem Vater von Benjamin, begleitet sie und gibt ihnen gute Ratschläge. Sie müssen durch verschiedene Länder wandern und dort schwierige Prüfungen bestehen, denn jedes Land ist von geheimnisvollen und gefährlichen Lebewesen bewohnt."

Bild 8

Diese Ueberlegungen, Bilder und Geschichten von David - die er in grosser Arbeit zu einem richtigen, zwanzigseitigen Theaterstück ausarbeiten wird - zeigen auf eindrükkliche Weise den Uebergang von der äusseren, realen Welt und ihren Problemen in die innere Welt der Poesie, der Symbole und der Metaphern.

3. Die Kreation: David hat im Marionnetten-Atelier zwölf sehr ausdrucksstarke Figuren geschaffen. Wie wir sehen werden, entspricht jede dieser originellen Figuren einem positiven oder negativen "inneren Wesen" d.h. einem psychischen Anteil von David.

4. Die Improvisation: David schafft Verbindungen zwischen den einzelnen Figuren, und er erfindet Geschichten von Konflikten und Kämpfen, von Freundschaften und Liebe. In den Improvisationsspielen mit den verschiedenen Figuren erlebt David starke Gefühle. Bisher unbekannte Emotionen und Ressourcen werden geweckt und entwickelt. Neues, kreatives Handeln und Verhalten wird möglich.

Bevor ich die fünfte Etappe (Integration) illustriere, will ich die zwölf Marionnettenfiguren von David vorstellen, und die starken Gefühle erwähnen, die er mit jeder Figur erlebt und entwickelt hat:

1. Mit dem schrecklichen Gespenst "Lumiere-King" spielt David seine riesige Wut und seinen Zorn über sein schwieriges Leben. Er ist total zerstörerisch und aggressiv . (Bild 9)
2. Eines Tages gestaltet er ganz allein ein Goldkind: es ist ein Kind des schrecklichen Gespenstes, und es bedeutet Davids inneres, wertvolles Kind, das erwacht und das eine Änderung bringen wird.
3. Mit der kleinen grauen Maus spielt David seine Traurigkeit über sein Alleinsein, und seine Verlassenheitsgefühle.
4. Die Schlange will die kleine Maus verschlingen. David spielt Todes- und Selbstmordgeschichten. Ein Adler rettet die Maus, und zeigt David Freundschaft und Mut.
5. Mit Benjamin, dem Zauberlehrling, gestaltet David die erste menschliche Figur. Mit diesem Helden erlebt er Abenteuer, Lebensfreude, Kameradschaft - und die erste Liebe. (Bild 10)
6. Mit dem missbildeten, hungrigen, in einem Turm eingesperrten Drachen Tonnerre de Feu erlebt David einerseits seine Traurigkeit wegen seinem eigenen missbildeten Körper. Anderseits entwickelt er Gefühle der Freundschaft in der Begegnung mit Benjamin. (Bild 11)
7. Der Zauberer Boris ist Benjamins Vater. Mit dieser Figur spielt David –dessen eigener Vater ihn verstossen hat - Vater-Sohn-Geschichten, und entwickelt eine eigene innere Vater-Stimme. (Bild 12)
8. Der böse Kaiser Froa verfolgt Benjamin und will ihn töten – aber Benjamin gewinnt im Kampf. Aus Wut will Froa alles Leben vernichten: Er stiehlt die Sonne und den Mond, und versteckt sie in seinem Palast. (Bild 13)
9. Die Drei bösen Kröten helfen Froa bei seinem zerstörerischen Tun.
   David erlebt mit ihnen nochmals böses Planen und böses Tun.
10. Die Prinzessin Boucle d'Or – Goldlocke – ist Davids erste weibliche Figur. Sie weigert sich, ihrem bösen Vater nachzueifern. Mit ihr entwickelt David die Gefühle der Zärtlichkeit, Treue und Liebe. (Bild 14)

Bild 9

Bild 10

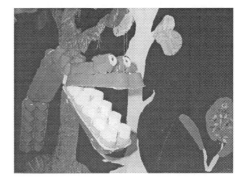

Bild 11

Bild 12

Bild 13

Bild 14

Bild 15   Bild 16

11. Die Sonne ist für David das Symbol vom Leben auf der Erde, aber auch vom
    Leben in der inneren Welt. Sie bedeutet Licht und Wärme. (Bild 15)
12. Der Mond ist das Licht in der dunklen Nacht, ein Sinnbild der Hoffnung für David.

5. Die Integration: David sagt eines Tages, indem er alle seine Figuren betrachtet:
"C'est déjà une bonne équipe autour de Benjamin. On est fort, quand on a beaucoup
d'amis. Plus qu'on a des amis, plus qu'on est fort!" (Bild 16)
"Das ist jetzt eine schöne Gruppe mit Benjamin. Wenn man viele Freunde hat, ist man
sehr stark. Je mehr Freunde man hat, desto stärker ist man!"
Mit jedem dieser "Freunde" ist es David gelungen, neue Kräfte und Ressourcen zu
entwickeln, die er jetzt auch in sein tägliches Leben integrieren kann. Er hat heute viel
mehr Möglichkeiten zu agieren und zu reagieren. Er hat die bereichernde Erfahrung
gemacht, dass er mit innerem Engagement und mit grosser Ausdauer eine wertvolle
künstlerische Arbeit gestaltet hat. Er hat seinen eigenen inneren Reichtum an originellen Ideen, Bildern und Metaphern entdeckt, und mit grossem Erfolg seine persönlichen Märchen vor einem Publikum spielen können.

Gegen Ende unserer fruchtbaren Zusammenarbeit sagte David eines Tages:
"Mit den Marionnetten habe ich die Kunst entdeckt. Es ist schön und sympathisch,
Marionnettenfiguren zu gestalten. Wenn man ihre Geschichten erfindet, kann man von
den eigenen Problemen im Leben sprechen, in der Form eines Theaterstückes. Später
werde ich mein eigenes Marionnettentheater eröffnen. Jetzt nehme ich meine Marionnetten nach Hause. Meine Mutter und ich werden sie in einem beleuchteten
Glasschrank ausstellen."

David wird weiterhin ein schwieriges Leben haben. Aber er hat durch die Arbeit im
Marionnettenatelier ein besseres inneres Gleichgewicht gefunden, denn in seiner
anfänglich sehr düsteren und negativen "Inneren Welt" hat er mit den Figuren eine
lebendige und positive Gegenwelt gestalten können. Die neuentwickelten Ressourcen
werden ihm helfen, in schwierigen Momenten besser zu reagieren als früher: Das
heisst, er wird in Zukunft voraussichtlich nicht mehr von unkontrollierbarem Zorn
oder destruktiver Wut überschwemmt werden – aber auch nicht mehr in bodenloser
Traurigkeit und Depression versinken.

Unterschiede zu Gonseths Methode

Mit diesen Beispielen aus dem therapeutischen Marionnetten-Atelier können die wichtigsten Unterschiede aufgezeigt werden zwischen der Methode von Jean-Paul Gonseth und dem von uns entwickelten Konzept der "Gestaltung der eigenen Figuren und des persönlichen Märchens". Dieses neue Konzept entstand aus einer fruchtbaren Zusammenarbeit zwischen der Autorin (als Künstlerin und Therapeutin) und dem Psychiater Christian Müller (als Arzt und Ausbildner in NLP).

Der wichtigste Unterschied zwischen den beiden Methoden ist Folgender: Gonseths Methode ist **"problem-orientiert"**, unser Konzept ist **"gestaltungs-orientiert"**. Dazu ein Ausschnitt aus dem Artikel " Einige NLP-Techniken für das therapeutische Puppenspiel"(5):

Die interpretierenden und die gestaltenden Ausrichtungen in der Kunsttherapie

"Man kann in der Kunsttherapie prinzipiell zwei Ausrichtungen unterscheiden: die interpretierenden und die gestaltenden. Die erste versucht, Probleme und Konflikte bewusst zu machen, die zweite versucht, Probleme und Konflikte mit gestalterisch-kreativen Mitteln zu überwinden. Beide Richtungen beschreiben ihre Arbeit als therapeutischen Prozess.

Die erste der beiden Ausrichtungen setzt ihr Vertrauen in den Therapeuten, der vorzugsweise Deutungstechniken benutzt. Die Deutungen sollen unbewusste Wünsche, verdrängte Triebregungen und verinnerlichte moralische Forderungen bewusst machen. Die künstlerischen Produktionen dienen vor allem dazu, das unbewusste Material "sichtbar" zu machen. Der Therapeut ist in der Lage, das "Material" zu lesen, und kennt die Natur der innerlichen Regungen und Konflikte. Der Klient muss lernen, Schmerzvolles und Konflikthaftes zu akzeptieren, auf ungebührliche Triebregungen und Wünsche zu verzichten und Verluste zu betrauern. Von unangemessenen moralischen Forderungen und übertriebenen Schuldgefühlen soll er Abstand nehmen.

Die zweite Ausrichtung setzt ihr Vertrauen in den Klienten. In dem Moment, wo er in Kontakt mit seinem kreativen Potential kommt, begegnet er sich in seinen positiven und negativen Aspekten. Er bemerkt, dass in ihm ungenutzte, entwicklungsfähige, liebesfähige und schöpferische Kräfte "schlummern". Im schöpferischen Prozess lässt er sie an die Oberfläche kommen. Es geht nicht darum, sie bewusst zu machen, sondern mit ihnen in einen Dialog zutreten, sich mit ihnen auseinanderzusetzen, mit ihnen zu "spielen". Tut der Klient dies, beginnen sich die Inhalte seines Innenlebens zu verändern. Es kommt zu einem Transformationsprozess. Durch den Zugang zu den inneren Kräften, gleichgültig, ob sie einem positiv oder negativ erscheinen, wird die Person reicher – ihr "Modell der Welt" erweitert sich." (5)

III. DIE KOMPLEMENTÄRE ZUSAMMENARBEIT DES THERAPEU-
TISCHEN PUPPENSPIELES MIT EINIGEN NLP-TECHNIKEN

Die Konzepte der NLP (Neuro-Linguistische-Programmation) haben der Autorin einige wichtige Techniken aufgezeigt, um die therapeutischen Prozesse mit den Klienten bewusster einzuleiten, zu begleiten und abzuschliessen. Die NLP ist auch eine ausgezeichnete Methode, um die individuellen kunsttherapeutischen Prozesse besser zu verstehen und auszuwerten.

Auf den ersten Blick scheinen NLP und therapeutisches Puppenspiel widersprüchliche Therapieansätze vorzuschlagen – in Wirklichkeit sind sie sehr komplementär, d.h. sie ergänzen sich gerade dort wo jede einzelne Methode an ihre Grenzen stösst.

Mit der NLP will man die *Strukturen eines Prozesses* erkennen. Es sind Beobachtungen von starker Schärfe. Der Inhalt interessiert nicht, der Prozess ist wichtig. Im therapeutischen Puppenspiel ist gerade der *Inhalt* das Wichtige – die Figuren, die inneren Bilder, die Geschichten – denn er ist ein Visualisieren und Materialisieren von inneren psychischen Prozessen. Die Grenzen des Therapeutischen Puppenspieles: Ohne klare Strukturen bleibt es reines Spiel ohne Veränderungs- und Entwicklungscharakter.

Die NLP vertritt die Auffassung, dass psychische Probleme meistens nicht in der äusseren Wirklichkeit zu suchen sind. Sondern sie entstehen dadurch, dass einer Person die adäquaten Mittel fehlen, um mit einer schwierigen Situation fertig zu werden; d.h. diese Person verfügt über ein reduziertes "Modell der Welt". Es fehlen ihr also bestimmte Kenntnisse, Fertigkeiten, Ressourcen – und zwar sowohl in den intellektuellen, als auch in den gefühlsmässigen, psychomotorischen und sozialen Bereichen. Das therapeutische Puppenspiel ist nun eine ausgezeichnete Methode, um verschüttete, nicht genutzte Potentiale freizulegen und Kräfte zu mobilisieren, die helfen, mit Lebenskrisen fertig zu werden. Es fördert die Fähigkeit, mit verschiedenen "psychischen Instanzen", welche in der Form von Figuren und Marionetten auftauchen, ins Spiel und ins Gespräch zu kommen. Das Therapieziel besteht darin, "die inneren Instanzen" miteinander in Kontakt zu bringen, und ihnen eine Gelegenheit zu geben, auf der gleichen Bühne und gleichberechtigt aufzutreten und miteinander zu kommunizieren.
Wir haben in diesem Rahmen nicht die Möglichkeit, die Methode der NLP ausführlich zu beschreiben. Trotzdem möchte ich einige wichtige *Begriffe der NLP* kurz darstellen:

Der "assoziierte Zustand" und der "dissoziierte Zustand":
Im "assoziierten Zustand" schlüpfen wir in die Figur hinein, wir spielen und identifizieren uns mit ihren positiven und negativen Seiten und Geschichten. Wir erlauben uns, im Spiel anderes, freieres Verhalten auszuleben und auszuprobieren. Wir leben das Leben dieser Figur und vergessen für kurze Zeit unser eigenes Leben.

Im "dissoziierten Zustand" sind wir von der Figur zwar getrennt, aber trotzdem im Austausch, im Gespräch. Wir erinnern uns an ihre Ressourcen und Möglichkeiten, und langsam können wir die im Spiel erfahrenen neuen Verhaltensweisen "hinüberziehen" in unser alltägliches Leben, und auch dort benutzen und leben.

Die "Trance commune" oder die "Gemeinsame Trance":
Dieser Begriff beschreibt die therapeutische Situation: Klient und Therapeut tauchen ein in die Welt der Bilder und Metaphern, und kommunizieren in einer bildlichen und symbolischen Sprache. Beide sprechen und verstehen diese Sprache. Es können dadurch Inhalte vermittelt werden, die mit normalen Worten nicht mitgeteilt werden können.

Die "Metaphorische Realität":
Der Klient und der Therapeut erschaffen zusammen eine "Metaphorische Realität", d.h. ein "gemeinsames Spielfeld", auf dem auf spielerische, unbewusste und poetische Weise Lösungen für anstehende Probleme erarbeitet werden.

SCHLUSSBEMERKUNG

Die Einzigartigkeit und der innere Reichtum von jedem Klienten oder: Jeder Mensch ist eine eigene Welt!
Die Methode der "Gestaltung der eigenen Figuren und des persönlichen Märchens" lässt den Klienten seine ganz persönliche, intime und individuelle Innenwelt entdekken: Er entdeckt seine "hellen und dunklen inneren Landschaften" und er begegnet seinen positiven und negativen "Inneren Bewohnern". Die Erfahrungen haben mir bisher gezeigt, dass jedes Kind und jeder Erwachsene seine eigene, persönliche Lebensgeschichte und Lebensproblematik hat, und deshalb entsprechende eigene originelle Figuren gestalten kann. Jeder Klient wird mit seinen eigenen Figuren passende persönliche Geschichten weben und erfinden. Das bedeutet, dass die therapeutische Arbeit mit jedem Menschen immer wieder anders und neu ist, und dass die Klienten selber intuitiv wissen, welche Figuren sie gestalten und welche Geschichten sie spielen wollen.

LITERATUR

Gonseth J.P. (1950). Théâtre de Veille et Théâtre de Songe. Neuchâtel (CH): Editions du Griffon. (1)

Gonseth J.P. / Zöller W.W. (1987). Figuratives Psychodrama und therapeutisches Puppenspiel. In: Integrative Therapie. Heft 1/1987. S. 25 – 35. Junfermann Verlag. (2)

Petzold H./ Orth I. (Hrsg.) (1990). Handbuch der Kunsttherapie. Band 1. Gonseth J.P. Figuratives Psychodrama – im Umgang mit Widersprüchlichkeiten auf der inneren Bühne. S417-448. Paderborn: Junfermann Verlag. (3)

Shah B. (1999). Les Marionnettes individualisées et la création du Conte personnel. Unveröffentlichtes Manuskript. Prämiert mit dem Ascona-Preises 1999 der IGKGT.

Abzüge bei der Autorin erhältlich. Deutsche Übersetzung in Vorbereitung. (4)
Shah B. / Müller C. (2001). Besprechung einiger NLP-Techniken für das therapeutische
    Puppenspiel. In: Figura – Zeitschrift für Theater und Spiel mit Figuren(CH). Hefte 32,33,35.
    (5)

Abstract: THE "THERAPEUTIC PUPPET THEATRE" - IN THE WORK OF JEAN-PAUL GONSETH AND IN FURTHER DEVELOPMENTS

"WE LIVE SIMULTANEOUSLY IN TWO WORLDS: IN THE OUTER WORLD, WHICH WE CALL "REALITY", AND IN THE INNER WORLD OF FANTASY AND FEELINGS. IT IS IMPOSSSIBLE TO SEPARATE THESE TWO WORLDS, BECAUSE THEY ARE CONSTANTLY IN THE PROCESS OF MIXING AND PASSING FROM ONE INTO THE OTHER." (JEAN-PAUL GONSETH)

In this contribution, the author will first present her personal encounter with Jean-Paul Gonseth, and, thereafter, a few cardinal theoretical concepts drawn from his method of the "Figurative Psychodrama". The author has taken her inspiration from Gonseth's Ph.D. thesis (1950): "Théâtre de Veille et Théâtre de Songe" (Theatre of wakefulness and Theatre of dreams), as well as from his contributions "Figuratives Psychodrama and therapeutisches Puppenspiel" (Figurative Psychodrama and therapeutic Puppet theatre) and "Figuratives Psychodrama - Umgang mit Widersprüchlichkeiten auf der inneren Bühne" (Figurative Psychodrama - dealing with contradictions on the inner theatre stage).
In these texts, Jean-Paul Gonseth explains the chain of thoughts and ideas that lead him to develop the method of the "Figurative Psychodrama". In the present contribution, the following concepts will be introduced and illustrated by the author, based on examples from her own practice as a puppet therapist:
The exterior scene of life and the interior scene of life; the "poetic" object; the turnaround theatre stage; the "figurative personality model" and the "inner figures"; the central goals of the Figurative Psychodrama; the transformation of destructive behaviour and role fixations; the enlargement of the consciousness by integration of auxiliary entities (positive and negative aspects of personality).

It is the central goal of the author to illustrate the diversity and the richness of therapeutic work with puppets. Therefore, a part of this contribution is dedicated to show some practical work (puppets), created in a "Therapeutic Puppet Workshop". The author will then present a few important personal experiences and developments that were essential for her, and that led her to develop the present method of therapy: It is in this way that the novel art-therapeutic concept of "Creating one's own Puppet Figures and inventing one's own Personal Storytale" were established.

Internationale Forschung und Kooperation

Joan Bloomgarden

Conversations With Creativity

My research in creativity originated from observations made in graduate school classes. I noticed that students, even those with a background in psychology and art,
expressed a lack of confidence, self-consciousness and self-criticism about their creativity. They verbalized these feelings when asked to participate in group artwork and
discussion. I was surprised since I did not see the students in the way they saw themselves. Questioning their own creativity and ability peaked my interest and stimulated
my research on creativity. I began to formulate ideas from the classroom but later
actually extended my work to any person(s) who wanted to talk about their own creativity. To begin, I interviewed students and provided experientials which focused on
their self perception. I encouraged them to reflect upon their early years and upon significant people who had influenced them. Students willingly shared how their notions
about creativity were formed. The general consensus, from informal qualitative research (but one that still used sorting and categorizing), provided pertinent information. To add to that body of knowledge I completed a literature review of creativity.
From the combined information, I formulated my goal. I was interested in any project
that would engage the creative process, lead to self-understanding and produce a pro-
duct for continued self-reflection. This project needed to be absorbing and inclusive so
that technique and accomplishment did not become an inhibiting factor in the artmak-
ing. I experimented with collage and assembled a project which filled those needs.

This paper begins with general information on the psychological aspects of the creative process culled from my literature review and consistent with the results of interviews. I condensed the information so that it focuses directly upon my goals. I report
on possible reasons why creativity may be compromised in early childhood and what
the results might be if instead, creativity was fostered. This orignal art project is described in detail.
To fully understand how the creative process is enhanced and how this project can be
useful long past the art-making process, I suggest that the reader gather materials and
try it out. The title, "Conversations with Creativity" refers to the internal conversation
one has with oneself, the self-talk which can be positive and growth oriented or negative and stifling.

Psychological Pressures that Inhibit Creativity

Each person's situation is unique but it is generally accepted that certain behaviors
may inhibit a free creative spirit. Since we have the potential to use our creativity at
any age, the following brief descriptions of what might hinder the creative process
apply to situations all throughout the lifespan. Reflective practitioners might consider
how the pressures outlined here affect themselves and their clients.

Being Watched: Hovering over people and making them feel they are being watched stifles involvement in what they are doing.

Over-Control: If you tell a person exactly how to do things, you are over-controlling the situation. Free thinking ceases.

Evaluation: Making people worry how others judge what they are doing restricts creativity and fosters safe uncreative responses.

Reward: Excessive use of external prizes inhibits the growth of intrinsic motivation and the intrinsic pleasure of creativity.

Competition: Some competition puts a person in a position where it is win-lose when they are not ready for that kind of outcome. Some individuals need to work at their own pace to achieve desired results. This does not mean that healthy competition which fosters team spirit is not ever welcome. Team effort is a known way of encouraging challenge and creative problem solving.

Restricting Choice: By only providing certain activities a person cannot follow their own curiosity and passion.

Pressure: Expecting too high expectations for a child before he/she is developmentally ready or interested creates a forced situation. Expectations can sometimes backfire and cause aversion.

Time: How much we value creativity reflects how much time we leave to engage in the process. Not putting time aside devalues this special act.

The Creative Spirit Feeds on Encouragement

When tools to develop creativity are fostered early in life the result will be an adult with

faith in one's ability and resources.

absence of negative judgment by one's inner voice of self criticism.

the ability to engage in one's surroundings with awareness.

the ability to ask penetrating questions of oneself and others.

interest in collaboration.

a sensible risk-taking personality and a desire to experiment.

the strength to realize one's goals.

the ability to feel pleasure, not pressure when setting a new task..

A Project that Enhances Creativity

A detailed description of this art project is followed by collages created from this method. They were done on index cards using ordinary magazines. Insight oriented discussion from these projections continues to be useful to the artist.

Collages

1. Have 30, 4X6 index cards (larger if desired) available. Have scissors, glue sticks, assorted magazines and containers to store materials on site.

2. Collect collage materials from various magazines, nature, oldtreasures, collectibles, anything that appeals.
3. Over a few weeks period of time, during free time, create collages using the materials that you collected and glue them on to the indexcards. (If you need, first practice the technique by creating collages on paper. Tear, cut, rip and asssemble images.)

These are the only directions necessary to make the collages.

4. When 30 cards have been created take your time and consider the following questions and suggestions. Answer the questions aloud to assure a definitive answer.

I.

What kinds of materials did you collect?
What went in to the decision to choose these?
Where were the materials put and in what manner?
Describe the process you went through to complete the collage.
Describe how you assembled them.
What do you see when you look at them?
Which are the strongest images? What is your explanation of that?
Are there groups and subgroups? What are they?
How would you like them arranged?
Are they in any specific order?
Describe your creative approach to this project.

II.

Turn the cards over with the image face down and place them in a pile in
your hands, much like placing a deck of cards in your hands.
Sit near a table and take the card from the top of the deck and place it
face down on the table.
Take 5 other cards from the top of the deck, also face down, and place
them around the one in the center.
Now turn the 6 cards over and look at all of them together.
Do you see a theme or metaphor emerge? Is there a strong metaphor? How
do you react?
Now look at the card in the center.
Look deeply in to the picture and see what it says to you about you.
What do the images mean to you at this time?
Keep looking and stay focused on the images.
Immerse yourself in the images.
Talk about one idea that is strong.
What does it say to you?
What meaning does it have?
What metaphor or theme could you take with you for one whole day that is
a thought, idea, feeling that you would like to reflection upon? State
it and notice during the day how the meaning is part of your daily life.

Verbalize additional ideas that came from the images or central image.
How does it reflect you at this time?
When you have an idea, metaphor or theme, take all the cards except the
center one and put them back in the deck.
Leave only the center one faced upward.
Reflect again. Hold on to that reflection and then go on with your day
as you have captured that visual and verbal message.
At the end of the day, return the card to the deck and mix the cards.

III.
Each morning repeat the above, mixing the deck and having different
cards in the center. If the same card appears in the center, look at it
again for additional meaning and use it for additional
self-understanding.
Repeat the process daily for your daily reflection and messages.

IV.
You have 30 cards. After about one month most of the cards will have
appeared. Shuffle and repeat the process.
Create a new series of cards if you wish and use them any way you feel
is helpful to you.
Make as many as you like, as often as you like and with any materials
you choose.
Talk about them with others when you want to share personal meaning.
Enjoy!

V. On Creating the Collage Cards
Notice if there were psychological pressures that inhibited your
creativity?
What were they?
How do you think these pressures arrived?
Think of ways to adjust and eliminate any pressures.
Notice what is encouraging to you.
Notice what is discouraging.
How did you feel during the creative process?
Did anything deter you from your creativity? Describe.
What questions can you ask yourself to promote more self-understanding?

VI.
Are there any changes you need to make in order to satisfy yourself?
Talk about the project with relation to the creative process.
What else would you like to do that you believe is creative?
What are the conditions you need to have to feel creative?

Notice how creative experiences effect your life.
Notice your uniqueness, individuality and sense of self. Be aware of
your creativity and your conformity. Enhance your self-inquiry and your
creative discovery.
Open yourself to all your potential.

Creativity Bibliography

Arieti, S. (1976). Creativity; the magic synthesis. New York: Basic Books.

Ghiselin, B. (1952). The creative process. New York: Penguin Books.

Goleman, D, Kaufman, P. & Ray, M. (1992). The creative spirit. New York: Dutton, Penguin Group.

May, R. (1975), The courage to create. New York: Norton.

Sternberg, R. (1988). The nature of creativity. New York: Cambridge University Press.

Harald Gruber

Ausgewählte Ergebnisse aus der Kunsttherapiestudie:
"Systematische Analyse spontaner Bilder von an Krebs erkrankter Menschen"

(Die Studie wurde gefördert von der Gesellschaft zur Förderung der Wissenschaft und Forschung in der Klinik für Tumorbiologie an der Universität Freiburg und der Susan Juch Stiftung-Schweiz)

Zusammenfassung:
Systematische Bildanalysen sind im Blickfeld der unterschiedlichen kunsttherapeutischen Ansätze ein wesentliches Mittel, anhand derer Fragen der nachvollziehbaren Beschreibbarkeit von Bildern diskutiert werden. Der folgende Beitrag beschreibt ausgewählte Ergebnisse der Studie: "Systematische Analyse spontaner Bilder von an Krebs erkrankter Menschen" **Fragestellungen:** Sind systematische Bildanalysen anhand dieses neu entwickelten Instrumentes durchführbar? Zeigen sich in den Bildern der beiden Diagnosegruppen Krebs und Rheuma Unterschiede in den formal – ästhetischen Bildkriterien? **Methode:** Von 90 Patientinnen wurden zwei Bilder in drei verschiedenen Kliniken unter standardisierten Bedingungen erhoben. Jeweils ein ungegenständliches Bild und ein gegenständliches Bild. 162 Bilder wurden ausschließlich anhand eines neu entwickelten Instrumentes von vier verschiedenen Kunsttherapeuten ausgewertet. 18 Bilder konnten in einer Expertenrunde gemeinsam besprochen werden. **Ergebnisse:** Wie die statistischen Auswertungen der Einschätzungen von vier verschiedenen Experten zeigen, sind Bildanalysen mit diesem Instrument gut durchführbar. Die Interrrater Reliabilität beträgt bei den beiden Bildtypen bis zu 80%. Formal – ästhetische Unterschiede zwischen den Diagnosegruppen Krebs und Rheuma wurden sichtbar, sind aber als vorläufig zu betrachten.

Abstract:
Systematic picture analyses are a fundamental method in the scope of various approaches in art therapy, on the basis of which questions concerning the understandable characterisation of pictures are discussed. The following paper describes selected results of the study: "Systematic Analysis of Spontaneous Pictures by Cancer Patients."
Questions Posed: Are systematic picture analyses based on this newly developed instrument feasible? Do differences occur in the formal - aesthetic pictorial criteria in the two diagnostic groups cancer and rheumatism? Method: Two pictures were requested from each of 90 patients in three different clinics under standardised conditions. One non-representational picture and one representational picture each. 162 pictures were then evaluated by four different art therapists solely on the basis of a newly developed instrument. 18 pictures were jointly discussed in an expert conference. Results: As the statistical evaluation of the assessments of four different experts shows, picture analyses are quite feasible with this instrument. The interrater-reliability is up to 80% in both picture types. Formal - aesthetic differences between the diagnostic groups cancer and rheumatism are obvious, should, however, be viewed provisionally.

Einleitung:
Bei chronisch körperlichen Erkrankungen ist es häufig der Wunsch der Patienten
selbst, etwas zu ihrer Gesundung beizutragen (Weis et al. 1998). Verständlich wird
dies unter anderem durch das Wissen um die Schwierigkeit der kurativen Behandlung
von Tumorerkrankungen. In Deutschland ist nach Schätzungen derzeit von insgesamt
(inklusive Hauttumoren) ca. 340 000 neuen Krebserkrankungen pro Jahr auszugehen.
Mit dem Ziel der Heilung werden 55% dieser Menschen primär behandelt, ein tatsächlich kuratives Konzept läßt sich schließlich für etwa 136 000 Patienten umsetzen, so
daß nur etwa 40% aller Neuerkrankungen geheilt werden, während bei etwa 200 000
Patienten jährlich die Behandlung aus rein palliativen Zielsetzungen initiiert werden
(Arends et al. 1997).
Susan Sontag schreibt in ihrem Buch "Krankheit als Metapher" (1977), daß sich hinter
der Metapher Krebs die Nachtseite des Lebens, oder eine eher lästige
Staatsbürgerschaft verbirgt. "Jeder der geboren wird, besitzt zwei Staatsbürger-
schaften: eine im Bereich der Gesunden und eine im Bereich der Kranken. Von an
Krebs erkrankte Menschen werden direkt und unumgänglich mit dieser zweiten
Staatsbürgerschaft konfrontiert und wünschen sich nichts sehnlicher als in das andere
Reich zurückzukehren, oder Hilfestellungen zu erhalten, um sich in dieser anderen
Welt zurechtzufinden und zu orientieren".
Gerade in den kunsttherapeutischen Behandlungsansätzen nehmen wir die
Möglichkeit der "Selbstgestaltung" und "Selbstwahrnehmung" zum zentralen
Ausgangspunkt, um den Patienten bei den Fragen der möglichen Unterstützung des
Gesundungsprozesses hilfreich zur Seite zu stehen. Aldridge (1998) sieht in den
künstlerischen Therapien einen kraftvollen Ansatz, um diesen Prozeß zu unterstützen.
In einer Studie mit dem Titel "Auf der Suche nach Sinn und Hoffnung:
Selbsteinschätzung der spirituellen und existentiellen Bedürfnisse einer ethnisch
gemischten Gruppe von Krebspatienten" die von Alyson Moadel et al. (1998) am
Albert Einstein Cancer Center in New York durchgeführt wurde, konnte zusammen-
fassend festgestellt werden, daß ca. 75% der Patienten sich Hilfe bei ihren spirituellen
und existentiellen Bedürfnissen wünschen. Überraschend war an diesen Ergebnissen
allerdings, daß ca. 30% dieser Patienten mit niemandem über die diesbezüglichen
Bedürfnisse sprechen wollten. Zu überprüfen wäre, ob nicht gerade künstlerische
Medien diese Art der Unterstützung anbieten. Außerdem wäre zu klären, welche
Botschaften Krebspatienten geben und inwieweit diese auch unter Experten kommu-
nizierbar sind.
Vor diesem Hintergrund wurde die im folgenden skizzierte Studie durchgeführt.

Studie:
Systematische Bildanalysen sind im Blickfeld der verschiedenen kunsttherapeutischen
Ansätze eines der wesentlichen Mittel, anhand derer Fragen der nachvollziehbaren
Beschreibbarkeit von den Bildern diskutiert werden (Schütz 1993; Waser 1994;
Hacking 1996). Inwieweit Bilder von an Krebs erkrankter Menschen selbst schon
Hinweise auf das Krankheitsbild geben, ist ein darüber hinaus seit längerem intensiv
diskutierter Forschungsgegenstand (Bach 1995; Herren-Pelzer 1998).

In der von 1998 bis 2000 durchgeführten Studie wurden spontane Bilder von an Krebs erkrankter Frauen und einer Vergleichsgruppe von Frauen mit einer chronischen Polyarthritis untersucht.

Spontan heißt, daß die Bilder ohne irgendeine im engeren Sinne therapeutische Fragestellung entstanden sind.

Es wurden Patientinnen mit in die Studie aufgenommen, die sich für eine Maltherapie innerhalb ihrer Klinik entschieden hatten. Dabei fand keine Vorauswahl im Bezug auf den Krankheitsstatus der Patientinnen statt. Alle Patientinnen erhielten, nachdem sie die ersten beiden Bilder gemalt hatten, Informationen über die Studie und konnten sich daraufhin entscheiden, ob sie ihre ersten beiden Bilder für diese Untersuchung zur Verfügung stellen wollen. In jedem Falle konnten alle Patientinnen ganz regulär maltherapeutisch weiter betreut werden.

Die Patientinnen haben diese Bilder in den ersten beiden Therapiestunden unter sogenannten "standardisierten Bedingungen" erstellt. Alle bekamen eine material -technische Einführung in Bezug auf den Umgang mit Farbe und Papier. Des weiteren wurden sie in der ersten Stunde aufgefordert ein ungegenständliches (freies Bild) zu malen und in der zweiten Stunde ein gegenständliches (thematisches Bild). Dahinter stand für uns die Frage der Unterschiedlichkeit der Bildgestaltung bei einem spontanen, mehr auf die Empfindung bezogenen Gestaltungsimpuls und bei einem spontanen, mehr auf die Vorstellung bezogenen Impuls. Die Art der Ausführung blieb vollständig den Patientinnen überlassen. Auch gab es während des Malprozesses keinerlei Interventionen von Seiten des Therapeuten. Die so entstandenen Bilder sind somit nicht als therapeutische Bilder zu verstehen sondern als Impuls- oder Spontanbilder.

Stichprobe:
Von 90 Patientinnen wurden jeweils 2 Bilder erhoben: Insgesamt also 180 Bilder. Dabei ergab sich folgende Verteilung der Patientinnen auf die drei Krankheitsgruppen:

Mamma Karzinom	n = 33
Gastro - intestinale Tumoren	n = 29
Chronische Polyarthritis	n = 28

Methode:
Die Studie bestand aus zwei Teilen die von unterschiedlichen methodischen Blickwinkeln unter anderem folgende Hauptfragen beleuchten sollten:

1. Sind spontan gemalte Patientenbilder durch verschiedene Experten verläßlich einschätzbar?
2. Gibt es in den jeweiligen Bildern spezifische, formal - ästhetische Phänomene und unterscheiden sich diese zwischen den Bildern von Krebspatientinnen und Bildern von Rheumapatientinnen?

162 der 180 Bilder wurden systematisch anhand eines Beobachtungskatalogs von 4 Expertinnen unabhängig voneinander ausgewählt.

Drei Expertinnen kannten weder die Patientinnen noch deren medizinische Diagnose. Jeweils eine Expertin war die begleitende Therapeutin der Patientin. Alle Expertinnen waren Kunsttherapeutinnen mit langjähriger Berufserfahrung in den jeweiligen Arbeitsfeldern. Sie wurden speziell auf die Handhabung des Beobachtungskatalogs vorbereitet bzw. arbeiteten selbst an dessen Entwicklung mit. Im Verlauf von 1/4 Jahren wurde jeweils eine kleine Anzahl der Bilder den Expertinnen zugeschickt. Die Expertinnen sollten keinen Kontakt über die Bilder zueinander haben und schätzten die Bilder ausschließlich anhand eines Beobachtungsbogens ein.

In einem weiteren methodischen Schritt der Studie fanden sich vier Experten (Kunsttherapeuten und Künstler) in einer Expertenrunde zusammen, um gemeinsam 18 Bilder unter speziellen Fragestellungen zu betrachten.

Erste Ergebnisse zu diesem Untersuchungsansatz sind bereits zusammengefaßt (Gruber et al. 2000) und werden nun in einer weiteren Studie mit einem qualitativen Untersuchungsansatz vertieft ausgewertet.

Der Beobachtungsbogen zur systematischen Einschätzung der Bilder umfaßt insgesamt 7 formal - ästhetische Kategorien:
1. Stofflichkeit (Material)
2. Bearbeitung der Stofflichkeit
3. Strich
4. Form
5. Farbe
6. Komposition
7. Thema

Der Bogen ist in seiner Ausgangsform durch eine Gruppe von Kunsttherapeuten federführend durch E. Frieling entwickelt worden. Um diesen vorbereiteten Bogen auf seine Vollständigkeit und Nachvollziehbarkeit zu überprüfen, wurde er zuerst in eine Expertenbefragung geschickt. Aus den Ergebnissen dieser Befragung konnte dann die endgültige, hier verwandte Fassung dieses Bogens, erstellt werden.

1. Untersuchungsleitfrage:
Zu Beginn der empirischen Auswertung sollte festgestellt werden, inwieweit die 4 verschiedenen Experten (Rater) in Bezug auf ihre jeweilige Einschätzung der Bilder übereinstimmen.

Dazu wurde Gesamtzahl von 245 Einzeltests pro Rater und Bild durchgeführt.

Das nominale Signifikanzniveau (alpha) beträgt dabei 5%. Da auf den selben Datenkörper jeweils 245 Einzeltests angewandt wurden, mußte das Signifikanzniveau nach Bonferroni adjustiert werden. Ein Einzelergebnis war demnach nur dann als statistisch signifikant anzusehen, wenn die Fehlerwahrscheinlichkeit $p < 0,0002$ war. Werte, die zwischen $p > 0,0002$ und $p < 0,05$ lagen, wurden als Werte mit einer mittleren Übereinstimmungsqualität angesehen, Werte $p > 0,05$ als statistisch nicht signifikant.

Interraterreliabilität bei je 4 Ratern (je 245 Einzeltests) für Bild 1 und

Die Mittelwerte der Konkordanzkoeffizienten (Kendall´s W) lagen bei:
Hoch - signifikant (.62); mittel - signifikant (.48); nicht - signifikant (.27)

Mit insgesamt 81% hohen und mittleren Übereinstimmungen bei Bild 1 und insgesamt 77% hohen und mittleren Übereinstimmungen bei Bild 2 erreichten wir eine solide Datenbasis, um weitere Berechnungen anhand unseres Leitfragens bezüglich der verschiedenen Diagnosegruppen durchzuführen. Alle Einzeltests die sich an dieser Stelle als nicht signifikant erwiesen haben , wurden für die folgende Berechnung nicht weiter verwendet.

2. Studienleitfrage:
Inwieweit unterscheiden sich einzelne Items (auf Einzel- und Globalitems) der verschiedenen Diagnosengruppen signifikant voneinander?
Bei einer vorab durchgeführten Faktorenanalyse ergab sich kein sinnvoll zu interpretierendes Ergebnis, so daß alle Berechnungen auf der Ebene der Einzel- und Globalitemanalyse durchgeführt wurden.

88 Items wurden mit in diesen Analyseschritt aufgenommen. Die Anzahl Items ergab sich aus den Ergebnissen der Interraterreliabilität, aufgrund dessen nur noch die signifikanten Items für die weiteren Berechnungen verwendet wurden. Darüber hinaus wurden Itemgruppen aus einzelnen signifikanten Items gebildet, wo dies aufgrund der Differenziertheit der Items sinnvoll erschien.

Einzel- und Globalitemanalyse bei Bild 1 und Bild 2:
Im Vergleich der Bilder der Patientinnen mit einer Tumorerkrankung (Mamma-Ca und Gastro-Ca) mit den Bildern der Patientinnen mit einer

Rheumaerkrankung läßt sich bei 7 Einzelitems jeweils ein signifikanter Unterschied erkennen. Diese Unterschiede liegen im Bereich:

1. Bearbeitung der Stofflichkeit
2. Formenstehung
3. Art der Form
4. Farbe
5. Farbwirkung
6. Komposition
7. Globalitem "Verarbeitung der Stofflichkeit"

Wir bewerten dies als einen ersten Hinweis darauf, daß gemäß der Experteneinschätzung in den ersten (ungegenständlichen) Bildern der Krebspatientinnen wesentliche formal- ästhetische Unterschiede gegenüber denen der Rheumapatientinnen aufzufinden sind.

Bei Bild 2 waren diese Zusammenhänge wesentlich weniger deutlich. Es ergab sich nur bei einem Item ein eindeutig signifikanter Zusammenhang der Krebspatientinnen im Vergleich zu den Rheumapatientinnen. Ansonsten treten nur einzelne Items in den verschiedenen Diagnosegruppen als signifikant unterschiedlich hervor.

Diskriminanzanalysen:
Mit den diskriminanzanalytischen Verfahren wurde berechnet, welche Einzelitems sich am besten eignen um die Diagnosegruppen Tumor oder Rheuma vorherzusagen.

Tab. 2	**Diskriminanzanalyse**	**Bildtyp 1**
	Wilks` Lambda	
Items	Statistic	Sig.
Form: Selbsttätige Formentstehung	.83	0.000
Farbe: "Lichtfarben-, Finsternisfarben"	.71	0.000
Form: Wiederholungen	.62	0.000
Farbe: "kontrastarm, -reich im Hell-Dunkel"	.57	0.000

Es hat sich gezeigt, daß sich anhand von 4 Items die Gruppe der Tumorpatientinnen und die Rheumapatientinnen mit einer Wahrscheinlichkeit von 86,4% richtig bestimmen lassen.

Diese Items entsprechen den Ergebnissen der Einzelitemanalyse in den 3 Diagnosegruppe bei Bild 1. Wir können also davon ausgehen, daß die beiden Diagnosegruppen der Tumorerkrankungen mittels der aufgeführten formal-ästhetischen Kriterien von den Rheumaerkrankungen zu unterscheiden sind.

Tab. 3   **Diskriminanzanalyse**   **Bildtyp 2**

| Items | Wilks` Lambda | |
	Statistic	Sig.
Strich: "dünn / breit"	.89	0.002
Form: "Selbsttätige Formentstehung"	.80	0.000
Farbe: "dem Gegenstand angepaßt"	.74	0.000
Thema: "Tier"	.63	0.000
Strich: "der Bewegung folgend"	.57	0.000
Komposition: "unten betont"	.53	0.000
Formentstehung: "durch abwechselnden Farbauftrag"	.48	0.000
Farbe: "Ton in Ton "	.45	0.000

Auch bei Bild 2 ließen sich mit einer Wahrscheinlichkeit von 90,1% die beiden Gruppen anhand von 8 Einzelitems richtig bestimmen. Durch den hohen Wahrscheinlichkeitswert der richtigen Einschätzung der beiden Diagnosegruppen liegt auch hier der Schluß nahe, daß die gegenständlichen Bilder der Krebspatientinnen von den Bildern der Rheumapatientinnen zumindest rein rechnerisch voneinander zu unterscheiden sind.

Anhand der Einzelitemanalyse bei Bild 1 wird ein deutlicher Unterschied zwischen der Gruppe der Rheumapatientinnen und der Gruppe der Tumorpatientinnen sichtbar. Es liegt somit die Hypothese nahe, daß bei den ungegenständlichen Bildern der Tumorpatientinnen spezifische Gestaltungstendenzen sichtbar werden, die sich von den formal - ästhetischen Kriterien bei den Bildern der Rheumaerkrankungen unterscheiden. Unterstützt wird diese These durch die Ergebnisse der Diskriminanzanalysen in denen anhand von einigen Einzelitems die Gruppen der Tumorerkrankungen und Gruppen der Rheumaerkrankungen mit einer hohen Wahrscheinlichkeit voneinander unterschieden werden konnten. Diese gefundenen Kriterien entsprechen den signifikanten Items der Einzelitemanalyse.

Bei Bild 2 verhält sich dies anders. Aufgrund der Einzelitemanalyse wurden nur wenige Unterschiede festgestellt und diese ermöglichen dann auch nicht wie bei Bildtyp 1 eine Trennung nach den beiden großen Gruppen Rheuma- und Tumorerkrankungen. Hier sind es mehr die Einzelitems in den jeweiligen Gruppen der Tumorerkrankungen und der Rheumaerkrankung, die als deutlich unterschiedlich zu den jeweils anderen beiden Gruppen hervortreten. In den Diskriminanzanaylsen hingegen werden aufgrund einiger Einzelitems die Gruppe der Tumorerkrankungen und die Gruppe der Rheumaerkrankungen sehr deutlich voneinander differenzierbar. Da diese Einzelitems jedoch vorher in der Einzelitemanalyse als nicht signifikant unterschiedlich hervorgetreten waren, betrachten wir die Ergebnisse im Bezug auf Bild-Typ-2 sehr zurückhaltend.

Diskussion:
Mit dieser Studie haben wir den Versuch unternommen, zwei grundsätzlich verschiedene Fragen gleichzeitig zu untersuchen.

1. Gibt es ein Instrument welches die formal - ästhetischen Kriterien von Bildern umfassend ergreift?
2. Gibt es Unterschied in Bildern von Patientinnen mit zwei deutlich verschiedenen chronisch körperlichen Erkrankungen?

Nach den Ergebnissen der Studie zu urteilen, ist es weitestgehend möglich anhand des neu entwickelten Beobachtungsbogens formal - ästhetische Bildkriterien systematisch zu erfassen.
Damit ist eine Grundlage für weitere diesbezügliche Studien geschaffen. Dies erscheint dringend notwendig, da hiermit dem therapeutischen Medium (Bild) selbst, die ihm anstehende Aufmerksamkeit gezollt werden kann.
Darüber hinaus hat diese Studie gezeigt, daß es offensichtlich formal - ästhetische Kriterien gibt, die, auch wenn sie von verschiedenen bildnerisch geschulten Experten beschrieben werden, wiederkehrend sind. Diese Übereinstimmung weist zum einen auf das Vorhandensein spezifischer bildnerischer Kriterien und zum anderen auf deren Erfaßbarkeit hin.
Die Ergebnisse zeigen mögliche Unterschiede in den Untersuchungsgruppen von Krebs und Rheuma (im Besonderen bei den ungegenständlichen Bildern). Wenn wir die gefundenen Kriterien genauer beleuchten, sind dies vor allem solche, die mehr mit dem Gesamteindruck der Bilder verbunden sind. Das heißt, wenn eine solche Unterscheidbarkeit gesehen wird, dann nicht aufgrund einzelner herauszulösender Kriterien, die in ihrer reduzierten Eigenart die Diagnose für ein sogenanntes "Krebsbild" oder ein sog. "Rheumabild" erlauben. Der Eindruck eines Bildes entsteht demnach mehr aus dem Zusammenhang aller formal - ästhetischen Kriterien, die im jeweiligen Bild ihren spezifischen Ausdruck erhalten. Wenn wir Zusammenhänge der Bilder untereinander feststellen, dann nur dadurch, indem wir bereit sind immer wieder das einzelne Bild in seiner künstlerischen Eigenart und Unterschiedlichkeit zu anderen wahrzunehmen.

"Künstlerische Diagnosen" entstehen nicht aufgrund reduktionistischer Kausalität, sondern durch die Entwicklung differenzierter Bildkriterien, anhand derer die Komplexität des jeweiligen Bildgeschehens nachvollziehbar und angemessen beschreibbar wird.

Literatur

Aldridge D: Musiktherapie in der Medizin. Forschungsstrategien und praktische Erfahrungen. Bern: Huber 1999.

Aldridge D: Life is jazz: Hope, meaning and music therapy in the treatment of life threatening illness. Advance in Mind – Body Medicine 1998 14(4) 271-282.

Bach S: Das Leben malt seine eigene Wahrheit. Einsiedeln, Daimon, 1995.

Dreifuss-Kattan E: Praxis der klinischen Kunsttherapie – mit Beispielen aus der Psychiatrie und Onkologie. Bern: Huber, 1986.

Dreifuss-Kattan E: The Psychotherapeutic Significance of Art Therapy in the Treatment of Adult Cancer Patients. Japanese Bulletin of Art Therapy 1988; 19: 89-99.

Dreifuss-Kattan E: Cancer Stories: Creativity and self repair. Hillsdale, Analytic Press 1990.

Frieling E: Diagnostisch- therapeutische Bildbetrachtung. Unveröffentlichtes Manuskript, 1996.

Gruber H, Falkenhagen H, Weis J: Kunsttherapeutische Ansätze unter besonderer Berücksichtigung der Onkologie und systematischen Bildanalyse. Musik-, Tanz- und Kunsttherapie 1998; 9(3): 115-123.

Gruber H, Frieling E, Weis J: Kunsttheraüiestudie: Expertendiskurs zur differenzierten Beschreibung von Bildern von an Krebs erkrankten Menschen. Ein qualitativer Untersuchungsansatz. Musik-, Tanz-, und Kunsttherapie 2000; 11(4): 187-199.

Lichtenthal S: Working with a terminally ill young Adults. Pratt Institute, Creative Arts Therapy Review 1985; 6: 11-21.

Linesch D: Interpretation in Art Therapy Research and Practice: The Hermeneutic Circle. Arts in Psychotherapy 1994; 21(3): 185-195.

Jacobi J: Vom Bilderreich der Seele. Olten, Walter, 1992.

Moadel A, Morgan C, Fatone A, Grennan J, Carter J, Laruffa G, Skummy A, Dutcher J: Seeking meaning and Hope: Self - reportet spiritual and existential Needs among an Ethnically-diverse cancer Patient Population. Psych-Oncology 1999; 8(5): 378-385.

Morgenthaler W: Ein Geisteskranker als Künstler. Bern, Leibzig: Bircher 1921.

McLaughlin D, Carolan R: Types of research; in Wadeson H (ed): A guide in conducting art therapy research. Mundelein, The Art Therapy Association, 1992.

Petersen P: Von der Notwendigkeit der Kunst in der Medizin. Musik-, Tanz- und Kunsttherapie 1993; 4: 220-233.

Salewski U, Gruber H, Weis J: Zur Rolle der Farbe in der Kunsttherapie – Kulturgeschichtliche

Hintergründe, kunsttherapeutische Sichtweisen und aktuelle Forschungsaspekte. Musik-, Tanz, und Kunsttherapie 1999; 10(4): 211-224

Schütz O: Von der Morphographie zur Pathographie – Zur formal-ästhetischen Analyse von Patientenbildern. in Wichelhaus B (ed): Kunsttheorie, Kunstpsychologie, Kunsttherapie. Festschrift für Hans-Günther Richter zum 60. Geburtstag, 1993, 211-219.

Sontag S: Krankheit als Metapher. Frankfurt/ Main: Fischer 1977.

Sourkes B: Truth to life: Art therapy with paediatric oncology patients and their siblings. Journal of psychosocial Oncology 1991; 9(2): 81-96.

Tate F: Symbols in the graphic art of the dying. Arts in Psychotherapy 1989; 6(2): 115- 120.

Wadeson H: Characteristics of art Expression in depression. Journal of Nervous and mental Disease 1971; 153 (3)197-204.

Waser G: Thematisierter Zeichnungstest (TZT) im Vergleich mit dem Freiburger Persönlichkeitsinventar (FPI-R). Habilitationsschrift unveröffentlicht, 1994.

Weis J, Koch U, Matthey K: Bedarf psychoonkologischer Versorgung in Deutschland – ein Soll – Ist – Vergleich. Psychotherapie, Psychosomatik, Medizinische Psychologie; 1998, 48(9-10) 417-424.

Ruth Hampe

Zu Forschungsansätzen und Perspektiven in der Kunsttherapie

Das Feld der kreativ fundierten Therapien ist breit gefächert und hat in den letzten 10 Jahren eine größere Anerkennung erlangt, so daß eine Integration dieser Schwerpunkte an den Hochschulen und Universitäten stattfinden konnte. Verschiedene Pilotprojekte haben dazu geführt, therapeutische Verfahren wie Kunst-, Musik- und Tanztherapie an Kliniken und sozialen Einrichtungen zu integrieren, und zwar nicht allein in Bereichen der Rehabilitation, sondern gleichfalls in der Akutmedizin, Psychiatrie und psychosozialen Versorgung. Unabhängig davon ist das Therapie- angebot in freien Praxen weit gestreut, und immer mehr Patienten favorisieren gestal- terische Verfahren hinsichtlich ihres kreativen Handlungscharakters. In dem Zusammenhang ist eine qualitativ-fundierte Ausbildung und Anerkennung dieses Therapieverfahrens zu gewährleisten, das in seiner Vielschichtigkeit zum einen eine mehr heilpädagogische und zum anderen eine psychotherapeutisch fundierte Ausrichtung trägt und somit eine gewisse Spannbreite aufweist, die es zu bedenken gilt. Die Theoriebildung ist gleichfalls unterschiedlich ausgerichtet – sei es hinsicht- lich eines mehr psychoanalytischen, verhaltenstherapeutischen, gestalttherapeutischen oder pädagogischen Ansatzes, wobei die verschiedenen Schulen ein weiteres Moment dazu beitragen. Auffallend ist dennoch, daß bei dem kunsttherapeutischen Verfahren die Übergänge fließend sind und sie sich gegenseitig befruchten können, bzw. eine einseitige Abgrenzung dem Medium an sich widerspricht.

In Forschungsarbeiten zu Kunst-, Musik- und Tanz- therapie sind spezifische für ihre Arbeitszusam- menhänge passende Me- thoden zu entwickeln, zu- dem können sie sich auf bestehende Forschungs- methoden beziehen und eine Brücke zu den Natur- wissenschaften schlagen. So geht beispielsweise aus den neueren neurophysio- logischen Forschungen (vgl. Singer 1994) mit den immer genauer lokalisier- baren Gehirnfunktionen hervor, daß das limbische System, das eine Verbin-

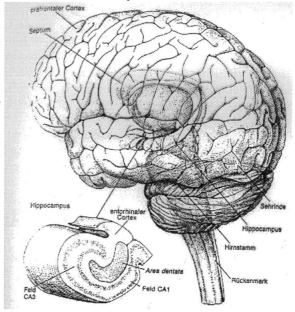

dung zum Hypothalamus herstellt und u.a. die vegetativen Zentren beeinflußt, eine bedeutetende Rolle im Erfahrungs- und Erlebensprozeß bzw. auch für die Ichbildung einnimmt. So geht beispielsweise Antonio R. Damasio (vgl. 2000) von der Hypothese aus, daß das Ich-Bewußtsein seinen Sitz im Kernbereich des Gehirns hat, d.h. im Hirnstamm und im Hypothalamus. Entsprechend hebt auch Gerhard Roth (vgl. 2000; 2001) hervor, daß eine Willensentscheidung vom limbischen System motiviert wird. Die Bahnen, die von den unbewußten Zentren zur bewußtseinsfähigen Großhirnrinde führen, sind viel stärker ausgeprägt als die Bahnen in umgekehrter Richtung. "Bewußte Vorgänge werden daher stark vom unbewußten, limbischen System beeinflußt, haben aber selbst nur gering Einwirkungsmöglichkeiten in die umgekehrte Richtung" (Roth 2000, S. 414). Es ist also das emotionale Gedächtnis, das Handeln bestimmt und für die Veränderung von Handlungen entscheidend ist. Im Rahmen der neurobiologischen Traumforschung wird u.a. von Eckart Rüther (vgl. 2000) ausgehend von einer Untersuchung zur Therapie von Schlafstörungen – also Insomnie-Symptomen - von einer Affekthypothese der Traumfunktion ausgegangen, indem dem REM-Schlaf ein affektives Traumerleben zugesprochen wird, wo neue Formen einer Affektmusterzusammensetzung erprobt werden. In dem Sinne können im Traumerleben Tages- und Lebensereignisse affektiv verarbeitet und spielerisch neue Formen der Alltagsbewältigung gefunden werden, was therapeutisch zu nutzen ist.

Dieser Aspekt der psychotherapeutischen Wirkung einer spielerischen Veränderung von Affektmustern kommt ähnlich wie auf einer Art Tagtraumebene gleichfalls dem ästhetischen Gestaltungsprozeß zu. Auch hier werden im spielerischen Tun neue Handlungsmuster erprobt bzw. über ein affektives Ausdrücken im gestalterischen Prozeß belastende Erfahrungen transformiert und transzendiert. Eine Untersuchung dieser ästhetischen Dimension in der affektiven Erlebnisfunktion kann dazu beitragen, die besondere Wirksamkeit der kreativ fundierten Therapien ähnlich den Traumeffekten nachzuweisen, d.h. in der assoziativen Lockerung der Hirnfunktionen unter der Schwächung der zentralen ordnenden Kontrolle, dem Auflösen affektiver Muster und dem spielerischen Erproben und Erleben neuer affektiver Muster. In Hinblick darauf können wie im Traum ungelöste Konflikte, aber auf der Ebene von Wachtraumphantasien, bearbeitet und affektiv neu durchlebt und verwandelt werden. Zudem können über das ästhetische Erleben andere Gefühlskonstellationen erzeugt werden und damit beispielsweise als kathartisch wirkende emotionale Erlebnisse in Form von Erinnerungen gespeichert bzw. verdrängte und abgewehrte emotionale Erlebnisse wieder bewußtseinsmäßig zugänglich gemacht werden.
Messungen des Hautwiderstandes (über Tachistoskop) oder noch aufwendiger über das Elektroenzephalogramm (EEG), der funktionellen Magnetresonanz-Bildgebung (fMRI-Methode) u.a., wie sie in verschiedenen medizinischen Untersuchungen bereits Einlaß gefunden haben als auch im Rahmen der Werbeindustrie zur Messung des Aktivierungsgrades durch Werbebilder, könnten ergänzend hinsichtlich einer physiologischen Veränderung vor und nach dem gestalterischen Prozeß neben subjektiven Aussagen als Forschungsmittel bedacht werden. Im Rahmen von Forschungsarbeiten zur Wirksamkeit kreativ fundierter Therapien gibt es, wie zur Musiktherapie und

–medizin, verschiedene Forschungsmethoden zur Diagnostik und Therapie. So ist beispielsweise die Musiktherapie ähnlich der Tanztherapie an Bewegungsbeobachtungen orientiert (vgl. Hörmann 1994), und zwar als rhythmisch-energetische Struktur (RES). Eine teilnehmende Beobachtung zum kunsttherapeutischen Geschehen hat auf anderer Ebene beispielsweise Barbara Ball in ihrer Untersuchung des therapeutischen Verlaufes dargelegt, wobei Interaktionen zwischen Therapeut und Klient auf den verschiedenen Ebenen berücksichtigt wurden (vgl. Ball 2000). Biographische Forschungsmethoden in Verbindung mit quantitativen Erhebungen, wie sie im sozialwissenschaftlichen Bereichen eingesetzt werden, bilden weitere Zugangsformen zur Erforschung ästhetischer Prozeßkonstanten. Interessant sind die in den letzten Jahren begonnenen kasuistischen Auswertungen zur Kunsttherapie bei spezifischen Krankheitsbildern, wie Krebserkrankungen, Alzheimer, Schlaganfall u.a. Es ist der Anspruch einer Systematisierung, der ein Verstehen der komplexen Symbolstruktur des ästhetischen Ausdrucks betrifft, sei es im Bildnerischen, Musikalischen oder Bewegungsablauf. Zudem werden Studien mit Kontrollgruppen durchgeführt, wie zur Zeit in England unter Diane Waller, um die Wirksamkeit von Kunsttherapie bei dementen Patienten zu untersuchen, wobei quantitative als auch qualitative Testmethoden einander ergänzen. Eine Untersuchung von Gestaltqualitäten (vgl. Gruber 2000), die die jeweilige Bildgestaltung bestimmen - ähnlich wie aus der Kunstpsychologie bekannt - wäre einzubeziehen. Dies beinhaltet beispielsweise einen Zugang zum Bildlichen, das hinsichtlich von Wahrnehmungsqualitäten weitergehend zu bearbeiten ist.

Das Besondere der Kunsttherapie bzw. Kunstpsychotherapie ist, daß auch das gestaltete Material ausgewertet werden kann bezogen auf Gestaltungsverläufe, Symbolebenen und eine Projezierung des Konfliktes. So haben Hanscarl Leuner und Eberhard Wilke (vgl. 1990) für das katathyme Bilderleben – also eine Tagtraumimagination – die Symbolbildung in der Verknüpfung von Symptom und Konflikt gefaßt. Aus dem Bereich der projektiven Testverfahren, der Entwicklungspsychologie zur Kinderzeichnung, der spontanen Zeichnungen nach festgelegtem Setting u.a. werden des weiteren Standards vorgegeben. Sie als gerichtliches Beweismittel für traumatische Erleb

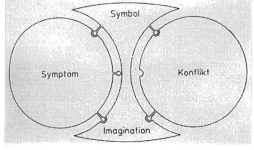

Leuner, Wilke (1990), S.163.

nisse zu nehmen, wird dagegen abzulehnen sein (vgl. Richter 1999). Sie vermögen aber aufzuzeigen, wie das innerpsychische Erleben geprägt ist bzw. woran sich Entwicklungsprozesse festmachen lassen. So hat sich auch gezeigt, daß Trauerarbeit über den bildnerischen Ausdruck anders möglich wird und zum Beispiel bei Mamakarzinom-Patientinnen, eine Schmerzfreiheit und psychische Stabilisierung sowie Entspannung nach dem Gestaltungsprozeß feststellbar ist (vgl. Hampe 1988b). Eine Systematisierung in der Auswertung steht in diesen Bereichen an, um krankheits-

Frauenklinik -
Mammakarzinom

Kinder- und Jugendpsychiatrie -
Familienkonstellation

spezifische Besonderheiten zu belegen. Bereits die Untersuchung des Symboli-
sierungsprozesse in den bildnerischen Gestaltungsformen gibt Aufschluß über die
affektive Bearbeitung von Lebensereignissen in der Aufdeckung und Bearbeitung des
Konfliktes (vgl. Hampe 1999a). Unter dem Gesichtspunkt bedürfen auch die Kunst-
Therapien einer Vernetzung mit anderen wissenschaftlichen Disziplinen – wie bei-
spielsweiser mit der experimentell-klinischen Psychologie, der Neurobiologie und
Psychoneuroimmonologie. In den ausländischen Publikationen (vgl. Art Therapy;
Inscape; Japanese Bulletin u.a.) sind des weiteren Forschungsansätze zu verfolgen, die
sowohl von einer sozio-psychologischen Forschung als auch von der Eigenständigkeit
des ästhetischen Ausdrucks bestimmt sind.

Bildgesgestaltung und Biographie - eine exemplarische Darstellung

Über biographische Studien – wie zur qualitativen Sozialforschung (vgl. Strauss 1994)
- kann eine Rekonstruktion von Lebensereignissen entstehen. Bei Adolf Wölfi, der
über 30 Jahre bis zu seinem Tod in der Psychiatrie verbracht hat, ist beispielsweise

eine kosmogonische Dekonstruktion seines Lebens wahrzunehmen. So hat er in dem Bild "Englisch=Großbritttanische Kolonial=Bezierke. Insel Niezohrn" von 1911 ein traumatisches Lebensereignis als sogenannte "Blut=ta" erwähnt. Das Bild hat die Symbolik von Adolf Wölfli mit seinem Kosename "Doufi" als Kleinkind im Zentrum der "Niezohrn= Süd=Insel" unten, während im Text an verschiedenen Stellen auf die Wiege und auf ein Sittlichkeitsdelikt verwiesen wird. Das aufdeckende Moment in dieser Zeichnung unter Einschluß sprachlicher Texteinfügungen und Lautreimungen kann auf einen Schuldkomplex von Wölfli zurückgeführt werden, als er bei der Bauernfamilie Bieri als 12jähriger Verdingbub untergebracht war und in dieser Zeit das damals 2jährige

Adolf Wölfli „Englisch=Großbritttanische Kolonial=Bezierke. Insel Niezohrn" von 1911

Mädchen Rosali verstarb. Auch Wölflis älterer und namensgleicher Bruder Adolf ist 2jährig verstorben, und Wölfli scheint in seinen Arbeiten mit der Thematisierung der Wiege auf einen Unglücksfall im Jahr 1876, als er 12jährig war, zu regredieren. Der Tod des Kleinkindes, auch Elisabeth wie die Mutter genannt, scheint ein Schlüsselerlebnis für seine späteren versuchten Sittlichkeitsdelikte zu sein, was nach dem Versuch an einen 3 1/2jährigen Kind zu seiner Internierung in die Psychiatrie führte. Es ist die Thematisierung des Griffs in eine Wiege oder wie in den Texteinfügungen "I bi füdla Blut=ta", die seine Regression und wiederkehrenden Versöhnungshandlungen bedingen (vgl. Hampe 1992. S. 170ff.; Spoerri 1998, S.75f.). Die imaginären Reisen, die Wölfli in seinen Bilderzählungen begeht, beziehen sich auf dieses Kleinkindalter mit dem Bestreben nach Harmonisierung und der Herstellung eines Einheitsbezuges zwischen den Geschlechtern. Es ist eine dialektische Beziehung in der Polarität der Bildgestaltungen mit Regression auf das Kindesalter sowie gleichfalls eine imaginäre Vereinigung mit dem verlorenen weiblichen Figuren in sakraler Gestalt (vgl. Hampe. 1990, S. 60ff.).

Fälle wie diese belegen, wie das gestalterische Tun zum einen Lebensinhalt und ein Mittel der inneren Stabilisierung und Harmonisierung werden kann. In der transformierten symbolischen Gestalt des ästhetischen Ausdrucks (vgl. Hampe 1999b) lassen sich affektive Erlebnisinhalte bearbeiten und können re- und dekonstruiert werden.

Ausblick

Da sich therapeutische Methoden des ästhetischen Gestaltens durch Vielschichtigkeit auszeichnen, sind sie bezogen auf das jeweilige Klientel zu spezifizieren sowie auf ihre Wirksamkeit zu untersuchen. Vielfach ist auch die Kreativität und die Empathie der Therapeutin bzw. des Therapeuten entscheidend, um den therapeutischen Prozeß zu tragen und dabei zu helfen, Shifter (vgl. Jacobson 1980; Hampe 1988a) zu übermitteln, die eine Neustrukturierung und Reintegration des Verdrängten und Abgewehrten ermöglichen. Zudem kommt eine Synästhesie in der Aktivierung unterschiedlicher Sinnesqualitäten im kreativ-therapeutischen Prozeß hinzu, d.h. eine z.T. multidimensionale Aktivierung der Sinne und damit Beeinflussung des Leibesbewußtseins. Es ist die besondere Form der Zweihändigkeit, die die kreativen Ausdruckstherapien auszeichnet, und zwar in der Verknüpfung von Kunst und Therapie. Dies betrifft auch die Fundierung der Ausbildung als auch die Entwicklung von Untersuchungsmethoden, was in der Anwendung des Therapieverfahrens zu berücksichtigen ist. Dahingehend erscheint es sinnvoll, eine Vernetzung mit anderen Wissenschaftsdisziplinen vorzunehmen, um eine bessere wissenschaftliche Fundierung der kreativ-therapeutischen Verfahren zur Indikation in unterschiedlichen psychosozialen und psychosomatischen Zusammenhängen u.a. zu unterstützten.

Forschung und Perspektiven im Feld der Kunsttherapie

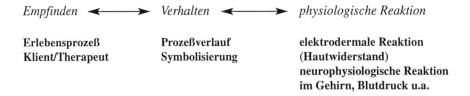

Empfinden ←→	*Verhalten* ←→	*physiologische Reaktion*
Erlebensprozeß	Prozeßverlauf	elektrodermale Reaktion
Klient/Therapeut	Symbolisierung	(Hautwiderstand)
		neurophysiologische Reaktion
		im Gehirn, Blutdruck u.a.

Untersuchungsmethoden

Qualitative Untersuchungsmethoden	Quantitative Untersuchungsmethoden
- Beobachtungsparameter	- Fragebogen zur statistischen Erhebung:
- Narrative Interviews	- Erhebung zu Anmutungsqualitäten
- Projektive Testverfahren	mit 5er oder 7er Skalierung
- u.a.	(Skalierung zur interpersonalen /
	multidimensionalen Beziehung)
	- physiologische Messungen
	- u.a.

Untersuchungsmöglichkeiten bei spezifischen Krankheitsbildern
mit Kontrollgruppe
(nach spezifischen Beobachtungs- und Untersuchungsmethoden)

Rezeptive Kunsttherapie

- Gestaltqualitäten
  (Form, Farbe, Raum, Zeit,
  Thema, Komposition u.a.)
- Anmutungsqualitäten
  (Empfinden wie Ruhe – Hektik)

- narrative Interviews

- RezipientIn

Aktive Kunsttherapie

- Gestaltqualitäten
  (Form, Farbe, Raum, Zeit,
  Thema, Komposition u.a.)
- Prozeßverlauf
  (Verhalten, Gestaltungsfolge u.a.)
- kunsttherapeutische Methoden/Material
- narrative Aussagen
  (Assoziationen, Würdigungen u.a.)
- KlientIn / TherapeutIn

Interaktion

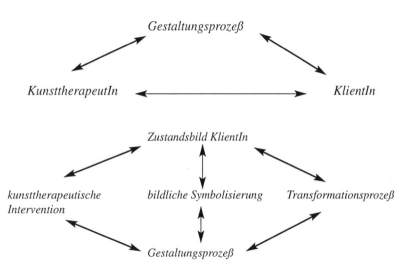

Aspekte der ästhetische Transformation

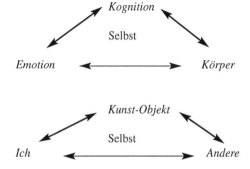

Aspekte qualitativer Untersuchungsmethoden in der Kunsttherapie
(in Anlehnung an Grundlagen qualitativer Sozialforschung)
-   Fallbeschreibung
    (Diagnose, Indikationsstellung, psychotherapeutisches Behandlungsverfahren,
    Behandlungsverlauf u.a.)
-   Teilnehmende Beobachtung zum kunsttherapeutischen Prozeßverlauf
-   Symbolisierungsprozeß
    (Gestaltungsverlauf, Formgestalt, Thematik u.a.)
-   Kunsttherapeutische Methoden
-   Symbolbildung (psychosomatisches Zustandsbild)
-   Fallrekonstruktion mit narrativen Interviews
    (Biographieforschung u.a.)

Abstract: International Research and Cooperation
The field of art-therapies is a quite wide one and received growing acceptance during the last
ten years. So the integration of that subject took place at universities and high schools. Different
kinds of pilot projects have led to the integration of creative therapies like art-, dance- and
music-therapy not only in the field of rehabilitation but as well in general hospitals and psychi-
atric hospitals. In so far a well-founded education in these creative therapies must be guaran-
teed, which has two directions: one which is more on the special educational field and the other
one on the psychotherapeutic field with a wide scale and interaction.
Research work related to creative therapies must deal with specific methods which are related to
their field of work. Besides they can refer to existing methods of researches and build a bridge
towards natural science. For instance new neurophysiological research makes more and more
clear the location of different brain functions and simulate it by using computer graphics. They
have found out that the limbic system which forms a link to the hypothalamus and the vegeta-
tive centres and so on, has an important function for the development of the ego. For example
Antonio R. Damasio (comp. 2000) puts forward the hypothesis that the conscience of the ego
has its location in the core of the brain, that means at the brain stem and the hypothalamus. In
addition Gerhard Roth (comp. 2000) presents the idea that the decision by one's will is motiva-
ted by the limbic system. Consciousness is influenced by the unconscious limbic system on a
wide scale. Therefore the emotional memory determines action and is important for the change
in actions. In relation to the neurobiological research work Ecart Rüther (comp. 2000) puts forward the hypothesis of affects in the state of dreaming by looking at the REM-dream as an
affective dream experience where new forms of affect structures can be explored and tried out.
Thus daily experiences and conflicts can be worked on during the dream on an affective level
and new forms of handling daily affairs can be explored which can be used therapeutically.
In this regard the psychotherapeutic effect of a playful transformation of structures of affect
takes place in the creative process like in a kind of day dream. New models of reactions can be
tried out by using playfully ways and problematic experiences can be transformed and tran-
scended by using affective expressions in a creative process. The examination of this aesthetic
dimension of the affective function of experiences can help gaining evidence for the effective-
ness of creative therapies like they already exist for the function of dreams. That means the
associative loosing of brain functions by reduction of the central control, the unravelling of
affective models and the playful exploration and testing of new affective models. In so far we

are able to solve conflicts like during the dream but on the level of a daydream fantasy and experience the emotions in a new way by transforming them. Qualitative and quantitative methods of research can be used in addition by recognizing the specifics of aesthetic expressions.

Literatur

Art Therapy. Journal of the American Art Therapy Association.

Ball, B. (2000). Integrating, research, practice and theory in art therapy. Manuskript.

Damasio, DA.R. (2000). Wie das Gerhirn Geist erzeugt. In: Spektrum der Wissenschaft Spezial, 1/2000, S.56-61.

Gruber, H./Frieling, W./Weis, J. (2000). Kunsttherapiestudie: Expertendiskurs zur differenzierten Beschreibung von Bildern von an Krebs erkrankten Menschen. In: Musik-, Tanz- und Kunsttherapie 11. Jahrg., H.4, S. 187-199.

Hampe, R. (1988a). Bildliche Symbolisierungsprozesse aus ethnopsychoanalytischer Sicht. In: Sinnliche Erfahrung – KUNST – Therapie. K. Matthies (Hrsg.). Bremen: Univ., S. 183-203.

. (1988b). Kunsttherapie als Krisenintervention. In: R. Hampe (Hrsg.). Aurora II und das Pferd im 4. Stock. Zur Klinischen Kunsttherapie und Integrierten Psychosomatik. Bremen: Univ.

- (1990). Bild-Vorstellungen. Eine kunst- und kulturpsychologische Untersuchung bildlicher Formgebungen. Ammersbek b. Hamburg: Verlag an der Lottbek.

- (1992). Die Thematisierung des Weiblichen in den Bildern Adolf Wölflis. In: Hinterhuber, H./Heuser, M./Sayn-Wittgenstein, O.G. (Hrsg.). Liebe und Depression. Innsbruck: VIP, S.167-174.

- (1999a). Bildgestaltungen in der Kinder- und Jugendpsychiatrie als psychische Verarbeitung einer Krise. In: R. Hampe, D. Ritschl, G. Waser (Hrsg.). Kunst, Gestaltung und Therapie mit Kindern und Jugendlichen. Bremen: Univ.. S. 275-289.

- (1999b). Metamorphosen des Bildlichen. Bremen: Univ.

Hörmann, K. (1994). Praxis der Musik- und Tanztherapie – Diagnostik und Therapie. In: Musik-, Tanz- und Kunsttherapie, 2/94, S. 94-104.

(1999). Psychosomatische Aspekte in der Musikmedizin. In: Musik-, Tanz- und Kunsttherapie. 1/99, S. 6-10.

Inscape. The Journal of the British Association of Art Therapists.

Jacobson, R. (1980). In: Von der Hintergehbarkeit der Sprache. E. Holenstein (Hrsg.). Frankfurt a.M.: Suhrkamp.

Japanese Bulletin of Art Therapy.

Leuner, H./Wilke, E. (1990). Das Katathyme Bilderleben in der Psychosomatischen Medizin. Bern: Huber.

Richter, H.-G. (1999). Sexueller Mißbrauch im Spiegel der Zeichnungen. Frankfurt a.M.: Lang.

Roth, G. (2000).Warum ist Einsicht schwer zu vermitteln und schwer zu befolgen?. In: PÄD Forum 5, 13. Jahrg., S. 410-415.

- (2001). Fühlen, Denken, Handelön. Frankfurt a.M.: Suhrkamp.

Rüther, E./Gruber-Rüther, A. (2000). Traum – Affekt, Spiel, Theorie, Therapie. In: Psycho, 5/00, S. 250-258.

Singer. W. (Hrsg.) (1994). Gehirn und Bewußtsein. Heidelberg: Spektrum Akademischer Verlag.

Spoerri, E. (1998). Adolf Wölfli – Schreiber, Dichter, Zeichner, Componist. In: Adolf-Wölfi-Stiftung Kunstmuseum Bern (Hrsg.). Adolf Wölfli. Basel: Wiese, S.5-95.

Strauss, A.L. (1994). Grundlagen qualitativer Sozialforschung. München: Fink.

Ioan-Bradu Iamandescu und Ovidiu Popa Velea

Projekt einer psychologischen Methode zur Auswahl der musikalischen Stücke in der Musik-Therapie

I. Theoretische Grundlagen

Die wissenschaftliche Forschung hat festgestellt, dass eine Musik, die gute Aufnahme beim Zuhörer findet, viele gesundheitsfördernde (psychische und psychosomatische) Wirkungen hervorbringen kann. Diese günstigen Effekte wirken im Rahmen der Musiktherapie in zwei Richtungen: in eine prophylaktische, die psychische und/oder somatische Entspannung auslöst, und in eine therapeutische Richtung, die zahlreiche und breite Anwendungen auf den Gebieten der Psychiatrie und der Psychosomatik ermöglicht.

Viele Autoren haben den guten Einfluss der Musik auf gesunde Zuhörer beschrieben. (Es gibt einen sehr passenden Ausdruck, der von Luban-Plozza und Mitarbeitern stammt: "Hören mit der Seele"). Prophylaktisch wirkt Musik, die gut aufgenommen wird, gegen den negativen Stress. Bezüglich der zweiten, therapeutischen Wirkung der Musik auf psychosomatische Krankheiten gibt es viele Angaben in der Literatur (1, 2, 4, 5, 6, 7, 8, 9, 10, 12, 13), welche eine regulierende Wirkung auf somatisch–viszerale (auf Eingeweide bezogene) Prozesse behaupten und diese damit begründen, dass einerseits Endorphine (körpereigene Stoffe mit analgetischer und euphorischer Wirkung) ausgeschüttet würden und anderseits die natürlichen Killer Zellen (Natural Killer Cells [NK-Cells]) im Immunsystem angeregt würden. Eine andere immunogenetische Wirkung der Musik beruhe darauf, dass der Kortisolspiegel gesenkt würde. Diese beiden regulierenden Effekte der Musik (Anregung der NK-Cells, Verminderung des Kortisolspiegels) können die Effizienz des Immunsystems dadurch erhöhen, dass der Widerstand des Körpers gegen Infektionen und Zellveränderungen im Sinne des Krebses erhöht wird. In gleicher Weise wie Humor das Leben verlängern könne – heisst es im englischen Sprichwort: "Who laughs, lasts" – postulieren wir das auch für die Musik.

Es gibt mindestens zwei Gesichtspunkte, anhand derer die therapeutische Wirkung der Musik am besten untersucht werden kann: die Vorliebe des Zuhörers für bestimmte Musik und die Eigenschaften der verschiedenen Musikgattungen (wie Unterhaltungs- und ernste Musik; Volks, Symphonie, künstlich generierte Klänge). Wir unterscheiden quantitative und qualitative Eigenschaften wie Tempi, allgemeine Atmosphäre, ferner mit psychischen Zuständen des Zuhörers isomorphe Qualitäten bei der Programm-Musik.

Wir sind der Meinung, dass wir die Musikstücke für Klienten/Patienten nach diesen Gesichtspunkten auswählen sollten. Bisher folgte diese Auswahl kaum wissenschaftlichen Argumenten. Sie ist vielmehr bestimmt von subjektiven Motiven des Therapeuten, von seiner Kultur und von seinen Anschauungen bezüglich Bedeutung und Aufgabe der Musiktherapie. (Eine Ausnahme in dieser Hinsicht ist aus unserer Sicht die Musiktherapeutin Jacqueline Verdeau-Paillès (11).) Auch klinisch neuropsychiatrische Aspekte (z.B. depressive oder autistische Zustände, Schlaflosigkeit, Erregungszustände usw.) sind für viele ein wichtiges Kriterium bei der Stückauswahl in der Musiktherapie. Nach Angaben aus der Literatur (Luban-Plozza und Mitarbeiter, Jacqueline Verdeau-Paillès) sollten Stücke wie "Bolero" (Ravel) eine anregende oder "Claire de Lune" (Debussy) eine entspannende und beruhigende Wirkung haben. Andere Kompositionen wie Klavierstücke von Mompou oder die "Goldberg Variationen" (J.S. Bach) sollen sich bei Schlaflosigkeit bewährt haben.

II. Ziele des Projekts

Unsere Arbeit hat das Ziel, eine Methodologie für die Auswahl der musikalischen Stücke für die Musiktherapie zu entwickeln. Diese Auswahlverfahren stützt sich sowohl auf die Vorliebe des Zuhörers als auch auf Eigenschaften der Musik gegründet.

Mit unserer Forschung beabsichtigen wir nicht, neue Anwendungen in Bezug auf verschiedene klinische Symptome zu finden, also eine Indikationsliste zu erarbeiten. Sie sucht nur nach gewissen Kriterien, um Musikstücke passend zu psychischen und charakterlichen Eigenschaften eines gesunden (potentiell gestressten) Zuhörers auswählen zu können.

Diese "psychische Eigenschaften" des Zuhörers bedingen, so unsere Hypothese, auch seine Vorliebe für eine bestimmte Musik. Weil Patienten mit psychosomatischen Krankheiten zwar gestresste, aber im psychiatrischen Sinne weder neurotisch, noch psychotisch kranke Persönlichkeiten sind, sollen unsere Kriterien auch für diese Menschen gültig sein. Wir sind der Meinung, dass die Musiktherapie nur dann einen guten salutogenetischen (d.h. gesundheitsfördernden) Einfluss auf alle Klienten, ob gesund oder krank, haben kann, wenn die in der Therapie verwendeten Musikstücke richtig ausgewählt werden.

Der Einfluss der Musik ist abhängig von intellektuellen und seelischen Qualitäten des Zuhörers, ferner von seiner Kultur und Erziehung, aber auch von aktuellen Stimmungen (wie Angst, Depression, Erregung, Freude oder Ruhe). Die von der Musik ausgelösten seelischen Prozesse sind immer auch von psychosomatischen Reaktionen begleitet, die wiederum auf das Gehirn positiv oder negativ zurückwirken, d.h. ein feed-back geben. Wir können das so verstehen, dass beispielsweise im Zusammenhang mit guten Musikerlebnissen errinerungsmässig der Eindruck lustvollen Vergnügens festgehalten wird, was später wiederum Einfluss nehmen kann auf musikalische Vorlieben und künftiges Auswahlverhalten.

Daher sehen wir ein erstes Ziel unserer Forschung darin, einerseits anhand der musikalischen Vorliebe eines Probanden nach konstelierenden Persönlichkeitsfaktoren zu suchen, andererseits wollen wir den psychosomatischen Impact, den diese Musik auf ihn ausübt, analysieren. Bezüglich musikalischer Gattungen stellten wir ferner fest, dass wir nur der symphonischen Musik und der Kammermusik grösste therapeutische Wirksamkeit zuschreiben.

Unser zweites Forschungsziel ist, anhand der Vorliebe des Zuhörers nach symphonischen und kammermusikalischen Werken zu suchen, denen die Probanden therapeutischen Wert zuschreiben.

Symphonien und Kammermusik haben viele komplexe musiktherapeutische Eigenschaften: Sie sind in der Lage, im Zuhörer tiefgreifende und differenzierte Ideen und Gefühle auszulösen. Solche Musik vermag unser Meinung nach am besten die Kreativität des Zuhörers zu entwickeln und seine organischen Funktionen ins Gleichgewicht zu bringen. Auch anderen Musikarten – wie der Volks- oder Unterhaltungsmusik – gelingt es zwar auch den Zuhörer zu ergreifen, aber, so denken wir, die Wirkung dieser Musik auf die Seele ist nur vorübergehend und oberflächlich. Zeitgenössische Musik (z.B. "New Age" Musik), die in Psychiatrie und Neurologie therapeutisch auch verwendet wird, scheint eher wie ein "Surrogat" zu wirken.

Die therapeutische Wirkung von symphonischer und kammermusikalischer Musik ist dann besonders stark, wenn die Musik den Zuhörer emotional tief zu bewegen vermag. Letzteres ist unserer Meinung nach abhängig vom intellektuellen Niveau und von seelischen Eigenschaften des Rezipienten und, weiter gefasst, von seiner kulturellen Entfaltung, von Erziehung und Lebensgeschichte. Diese Faktoren tragen dazu bei, dass wir komplexe rezeptive Strukturen aufbauen können, um anspruchsvolle Musik wie Symphonien und Kammermusik verstehen zu können. (Wir gehen allerdings auch davon aus, dass diese komplexen Hirnstrukturen auch angeboren sein können).

Die Vorliebe eines Menschen für gewisse Symphonien und Kammermusik ist, wie bereits erwähnt, einerseits abhängig von persönlichen (intellektuellen und affektiven) Eigenschaften des Zuhörers, andererseits aber von strukturellen (isomorphen, d.h mit der Persönlichkeit des Zuhörers formal und inhaltlich verwandten) Elementen der Musik, die dem Zuhörer "entgegenzukommen", ihm zu ergreifen scheint.

Im Sinne eines dritten Ziels unserer Forschungsarbeit (in Hinblick auf eine Methodologie zur Auswahl musikalischer Stücke für die rezeptive Musiktherapie) werden die Persönlichkeitseigenschaften des Zuhörers untersucht und seine psychosomatischen Reaktionen auf bestimmte Musik, was mit anderen Worten der Wirkung (dem Impakt) entspricht, den gewisse Musik auf den Zuhörer ausüben kann aufgrund isomorpher Qualitäten.

III. Material

A. Die Gruppe der gesunden Probanden (Musikhörer)

Mittels Fragebogen wurde nach Alter, Geschlecht und musikalischen Vorlieben des Probanden gefragt (Unterhaltungsmusik, Volksmusik, Oper, symphonische Musik, Kammermusik und bevorzugte Komponisten.)

Ferner wurden die Probanden nach folgenden Aufnahmekriterien selektioniert:
- *Gesamtzahl:* Wir wollten mindestens 100 gesunde Probanden, je 50 Frauen und 50 Männer, untersuchen. Als Probanden wurden Medizinstudenten und –studentinnen eines zweiten Jahreskurses der Medizin und Pharmazie Universität "Carol Davila" Bukarest ausgewählt. Diese Probanden schienen auch die weiteren Aufnahmekriterien zu erfüllen:
- *Hohes intellektuelles Niveau,* das eine gute Rezeption von symphonischer Musik und Kammermusik befördern kann. Wir sind davon ausgegangen, dass dies auf die Mehrheit der Probanden zutreffen dürfte, auch wenn sie keine besondere Musikerziehung genossen haben.
- *Die Homogenität der Gruppe* dürfte in Bezug auf Altersverteilung (zwischen 20-22 Jahren) und in Bezug auf das intellektuelle Niveau gesichert sein.
- *Introspektionsfähigkeit:* Die Probanden müssen introspektionsfähig sein, um Gefühle und Körperempfindungen mit Hilfe des Musiktests (siehe unter C.1.a und IV.1.) analysieren zu können.
- *Profunde musikalische Erziehung,* die u.a. eine gewisse Vorliebe für bestimmte Komponisten favorisieren könnte, galt als Ausschlusskriterium. (Die aus diesem Grunde ausgeschlossenen Probanden könnten, was geplant ist, zu einer Kontrollgruppe zusammengefasst werden.)

B. Kriterien zur Auswahl der Musikstücke dieser Untersuchung

B.1. *Verlangte Eigenschaften der Musik, respektive der Interpretation:*
- Die Musik sollte nur durch ein Instrument mit breiten Ausdrucksmöglichkeiten und mit einer konstanten Klangfarbe interpretiert sein. (Wir wählten daher Klaviermusik aus.)
- Die Musikstücke sollten formal-inhaltlich kontrastierende Paare darstellen wie: Schnell (Allegro)/Langsam (Andante) und Still (Träumerei)/Stürmisch (Apassionato).
- Die Musik sollte stilmässig entweder eher dem dionysischen Charakter (Beethoven, Schumann) oder eher dem appollinischen (Bach, Schubert) entsprechen.

B.2. *Liste der ausgewählten Musikstücke:*
1. Johann Sebastian Bach, "Jesus bleibt meine Freude" (Choral von cantatus, BWV 747).

2. Johann Sebastian Bach, die letzten Teile ("Presto") aus dem "Italienischen Konzert"
3. Ludwig van Beethoven, das erste Teil aus der Sonata für Piano op.110, in As-Dur (bis zum Takt 84).
4. Ludwig van Beethoven , "Allegretto" aus Sonata op.31/2, "Der Sturm", bis zum Takt 290).
5. Franz Schubert, Impromptu, op.90/2, in As-Dur.
6. Franz Schubert, Impromptu op.90/3, in Es-Dur
7. Robert Schumann, Fantasiestücke op.4/1, "Abends".
8. Robert Schumann, Fantasiestücke op.4/2, "Aufschwung".

B.3. *Spieldauer und Darbietungsform der Musikstücke:*
Jedes der 8 Musikstücke dauert zwischen 2'50" und 3'30". Sie werden, wie nachfolgend beschrieben, den Probanden entweder paarweise (je 2 Stücke vom gleichen Komponisten) oder ein Stück nach dem anderen zu Gehör gebracht.

C. Psychologische Tests

C.1.a. *Musiktest (nach Iamandescu, siehe Absatz IV):*
Dieser Test besteht aus einer Checkliste von Items, die sich auf Gefühle und körperliche Empfindungen beziehen. "Angsterregende" Musik ist beispielsweise mit zunehmender Muskelspannung und mit Tachykardie (gesteigerte Pulsfrequenz) verbunden, während "stille, entspannende" Musik korreliert ist mit zunehmendem Wärmegefühl und dem Gefühl von Entspannung.

C.1.b. *W-Variante (Wagner-Variante) des Musiktests von Iamandescu:*
Die W-Variante wurde von einem der Autoren (Iamandescu) entwickelt, um mittels introspektiver Untersuchung psychische und psychosomatische Erlebnisse der Probanden zu analysieren. (Der Name "Wagner-Varaiante" kommt daher, da die Probanden ursprünglich zwei vom Verfasser ausgewählte, "erregende" Fragmente aus Richard Wagners Opern "Siegfried" und "Götterdämmerung" dargeboten worden waren.) Die Checkliste der W-Variante wird im Rahmen dieser Untersuchung mit den Musikstücken Nr. 1-8 benützt.

C.2. *HAD (Hospital Anxiety Depression) - Fragebogen*
Dieser Test enthält 14 Fragen, die sich auf depressive Symptome und damit verbundene Angstgefühle beziehen und eine Quantifizierung der depressiven Symptome ermöglichen. (Einer nächsten Untersuchung wäre vorbehalten, Musikstücke, die beim Zuhörer Depression und Angst auslösen, nach formal-inhaltlichen Gesichtspunkten und auf dem Hintergrund der Biographie des Komponisten zu analysieren.)

C.3. *Schmiescheck Fragebogen:*
Dieser Fragebogen analysiert mittels 88 Fragen Parameter der Persönlichkeit wie sie Leonhard klassifiziert hat: Dieser unterscheidet u.a. hysterische, anankaste, hyperper-

severierte, hyperimpulsive, hyperthyme, dysthyme, zyklothyme und exaltierte Persönlichkeitszüge.

C.4. *Baum Test (Koch-Storra):*
Dieser (projektive) Test baut auf einer Baumzeichnung (mit standardisiertem Setting) auf, die beschrieben und interpretiert wird. Der Untersucher stellt schliesslich Korrelationen zwischen formal-inhaltlichen Merkmalen der Zeichnung und Persönlichkeitsmerkmalen des Zeichners her. Es sind anhand des zeichnerischen Verhaltens Hinweise möglich in Bezug auf Ich-Entwicklung, Imaginationsfähigkeit des Zeichners, ferner Hinweise auf Reifungsstörungen und Abwehrverhalten.

IV. Untersuchungsverlauf

Die ausgewählte Musik wird im Laufe von 2 Untersuchungssequenzen den Probanden vorgespielt. Nachher kommen die Musiktests und die psychologischen Tests zur Anwendung. Die Untersuchung verläuft nach folgenden Sequenzen, respektive Schritten:

1. Sequenz:
Die Probanden hören ein Musikstück nach dem anderen (Nr. 1-8) und notieren nachher (durch Ankreuzen der entsprechenden Kästchen) auf der Checkliste des Musiktests (W-Variante) ihre Gefühle und Körperempfindungen. Auf diese Weise qualifizieren die Probanden für sich die einzelnen Stücke der Komponisten Bach, Beethoven, Schubert und Schumann

Musiktest/Variante-W (nach Iamandescu)

1. Körperliche Empfindungen
Hitze   O
Kühle   O
Kopfschmerz   O
Kribbeln   O
Herzklopfen   O
Schwindel   O
Zittern   O
Übelkeit   O
Ohnmacht   O
Spannung   O
Atemnot   O

2. Gefühle
a. *Positive*
Ruhe   O
Heiterkeit   O

Sehnsucht	O
Zärtlichkeit	O
Freude	O
Aufschwung	O
Begeisterung	O
Siegesgefühl	O

b. *Negative*

Angst	O
Unruhe	O
Schreck	O
Furcht	O
Schwermut	O
Traurigkeit	O
Verzweiflung	O
Schlimme Vorahnungen	O
Wut	O
Anstrengung	O

2. Sequenz:
Die Probanden hören noch einmal die beiden Musikstücke der Komponisten (Bach, Beethoven, Schubert, Schumann) und benoten jedes der beiden Stücke (Musikstück 1 respektive Stück 2) mit der Note A respektive B. Damit wird die Vorliebe der Probanden für die einzelnen Stücke der Komponisten erfasst.

3. Sequenz:
Jetzt füllen die Probanden die psychologischen Teste (Schmiescheck und HAD) aus und zeichnen für den Baumtest (Koch-Storra) einen Baum mit Bleistift auf ein A4-Blatt

V. Verarbeitung der Ergebnisse

Die Ergebnisse des Musiktests, womit Gefühle und somatische Empfindungen der Probanden erfasst werden, ferner ihre Vorlieben für bestimmte Komponisten respektive Kompositionen werden mit den Ergebnissen aus den psychologischen Tests verglichen. Dazu eignet sich ein Schema wie nachfolgend vorgeschlagen.

Auswertungsschema (Beipiel)

Probanden-Name...Untersuchungsdatum............
Persönlichkeitszüge gemäss Schmiescheck:...
Ergebnis des HAD:...
Ergebnisse des Baum-Tests:..

Komponist	Bach		Beethoven		Schubert		Schumann	
Musikstück	1	2	1	2	1	2	1	2
Benotung								

Positive/negative Gefühle:

+

	Bach 1	Bach 2	Beeth. 1	Beeth. 2	Schub. 1	Schub. 2	Schum. 1	Schum. 2
Ruhe	+					+		+
Heiterkeit								
Sehnsucht								
Zärtlichkeit								
Freude	+					+		
Aufschwung								
Begeisterung								
Siegesgefühl								

-

	Bach 1	Bach 2	Beeth. 1	Beeth. 2	Schub. 1	Schub. 2	Schum. 1	Schum. 2
Angst		+		+				
Unruhe								
Schreck								
Furcht								
Schwermut								
Traurigkeit	+			+			+	+
Verzweiflung								
Schlimme Vorahnungen								
Wut								
Anstrengung		+	+		+			

Körperliche Empfindungen:

	Bach 1	Bach 2	Beeth. 1	Beeth. 2	Schub. 1	Schub. 2	Schum. 1	Schum. 2
Hitze								
Kühle	+		+		+			
Kopfschmerz								
Kribbeln								
Herzklopfen		+				+		+
Schwindel								
Zittern								
Übelkeit								
Ohnmacht								
Spannung		+	+			+		
Atemnot								

VI. Diskussion

1. Anhand dieser Untersuchung versuchten die Autoren, einige objektive Kriterien zur Auswahl geeigneter Musikstücke für die rezeptive Musiktherapie zu beschreiben. Konkrete Resultate dieser Studie liegen noch nicht vor. Es wird allerdings vermutet, dass keine relevanten Korrelationen zwischen Körperreaktionen

(psychosomatischen Impact) und Persönlichkeitseigenschaften gefunden werden können. Wenn sich das herausstellen sollte, müssten entweder andere Musikstücke für diese Studie ausgewählt werden oder es müsste nach anderen Persönlichkeitsvariablen gesucht werden.

2. Falls sich unsere Methode aber als richtig herausstellen und sich relevante Korrelationen zwischen den Vorlieben der Probanden und deren Persönlichkeitsprofilen aufweisen lassen sollten, würden sich daraus einige interessante Aspekte ergeben:
   a. Es wäre möglich, einzelne Musikstücke zu diagnostischen Zwecken zu nützen.
   b. Anhand der Vorlieben der Probanden für gewisse Musikstücke und/oder Komponisten könnte der rezeptiv arbeitende Musiktherapeut angeregt werden, Musikstücke, aber auch Komponisten, die entweder ergänzen oder kontrastieren, für eine weitere Therapie auszuwählen.
   c. Allerdings könnte der Therapeut auch aus dem Persönlichkeitsprofil, das mittels der genannten Tests erhoben wird, direkt auf musikalische Vorlieben des Probanden schliessen.

VII. Auffassung und Bewertung der Ergebnisse

1. Das von uns vorgeschlagene Studium hat versucht, einige objektive Kriterien zur richtigen Auswahl der musikalischen Stücke für die Musiktherapie zu erstellen. Leider besteht die Möglichkeit, keine relevanten Korrelationen zwischen den psychosomatischen Impakt der Musik auf den Subjekt - Zuhörer und den bestimmten Zügen seiner Personalität zu finden. Eine solche Eventualität annulliert den Wert unserer Methode, aber sie suggeriert andere Kriterien – entweder bezüglich der ausgewählten musikalischen Stücke oder bezüglich der psychologischen Variablen.
2. Falls unsere Methode richtig und fruchtbar ist und sie einige relevante Korrelationen zwischen den Vorlieben des Subjekts - Zuhörers und seiner Personalität entdeckt, können diese Beziehungen einige sehr interessante Aspekte hervorheben. Unter diesen Aspekten unterstreichen wir nur folgende:
   a. einige gültige musikalische Stücke (die in unserem Studium vorgestellt wurden) können als eine wirkliche diagnostische Prüfung für die Subjekte der Musiktherapie werden. Die Selektion dieser musikalischen Stücken kann später verbessert werden (von uns oder von andern Verfassern).
   b. Diese Methode gestaltet die Entdeckung mancher Affinitäten der Subjekte – Zuhörer für eine spezielle Art von Musik (Stil, Atmosphäre, Tempo, psychosomatische Impakt), manchmal von einem bestimmten Komponist. Eine solche konstante Affinität, die die Subjekte – Zuhörer im Rahmen aller 4 Paare von musikalischen Stücken demonstrieren, kann den Musiktherapeut orientieren welche anderen musikalischen Werke als Musiktherapie "verschreiben" werden sollen.

c. Umgekehrt, wäre es leichter für den Musiktherapeut den Schmiescheck Fragebogen oder Baumtest anzuwenden, um die Vorliebe eines Subjekts für eine gewisse Art der Musik – ohne eine musikalische Anhörung – zu entdecken. Diese Möglichkeit, mit der Hilfe der psychologischen Tests die passendste Musikart zu "verschreiben" erscheint nur wie eine Folge der Anwendung der Ergebnisse unseres Projekts. Übrigens, haben wir die Methode zu applizieren begonnen und mehr als 60 Studenten des zweitens Jahrgangs der Medizinischen Fakultät (von der Medizinischen und Pharmazeutischen Universität "Carol Davila" von Bukarest) haben eine große Bewunderung für alle 8 musikalische Stücke geäussert, während wir die Verarbeitung der Ergebnisse fortsetzten.

BIBLIOGRAPHIE

1. Harrer, G. – "Grundlagen der Musiktherapie und Musikpsychologie", Stuttgart, 1982.
2. Iamandescu, I.B. – "Impactul psihosomatic al muzicii, premiz_ a muzicoterapiei" ([The psychosomatic impact of music – premise for the music therapy]), in I.B.Iamandescu (ed.) - "Elemente de psihosomatic_ general_ _i aplicat_" [Elements of general and applied psychosomatics], Infomedica Publishing House, Bucharest, 1999.
3. Iamandescu, I.B. – "Musicotest W – Tentative d' evaluation de l'impacte psycho-physiologique de la musique" ([Musicotest W – Attempt of evaluation of music's psycho-physiological impact]), Rev.Roumaine Psychol., 1997, 41, 1, 87-94.
4. Iamandescu, I.B. – "Utilizarea muzicoterapiei la bolnavii chirurgicali" ([The usage of music therapy in surgical patients]), Medicina Modern_, 2000, 7, 3, 127-131.
5. Luban-Plozza, B., Laederach-Hofmann, K., Knaak, L., Dickhaut, H.H. – "Der Arzt als Arznei", Deutscher Ärzte-Verlag GmbH, Köln, 1996.
6. Luban-Plozza, B., Iamandescu, I.B. – "Dimensiunile psihologice ale muzicii. Introducere în muzicoterapie", Ed.Romcartexim, Bucure_ti, 1997.
7. Miluk-Kobasa, B., Obminski, Z., Stupnicki, R., Golec, L. – "Effects of music on salivary cortisol in patients exposed to presurgical stress", Exp.Clin.Endocrinol., 1994, 102 (2), 118-20.
8. Sengenwald, B. – "Grundüberlegung zur Wirkungweise von Musik", Dipomarbeit, Darmstadt, 1995.
9. Spintge, R., Droh, R. – "Musik-Medizin", Fischer Verlag, Stuttgart, 1992.
10. Van Deest, H. – "Heilen mit Musik. Deutscher Taschenbuch", Verlag Thieme, München, Stuttgart, 1997.
11. Verdeau-Paillès, Jacqueline – "Le bilan psycho-musical et la personnalité", Fuzeau, Courlay, 1981.
12. Verdeau-Paillès, Jacqueline, Luban-Plozza, B., Delli Ponti, M. – "La troisième oreille et la pensée musicale", Fuzeau, Paris, 1995.
13. Willems, H. – "Musiktherapie bei psychiatrischen Erkrankungen", Fischer Verlag, Stuttgart, 1975.

SUMMARY

The authors proposed an algorithm for the selection of music pieces, dedicated to relaxing anti-stress music therapy in healthy subjects or in patients with psychosomatic troubles. They solicit to young subjects with a high intellectual level (students for instance) the following operations:

evaluation through the scholar system of marks of some contrasting pieces (as style, tempo, atmosphere) from famous composers (Bach, Beethoven, Schubert, Schumann); the completion of psychological testing (Schmiescheck, Hospital Anxiety and Depression questionnaire and the tree test (Koch-Storra).

In the plan of this psychosomatic impact of music, the study tends to establish the best criteria for selection of the musical pieces, according with the next algorithm:

a) the psychological testing of the subjects (using, on a hand, the Schmiescheck and HAD questionnaires, on another hand the Koch-Storra test);
b) 2 sessions of audition of 8 contrastant musical pieces;
c) the subjects' questioning on their preferences (in symphonic and chamber genre) for a certain composer or for a certain musical style (preclassic, classic or romantic), for a certain tempo (fast or slow) or for a certain atmosphere (shiny, meditative versus heroic, dramatic, etc.);
d) the degree in which music produces bodily sensations (the degree of somatization).

The results are interpreted in the sense of establishing some significant correlation between the personality factors and the nature of subjects' musical preference.
It is considered that through this method (double musical and psychological testing), it is possible to ensure an individual selection of the musical pieces proposed for music therapy.

Tomas Müller-Thomsen

Kunsttherapie bei Patienten mit Alzheimer Demenz

Einleitung

Während in der Vergangenheit kunsttherapeutische Verfahren vorrangig in der Behandlung von neurotischen, psychosozialen, psychoreaktiven – wie beispielsweise bei Krebserkrankungen - oder auch psychotischen Störungen zum Einsatz kamen, entwickelt sich in letzter Zeit ein zunehmendes Interesse und ein steigender Bedarf an künstlerischen Therapieformen für Patienten mit hirnorganischen Erkrankungen. Aufgrund der im Alter zunehmenden Häufigkeit dementieller Erkrankungen sind besonders Ältere hiervon betroffen.

Die Alzheimersche Erkrankung (AD) ist die häufigste Ursache für eine Demenz. Ungefähr 60 % aller Demenzen sind hierauf zurückzuführen. Momentan wird von rund einer Million an AD erkrankten Menschen in Deutschland ausgegangen.
In diesem Beitrag wird zunächst auf das klinische Bild der AD eingegangen. Aufbauend auf dem bisherigen Literaturstand und den spontanen künstlerischen Aktivitäten zweier Patienten aus der eigenen Behandlung, werden dann mögliche Ziele für die Behandlung von Patienten mit Alzheimer Demenz entwickelt.

Die Alzheimer Demenz

Die Alzheimer Krankheit ist eine degenerative Erkrankung des Gehirns, in deren Verlauf es zu einer dementiellen Störung kommt. Art und Ausmaß psychopathologischer Veränderungen hängen in starkem Grad vom Stadium der Erkrankung ab. Die langsam fortschreitende Alzheimer Demenz führt zu einer zunehmenden Verschlechterung der kognitiven und intellektuellen Fähigkeiten. Als erste Symptome treten in der Regel Merkfähigkeitsstörungen und Wortfindungsstörungen auf. Im weiteren Krankheitsverlauf nimmt die Unfähigkeit zu, neue Informationen zu lernen und sich an Informationen, die früher gewußt wurden, zu erinnern. Weiterhin ist das abstrakte Denken sowie das Urteilsvermögen beeinträchtigt. Sehr unterschiedlich hinsichtlich Zeitpunkt und Ausprägung kommt es zu Störungen sogenannter kortikaler Funktionen, was sich darin äußert, daß es zu einer Verschlechterung der Sprach-, Rechen-, oder Lesefähigkeit und zu einem Unvermögen, Handlungsabläufe zu planen und konstruktive Aufgaben richtig auszuführen, kommt. Zusätzlich kann es zu einer Veränderung der Persönlichkeit kommen. Im weiteren Krankheitsverlauf kommt es zu neurologischen Auffälligkeiten, z. B. zum Verlust der Kontinenz und der motorischen Willkürbewegung. Zu psychiatrischen Begleitsymptomen wie Wahnvorstellungen, Halluzinationen oder motorischer Unruhe kommt es häufig mit Fortschreiten der Erkrankung. Depressionen sind das häufigste Begleitsymptom der AD und treten schon zu Beginn der Erkrankung auf, können jedoch auch im weiteren Verlauf oft immer wieder auftreten.

Forschungsstand zur Kunsttherapie bei Alzheimer Demenz

Psychotherapeutische Ansätze in der Behandlung von Demenzen im allgemeinen - und der Alzheimer Demenz im besonderen - hoben bisher in erster Linie auf ein Verhaltensmanagement bei den Betroffenen ab. Vorrangige Behandlungsziele waren hierbei u.a. eine verringerte Unruhe und der Abnahme störenden Verhaltens. Im Vordergrund stand die Psychoedukation der Angehörigen für den besseren Umgang mit den Patienten. Diese Angebote bezogen sich in erster Linie auf Patienten mit schon fortgeschritteneren Krankheitsstadien.

Durch die verbesserten Untersuchungsmöglichkeiten sowie eine zunehmende Enttabuisierung der Alzheimer Demenz in der Gesellschaft wird bei vielen Patienten die Diagnose schon zu einem Zeitpunkt gestellt, zu dem sich die Betroffenen noch gut mit sich und ihrer Situation auseinandersetzen können.

Spezielle therapeutische Ansätze für die Patientengruppe befinden sich erst in der Entwicklung.

In der Kunsttherapie ist es für den Patient möglich, Zugang zu seinem inneren Erleben zu bekommen. Zum einen kann hierüber insbesondere in frühen Stadien der Erkrankung eine Auseinandersetzung mit der Diagnose und der damit verbundenen Verzweiflung erfolgen; zum anderen kann hierdurch auch noch in fortgeschritteneren Stadien ein Zugang zu vergessen geglaubten Gedächtnisinhalten erfolgen.

Die Behandlung des Themenkomplexes Kunsttherapie bei Alzheimer Demenz findet sich in der wissenschaftlichen Literatur erst seit wenigen Jahren.

In einer amerikanischen Arbeit (Wald 1989) wird die Kunsttherapie bei Patienten mit Alzheimer Demenz als wichtiges zukünftiges Arbeitsfeld für Kunsttherapeuten betont. Die einzige deutschsprachige Monographie von Marr (1995), die sich mit diesem Bereich beschäftigt, legt recht differenziert und praktisch orientiert die Arbeitsweise für diese Patientengruppe dar, bezieht sich allerdings auf Patienten in einem schon fortgeschritteneren Krankheitsstadium. In anderen Arbeiten (Espinel 1996, Sandrick 1995, Bonder 1994, Sterritt 1994) wird die allgemein stimulierende Wirkung und die Reduktion von Unzufriedenheit und störendem Verhalten im allgemeinen und die Bedeutung für die Erinnerungstätigkeit im speziellen hervorgehoben.

Fallbeispiele

Fallvignette 1

Als Herr M. das erste Mal in unsere Gedächtnissprechstunde kam, war seine Krankheit bereits relativ weit fortgeschrittenen. Er war freundlich zugewandt, antwortete stockend, mit wenigen, abgehackten Worten und weinte schnell, wenn er etwas ausdrücken wollte und nicht konnte. Eine Anamneseerhebung mit ihm selbst war nicht möglich.

Er ist Elektriker von Beruf gewesen, jetzt 58 Jahre alt. Die ersten Anzeichen der Erkrankung sind vor 5 Jahren aufgetreten. Die Ergebnisse der ersten Untersuchung zeigten ein Syndrom mit Störung der Orientierung, der Merkfähigkeit, der Sprache, des Rechnens und der Visuokonstruktion. Im Mini-Mental-Statustest (MMSE) erreichte er 12 von 30 Punkten und zeigte damit bereits ein als schwer zu bezeichnendes dementielles Syndrom. Das Verständnis und die Verarbeitung verbalen Materials machte ihm Schwierigkeiten.

Die körperliche Untersuchung war unauffällig. In der umfangreichen laborchemischen und apparativen Diagnostik konnte keine spezifische Krankheitsursache festgestellt werden, so daß wir die Diagnose einer wahrscheinlichen Alzheimer Erkrankung stellten.

In der ersten Untersuchung zeichnete er bei der Testung die Figur aus dem MMSE, wie in Abb.1 dargestellt, in einer für Patienten mit fortgeschrittener Alzheimer Demenz typischen Weise.

Bei der 1. Nachuntersuchung nach fünf Monaten (Abb.2) zeichnete der Patient in krankheitsuntypischer Weise über die Vorgabe hinaus. Pathographisch betrachtet bleibt er jedoch an der vorgegebenen Linienstruktur haften.

Bei der 2. Nachuntersuchung (Abb. 3) begann der Patient zwar zunächst die vorgegeben Linien in ihren unterschiedlichen Richtungen zu perseverieren, verfiel dann jedoch in ein kringelbildendes Zeichnen, bei dem er offensichtlich viel Freude hatte.

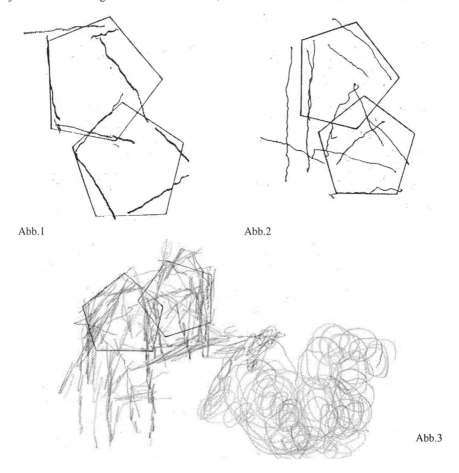

Abb.1   Abb.2

Abb.3

Erst bei der dritten Nachuntersuchung berichtete die Ehefrau des Patienten, daß er auf unser Anraten hin eine Altentagesstätte besucht hatte und dort eine Ergotherapeutin mit ihm angefangen habe zu malen. Er habe daran sehr viel Freude.
Auch nachdem es dem Patienten nicht mehr möglich war, die Tagesstätte zu besuchen, malte er weiterhin auf eigenen Wunsch mit dem Zivildienstleistenden einmal wöchentlich. Er brachte seine Bilder stolz in die Gedächtnissprechstunde mit.

Im weiteren Verlauf besuchte der Patient unsere Betreuungsgruppe, die parallel zur einmal monatlich stattfindenden Angehörigengruppe angeboten wird. Es fiel auf, daß der Patient beim Malen anfing zu sprechen und recht zusammenhängend über sein früheres Leben berichten konnte. Hierbei war immer eine Einzelbetreuung notwendig. Er benötigte in zunehmendem Umfang Hilfe, die Wasserfarbe auf den Pinsel aufzutragen. Er konnte jedoch immer genau sagen, welche Farbe er wollte. Die Art des Malens blieb über die gesamte Betreuungszeit gleich (Abb. 4).

Abb. 4

Fallvignette 2
Frau A. kam 49jährig mit einem mittelschweren dementiellen Syndrom das erste mal in unsere Gedächtnissprechstunde. Im MMSE erreichte sie 16 von 30 möglichen Punkten. Die klinische Diagnose einer präsenilen, familiären Alzheimer Demenz wurde durch laborchemische und bildgebende Verfähren gesichert. Die ersten Symptome in Form von leichten Sprachstörungen traten drei Jahre vor der Untersuchung auf. Sie erzählte, daß sie damals ungefähr zeitgleich einen Malkurs besucht habe und viel Freude am Malen habe. Sie würde aber nur aus freien Stücken

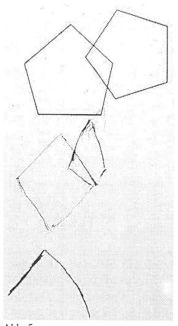

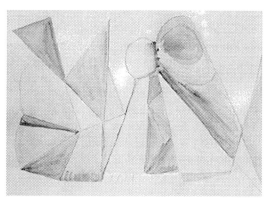

Abb. 6

Abb. 5

malen, auf Aufforderung von Seiten des Mannes oder einer befreundeten Künstlerin könne sie nicht malen. Obwohl sie in der Testung schon deutliche Zeichen einer visuokonstruktiven Apraxie (Abb.5) zeigte, malte sie noch immer eigenständig und mit viel Freude. Auf Aufforderung brachte sie ihre Bildermappe mit zu einem Nachuntersuchungstermin und zeigte sie sehr stolz. (Abb. 6)

Diskussion

Erst in den letzten Jahren hat das Interesse an künstlerischen Therapien bei chronisch degenerativen Erkrankungen zugenommen. Für Demenzerkrankungen liegen für den Einsatz von Kunsttherapie bisher nur wenige Erfahrungen vor

Im Verlauf der Alzheimer Krankheit kommt es neben dem allmählichen Verlust der Gedächtnisleistung zu Defiziten im Bereich kortikaler Funktionen wie z.B. des Lesens, Rechnens, Schreibens und des räumlichen Sehens.

Vom Bereich der primären Sehrinde erfolgen zur weiteren assoziativen Verarbeitung von optisch Wahrgenommenem Projektionen auf die temporo-parietalen Sehfelder (Eccles 1989). Diese Hirnregionen sind bei der Alzheimer Krankheit von einem relativ spezifischen und frühen Untergang der Nervenzellen betroffen. Die Störung visuokonstruktiver Fähigkeiten, wie sie häufig schon sehr früh im Verlauf der Alzheimer Krankheit festzustellen ist, findet hier ein organisches Korrelat.

Wie in den vorliegenden Fallvignetten dargelegt, kommt es trotz einer massiven Beeinträchtigung der visuokonstruktiven Fähigkeiten zu spontanen kreativen Aktivitäten, die zum einen die Lebensfreude über das Gefühl etwas Eigenes zu schaf-

fen erhöht und zum anderen kognitive Fähigkeiten konkret verbessern.
Unter formalem Gesichtspunkt betrachtet, könnten die vom ersten Patienten gemalten Kringel als "biological art" im Sinne von Kellogg (1963) interpretiert werden, die über ihre Beschäftigung mit Kinderzeichnungen herausfand, daß Kinder zwischen zwei und sechs Jahren auf der ganzen Welt gleiche Formen zeichnen. Spiralen und Kringel gehören unter anderen zu diesen. Ähnliche Gestaltungsansätze finden sich jedoch auch bei Patienten in schweren regressiven Zuständen, wie z.b. einer akuten Psychose.
D.h., einerseits kommt es im Verlauf der Alzheimer Erkrankung bei diesem Patienten für den Bereich des Zeichnens - wie für andere Bereiche auch - zu einem Rekurrieren auf kindliche Entwicklungsstufen. Zum anderen werden jedoch Gedächtnis- und Erlebnisbereiche über das Malen aktiviert, die deutlich nicht aus dieser Zeit stammen. Das Malen hat deshalb neben der Freude über das eigene Schaffen einen allgemein aktivierenden Effekt und ermöglicht hierüber häufig den Zugang zu schon verloren geglaubten Fähigkeiten.

Ausblick: Entwicklung der Kunsttherapie für Patienten mit Alzheimer Demenz
Vor dem Hintergrund des dementiellen Abbauprozesses mit Verlust des Gedächtnisses, oft des Sprachvermögens und des planerischen Handeln sind bei der Entwicklung von therapeutischen Zielen vom Therapeuten eine Reihe Besonderheiten zu beachten. Vorrangiges Ziel ist es, einen Rahmen zu schaffen, in dem der Patient den Verlust seiner Fähigkeiten möglichst wenig spürt und die künstlerische Aktivität ihm ein Erfolgserlebnis bereitet.
Als weitere Behandlungsziele sind anzusehen:
- den Zugang zu verschütteten Emotionen zu bekommen,
- das Gefühl von Stolz und Wertschätzung als produktiver Erwachsener zu erleben,
- durch das Schaffen den Zugang zu früheren Lebensabschnitten zu erhalten oder wiederzuerlangen
- einen visuellen Fokus zur Realitätsorientierung und zum Gedächtnistraining zu schaffen,
- für Patienten mit einer dominierenden aphasischen Störung einen nonverbalen, visuellen Zugang der Kommunikation zu ermöglichen und
- durch die Arbeit in Gruppen das soziale Erleben zu fördern und damit einer drohenden Isolation entgegenzuwirken.
Weitere Therapieziele zu entwickeln sollte Aufgabe zukünftiger Untersuchungen sein. Zur Hypothesenbildung sollten sowohl künstlerisch-therapeutische Aspekte als auch medizinisch-pflegerische Verlaufsvariablen in ihrer wechselseitigen Beziehung berücksichtigt werden.

Literatur

Bonder, B.R .(1994) Psychotherapy for individuals with Alzheimer disease. Alzheimer-Disease-and-Associated-Disorders.; 8/SUPPL. 3: 75-81.

Eccles, J.C. (1989) Die Evolution des Gehirns - die Erschaffung des Selbst. Piper: München, Zürich.

Espinel, C.H. (1996) de Koonings´s late colours and forms: dementia, creativity, and the healing power of art. Lancet 347: 10969-98.

Kellogg, R. (1963) Biology of Esthtics. Impulse, Annual of contemporary dance. San Francisco.

Sandrick, K.M. (1995) Art therapy. Passage into their pasts. HospHealthNetw 69(14): 55.

Sterritt, P.F., Pokorny, M.E. (1994) Art activities for patients with Alzheimer's Disease and related disorders. GeriatrNurs 15(3): 155-9

Marr, D. (1995) Kunsttherapie bei altersverwirten Menschen. Beltz. Weinheim.

Wald, J. (1989) Art Therapy for Patients with Alzheimer´s Disease and related disorders. In: H. Wadeson, J. Durkin, D. Perach: Advances in Art Therapy. Wiley. New York, Chichster, Brisbane, Toronto, Singapore.

Tamae Okada and Tamotsu Sakaki

„Family Image Coloring Method"

We will introduce herein „Family Image Coloring Method", a new method utilizing color and coloring to express imagination, emotion and atmosphere easily within the clinical therapeutic setting.

As Clinical Psychologists in Japan, we have tried to have our clients imagine each of their family members in colors to indicate their family. Then, we have had them draw their imaged family member colors into simple figures on a sheet of paper. We ask that the clients keep the figures simple because they are symbolic. This original method is very useful in clinical practice, and we name it „Family Image Coloring Method". Herein, we will explain cases in which this method of psychological therapy has been used.

Psychotherapy Method
Setting
When using this method, we must prepare white sheets of paper, A4 size. Also, crayons, colored pencils, and water paints are prepared for the client's use.

Procedure
This method has two distinct stages. The first stage is the drawing stage, and the second stage is the confirmation of the work done by the client.

1.) The Drawing Stage: Subjects were instructed in how to draw according to the following four steps: (1) White sheets of paper were given to the client. (2) Clients were instructed to imagine their families and choose a color to represent each member of their family as imagined. (3) Clients were asked to imagine each figure in the colors they have chosen. (4) Clients were asked to draw or place their images on the sheet.

2.) The Confirmation Stage: Next, the clients confirmed the meaning of their drawings according to the following three steps: (1) The client is asked to confirm all the figures using questions. (What figure is who?) (2) The client is asked to recognize the similarity of colors, figure sizes and the distances between them. (What is similar? What figure is near?) (3) The therapist might choose to ascertain more clearly about the images drawn through more questions, if deemed necessary.

This method is usually used only after having established a confidential relationship between the client and therapist at an early session. After using this method, the therapist might ask the client about episodes within their family, if possible. Through this method, essential topics for the client can be picked up for future discussion.

Case Studies

Hereafter are three case studies using the „Family Image Coloring Method".

Case 1

This case involves a 12-year-old boy, in the 6th grade in elementary school. We will call him „A". „A" does not answer anything clearly to anyone. At present „A" lives with his father, 38 years old. His grandparents are alive, but they live separately from him and his father. He does not remember his mother as his parents divorced when he was a baby.

„A" has undergone counseling, 40 minutes per session once every week or every two weeks, at the counseling room in his school. „A" has become aware of the individual human being enough to undergo sand play therapy. The therapist used the „Family Image Coloring Method" with him for the first time during the 7th session.

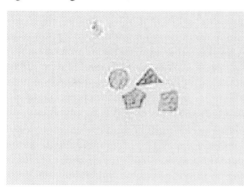

Fig.1 Case 1(on the 7th session)

At first, „A" drew a blue circle as his father, a purple triangle as himself, a red pentagon as his grandmother, and a green square as his grandfather. After „A" made his drawing he gazed at it for a while. Then he exclaimed, „Wholly different!" Up to that time, „A" had not indicated anything verbal except for that saying. The therapist was surprised by the power of his expression. It can be considered that „A" has been emotionally close to his grandmother and that he has needed her. The purple color representing himself was made by „A's" mixing red and blue. This can be an extension of the imagination of himself.

Case 2

This case involves a 19-year-old female, hereafter called „B". „B" is a university sophomore. Her problem centered on her father. Her mother is 51 years old, and she has a 17-year-old sister. Her father died of cancer one week prior to the first session.

Fig.2 Case 2 (The 1st time during the 7th session)

„B" underwent counseling 50 minutes per session, once a week at the student-counseling center at her university. In the early period of the counseling, „B" talked about her inner feelings regarding her father's death. „B" then gradually began to complain about her relationship with her mother, which was behind her father's death. The therapist chose to use the „Family Image Coloring Method" in the 7th, 47th, and 60th sessions.

„B's" mother is indicated by a big pink circle with a black core in a red triangle. The father is a blue circle around the same black core as the mother. This circle is placed on the mother's triangle. The yellow-green image is the younger sister, with half of her figure being placed in her mother's circle. The orange-brown figure is „B".

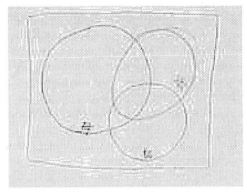

Fig.3 Case 2 (The 2nd time during the 47th session)

Through this drawing, „B" has clearly noticed her relationship with her mother. Her mother's existence is strong, and the relation of the mother and children is what comprises this family. After „B" makes this realization, the counseling sessions shift from the focus of the faher to this new area of „B's" relationship to her mother.

The 2nd session using the „Family Image Coloring Method" occurs about one and a half years after the

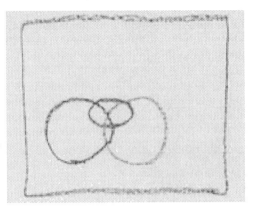

Fig.4 Case 2 (The 3rd time during the 60th session)

first time it was used. „B" used color pencils during this session. „B" drew a large purplish red circle and said this represented her mother. „B" was a small red circle, and her younger sister was expressed as a pink circle. These three circles overlapped each other. Finally, the father was drawn as a blue square, which surrounded the three circles. „B" gradually became independent from her mother, and her father was indicated to be guarding the family.

The third time this method was used occurred seven months after the second time it was used. „B" used crayons in this session. The pink circle was „B", and the red circle was her mother. These two circles were the same size. Her younger sister was a little orange circle. These three circles overlapped each other, and the father's square surrounded the circles as in the previous session.

„B" compared her three drawings. „B" noticed that she became larger, finally becoming the same size as her mother's circle. This was confirmed to the therapist with the

Fig.5 Case 3 (The 1st time during the 24th session)

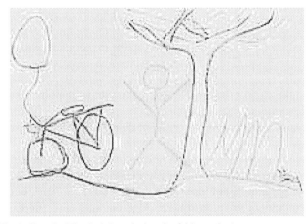

Fig.6 Case 3 (The 2nd time during the 34th session)

following being said: „The imagination of her mother can be changed though the actual mother doesn't change. This means 'getting better'."

Case 3

This case involves a 26-year-old male who is an office worker. He is hereafter called „C". He was easily depressed and sometimes became anxious. He had hopes of having a more „social" personality. „C's" family includes his 58-year-old father, his 54-year-old mother, and a 30-year-old brother who lives separate from the other family members. Counseling sessions were conducted once a week for 50 minutes at a university psychological clinic. „C" has not shown interest in others prior to the sessions, but he began to take interest in human relations in order to get a girlfriend. „C" became aware of his fundamental psychological problem in the relation between himself and his parents. The „Family Image Coloring Method" was used with „C" during the 24th and 34th sessions.

First of all, „C" notched 3 colors, which were red, yellow ochre, and brown, on a sheet to get his mother's color. He drew a hand shape with the brown color. „C" explained, „Mother is the image which always bristles up one's hair and is angry." The yellow notch represented his father, and „C" explained it as follows: „Father is like stagnant

air." His elder brother was a blue arrow. „C" explained, „Brother is quick at flight."
Finally, „C" drew a gray cube as himself. He explained this as, „Gray means I don't
find my color clearly. The cube indicates that I don't move."

We deduced from this situation that „C" has noticed his imagination is not clear and
that there is a need to establish a new relationship with his parent

During this session, „C" has drawn a man as a yellow stick figure at the center of the
sheet of paper. He explained, „It is a feeling which I wanted to release." The tree in
the picture represents his new girlfriend, and he was very comfortable to be under the
tree. „C" has drawn a green notch as his brother, a blue insect as his brother's wife, a
red bicycle as his mother, and an orange balloon as his father. The drawing indicated
that the bicycle would not move by itself. Also, it is interesting to note that the balloon would always follow the bicycle because it was tied on to bicycle. „C", therefore,
has thought to take his parents somewhere if possible.

Analytic terms
There may be many interpretations or viewpoints regarding the drawings which were
drawn to enforce the „Family Image Coloring Method". We think the most important
aspect of this method is that the client notices something from the pictures. It is then
important to make these pictures become the subject during the psychotherapeutic ses-
sion(s).

When the therapist looks at the client's drawing in detail, the following points should
be considered carefully when analyzing the drawings:
1) Color: The color used represents nature, personality, disposition, and emotional
   impression.
   Since individual differences appear in the image of the colors used, it is necessary
   to ask the client about the various colors. Generally speaking, warm colors show
   the tendency and atmosphere where emotion tends to appear on the surface, where-
   as cold colors show the calmness and atmosphere where emotion was stopped. It
   must be noted that the symbolic interpretation of colors can also elucidate other
   implications within various cultures. Thus color interpretation does not necessarily
   transcend cultures.
2) Figures: The figures used represent nature, personalities, and relationship patterns.
   A client expresses an attack of nature in a sharpened form or a symbolical action
   tendency. Since meaning is given to the form of a sign in many cases, it is necessary clarify this with the client. Similarity of character can be seen from the similarity of a color or a form.
3) Size: The size of the figures represents the power of the client's family.
   The person whose influence or presence is strong in the family is drawn in a larger
   size than the other figures. On the other hand, a weak person in the family is drawn
   in a smaller size.
4) Distance: The distance means the psychological distance placed by the client on

the members in his or her family.

When the distance between the forms on the drawn picture is far, this shows that the mental distance is far. When the distance between the forms is close, this means that the mental distance is close.

The theoretical principle and features of the capacity of the „Family Image Coloring Method" can be further explained from the cognitive-psychology viewpoint. However, this report only introduces the capacity of this method through case study presentations, and a more theoretical review of this method will be discussed in a future report.

Conclusion

We have introduced three case studies in which the new method, „Family Image Coloring Method", has been used in psychological therapeutic settings. This method can with the combination of colors and figures help the client indicate more clearly and easily his or her inner imagination of their family. This method does not require any special technique. Little if any burden is experienced on the part of the client, and all in all, this method fosters a more cooperative relationship between the client and therapist. We believe that this method can be used effectively in many various clinical situations.

Tamotsu Sakaki, Yuanhong Ji, Tamae Okada

Color Block Drawing Story Method

Introduction
In relational psychopathology, "patient independence", on which the morbid situation is based, is emphasized. The essence of "the patient independence" is to regard inter-actions with the surrounding world as "pathogenesis", and often pathogenesis is also influenced by the surrounding world.

Based on this kind of theory of relationships, several treatment methods have been developed and used in therapy practice. They include Yellow-Black Alternate Coloring Method and Hue-Black Alternate Coloring Method. The former one is most-ly effective to chronic schizophrenics as often reported by psychiatrists(Takei, 1997).

The essence of these methods is to allow patients to deepen the recognition of them-selves through creative activities instead of attempting to solve the problem directly.

Clinical steps of the therapy have been established especially for the cases of taciturn patients, which cases are suitable for the methods using colors. The method we report in this paper consists of five steps, as described below.

Concrete Process
Material: prepare 12-color watercolors and crayons, and B5 or A4 size drawing papers.

Step 1: Choosing colors
Patients choose several colors freely from the prepared watercolors. Then they drop the colors onto the white drawing paper, and fold the paper in half and then unfold it to make a symmetrical color blot like a Rorschach Test. If color shock occurs at this time, then it would be advisable to move to step 2.

Surprise-box effect of colors:
At this step, we cannot expect what kind of color blot will be made at all. Sometimes, patients feel a strong shock from the unexpected color blot. The word, "surprise-box effect of colors", is termed because patients feel surprised by the strong color stimulus which appears suddenly when the sheets are opened after being piled up from the center. At this time, if the color shock is too strong, the process should move to the next step to reduce the stimulus strength.

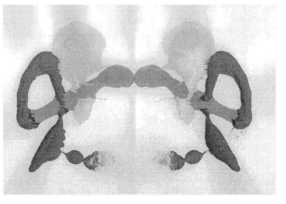

<u>Step 2:</u> Covering with white paper

The blot is covering up with other pieces of white drawing paper in order to reduce the stimulus strength until it is suitable. This step may be omitted when a color shock was not strong in the first step.

Regarding the gestalt changes which are seen at this step:

Through being covered with other white papers, the image will change since the color strength of the blot changes every time a sheet of paper is added. At the same time, gestalt changes can occur, too. When the desirable gestalt for the patient is found, this step can be regarded as finished. A part or the whole gestalt may appear with a large variety. Often, patients say "This is like ..."

These become the beginning of linguistic exchanges in the actual working step. For example, if a patient mutters "this, a dog", then the therapist can respond "So, is this a tail?" Or, the patient says "the dog disappeared, and it became a fish", the therapist answers "what will the dog become when it comes out next time?" then "it became a seal." New discoveries can happen. The importance of this kind of word exchange is well known. Here, the word interchange is brought back to promote the therapy, and then prepare for the next linguistic interaction, which can lead to further exchanges.

<u>Step 3:</u> Projection

Color blots completed in the previous steps are handled like Rorschach Test blots.

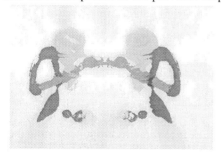 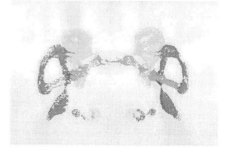

They are relatively fixed at this step when a gestalt is found. Sometimes, however, more than one gestalt can appear by changing the viewing angle. Some gestalts projected by the patient can arise with concrete outlines and meanings.

<u>Step 4:</u> Scene composition

In this step, the patient draws pictures with crayon to fill in details from the response of the Rorschach Test. In other words, scene composition is done using materials from the projection. One scene is composed by adding colors to the existing picture and drawing additional pictures in the white space.

<u>Step 5:</u> Making a story

According to the condition and the intellectual ability of the patient, he or she is asked to create a story from the composed scene. In other words, the scene composition is handled as blots of TAT(Thematic Apperception Test). The problems of a patient can be reflected in the created scene. When a story is told. it can be considered as if a pa-

tient shows himself through the composed scene since the story is created by substituting objects for one's thoughts and experiences. This case, "Two birds stand up on the branch of the tree, and they are talking happily".

One case study is reported here to better illustrate and understand this method.

Case
N boy, condition mutism
N did not respond when the therapist talked to him in the examination room. So, the therapist brought out the drawing papers and watercolors, and proposed the work along the above process.
The boy kept mute but he chose watercolors, and dropped the colors onto the drawing paper without any resistance. Then the therapist fold the paper in half and then unfold it to make a blot. Since the boy was surprised by the strong color momentarily, so the therapist proposed to him to cover other drawing white papers on the blot. After repeating the process three times, he looked into the blot. When prompted by the therapist, he began to draw earnestly what he could see from the blot. When the therapist proposed to him to create a story from the drawing, he wrote the sentences smoothly.
When the blot was made, colors were not dropped haphazardly. It seemed that some images were established first, followed by appropriate colors.
Although the patient never talked to the therapist in the examination room, he began to say his opinions to his parents and to take an interest in other younger brothers and sisters. He responded actively to this process.
As for the treatment following this, he was not required to talk to others in the examination room. In other words, it is a method to make effective communication with patients without using words. In addition, it made the communication with the patient proceed smoothly. As a result, the relationship between the therapist and the patient became more intimate.
If a therapist wants to have communication only through words, then the depth of the relationship will be limited. It is important here that the channel of communication was found without using voice.

Discussion
Let us examine the clinical meanings of the therapy method introduced here.

1) Method of clinical psychology
We consider that there are structures in all psychological matters. The analysis of structure will be achieved only by the condition analysis method. Abstraction is avoided as much as possible during the process, since the structures cannot be analyzed without being but destroyed by the abstraction. In psychology, abstraction should be used only in limited cases.

While psychological phenomena are often caused by particular conditions, stimulus is related to only a few of them. Attempts to derive psychological laws by satisfying only a part of those conditions should be regarded as unscientific.

The psychology we advocate here should not be "S-R psychology", but rather "R-S psychology". However, S in this case is not "stimulus" but "situation." Questions in R-S psychology can be always asked as follows: In what situations can this kind of response be obtained? What are necessary conditions for this kind of phenomena to occur?

Such a way of asking constitutes a remarkable contrast to the current psychology, where questions such as what kind of responses may be caused by the stimulus (not conditions) are asked. There are many differences in the research methods, including techniques and subjects for observers. It can be said that they are in fact opposite to each other. We think this reversal, considering relations closely connected with our daily life, gives a qualification as human science to psychology.

In contrast to the classical thinking of natural science, which tries to relate a result to the causes sometimes inappropriately, our methods emphasize the necessity of phanomenologische Reduktion. Even if there are causes for a result, if there exist other causes behind those causes, then the development of causal theory may have to be stopped. Such demonstrations are required in clinical psychology, and by pursuing them human beings can be understood.

2) A methodological demonstration in the clinical practice
Let us begin with a question about what is the biggest topic in clinical psychology research. The ways in which people to see "object" depend on the "subject" greatly. Therefore, it is not difficult to understand that "the mind of people" cannot be interpreted completely by natural science in general.

It is argued that a subjective factor is important in the field of perception and recognition. In other words, the subjective factor changes structure of the recognition greatly. Therefore, we can come to the conclusion that "systematic control of patient's subjective side only lead to concept of the rules which form the base for the behavior of the subjective factor."

The method reported here can be used to approach the internal thought processes of the patient by structural analysis. It can be achieved mainly by a condition analysis method. In other words, the phenomenological method which handles matters directly is introduced into the field of psychology.

The subject of psychology is "mind", which does not have any substance. Therefore, it is impossible to introduce the methods from natural science which have been developed to deal with substance directly.

However, we do not believe that we always have to depend on the sense and ability of an individual. If clinical psychology cannot share results with other fields, or it cannot be passed to the next generation of psychological therapists and the modern society, it is difficult to claim a position as an academic field. However, it has been true that clinical psychology has not concerned itself very much on this point until now.

So, what kind of research should we think about to achieve this purpose? We should not throw away the subjective story made by patients just because it is subjective. We must try to discover generalizations from stories and apply them to other cases.

3) Interpretation as compared to a Rorschach Test

Let us take an example of a Rorschach test. Rorschach test is conducted by dropping ink onto a white paper and piling up the paper to two sheets from the center, then a symmetrical blot is completed. The patient observes the blot, and is asked for responses by language. There does not exist a correct or wrong answer for what is seen. In other words, the patient expresses what he(or she) sees from the blot by a word or a sentence. Of course, experience of the patient is stored in "the mind" as images, from which the sampling takes place through the ink blot. The problem is conformity between the sampled image and the blot. In other words, what the patient has seen has to be justified. No matter how different phenomena and subjectivity occur to each patient in totally different contexts, the examiners can be convinced of their common structures of recognition by listening to the patients' explanations. If the structures of recognition are different, there would be various inconsistencies in the responses, leading to a singular structure of recognition.

Yuuki criticized quantitification because of its abstraction which destroys the structure of the psychological phenomena. On the other hand, a Rorschach Test explains the recognition structures and processes of responses given by blot and language. In other words, it supports the opinion that the structures of psychological phenomena can be revealed only by the condition analysis method. Therefore, one should not ask "what did you see?" but rather "Why did you see?"

Certainly, as anyone would say "it is a cup" when seeing a cup, there are commonalities in the structures of recognition. This is because people can recognize the same cup by a common recognition function. Furthermore, the name "cup" is only able to recall the image of its substance which has been recognized before.

However, there are no reasons that people have to say it is a cup. For example, it is not essentially wrong for one to calls it a flower, or a life. If a patient says it is a flower when he see a cup, we can think that the patient has a world of considering a cup as a flower in this case. Or, it is the same if it is a life.

Usually, human beings recognize an object by connecting two images in the thinking process: one image is being seen in the sense process, and the other is the one experienced before. We think we should evaluate the "existence structure" represented by the relation of the two processes in each person. In other words, recognition consists of functions of bottom-up and top-down processes working towards each other in a double spiral.

However, difficulties in sharing with other people will occur in the recognition process when there are different functions from usual. Thus, we can regard that the recognition mechanism is controlled by the status of the subject. In other words, Rorschach Test evaluates the degree of adaptation of the response and blot, and predicts the structure of the subject. The subject will represent subjectivity.

4) Story creating and therapy
We have introduced the R-S (reaction-situation) method in experimental psychology, in place of S-R (stimulation-reaction) psychology, which is based on the thinking that a reaction comes after a stimulation.

During the practice of clinical psychology, R-S psychology collects and unifies the responses from patients at various levels. One way of unification is to create a consistent world in the subjectivity by making stories. Even from the inconsistent responses by the patient, consistency can be found through subjectivity. Moreover hints can be found in consistency.

This method is general as a skill, but should be specific in each case. A therapist can try to connect with a patient by using this method. Therefore, it is necessary to verify what can become general and what can become specific. As pointed out by Husserl, it is all right to try to change various elements of the objects which appear from intuitive imaginations. In this way, we can approach the true nature of a subject. In other words, patients try to solve their problems by creating a story of themselves.

Conclusions
The first step can be interpreted as a kind of pre-play without given procedures, as pointed out by Winnicott(1971). The work is easy without any resistance, because the patient cannot imagine what will occur by just choosing the watercolors, dropping the watercolors onto white drawing paper, and fold the paper in half and then unfold it. The second step will be the experience of adjusting the external world through lowering the strength of the stimulus to make the blot easy to project. The third step is a projective method as in the Rorschach test. The fourth step is a constructive method of composing the scene by drawing. Then, finally the fifth step is to integrate the progress by making a story. Since in this method, whichever step is taken, the patient will obtain a feeling of achievement, it can be regarded as a staged method.

The darkness of the mind is thought to increase while values diversify in the modern society. It can be said that everyone begins to question his or her mind. The era of thinking about mental richness of the whole social context by sharing the problems of mind has come. Therefore, it is necessary to consider clinical psychology as a new "human science". This paper presents a method using colors in an attempt to shed new light on the essential goal of clinical psychology.

References

Osanai,M.,& Sakaki,T. (1994). Backgroundof Pathological Expressions By Schizo-
phrenics.XIVth INTERNATIONAL CONGRESS of PSYCHOPATHOLOGY of EXPRES-
SION & ARTS THERAPY-KYOTO

Sakaki, T. & Osanai,M. (1990). Yellow-Black Alternate Coloring Method-A drawing method
for a patient to regain his subjectivity-. Japanese Bulletin of Arts Therapy. Vol.21, No.1, 55-
61.

Sakaki, T. (1994). Hue-Black Alternate Coloring Method(HB Method)-Supplication towards
patients with Elective Mutism and Seclusive Neurosis. Studies in Clinical Application of
Drawing. Vol.IX. 183-199

Sakaki,T.,& Osanai,M.(1997a).A therapeutic Technique-System stepped up from Yellow-Black
Alternate Coloring Method to Integrative Story Making Method-An Art Therapy for
Promoting better Self-Recognition through Sensory-Perceptual Process-AIC Color97 Vol.1.
355-358.

Sakaki, T. (1997b). The Yellow-Black Alternate Coloring Method-Helping patients to regain
this subjectivity-. Hokkaido Education University Emotion Disorders Education Research
Bulletin. Vol.16. 123-131.

Sakaki, T. (1997). Aim a new "human being science" as "subjectivity" science from the responses of patient. Master of the Learning. Separate vol.322. Takarajima Publishing Company.
56-59.

Takei, A. (1997). Use of Yellow-Black and Two-color Alternate for Chronic Schizophrenics.
Japanese Bulletin Of Arts Therapy. Vol.28, No.1, 41-48

Winnicott,D.W.(1971). Playing and Reality

Marie-Daniella du Pasquier

Entre-deux images trouver son image
Art-thérapie dans un contexte scolaire avec des enfants migrants et réfugiés en difficulté.

Ce travail de recherche représente le fruit de réflexions au terme de deux ans de fonctionnement d'un atelier d'art-thérapie dans un contexte scolaire.

Cet espace de création a été mis sur pied au Collège de C. qui est situé dans une commune à forte proportion d'étrangers, dans le cadre d'un projet pilote qui avait pour but de tenter de répondre aux besoins des enfants migrants en difficulté scolaire.

Le développement s'est articulé autour de différents thèmes comme: l'offre actuelle du système scolaire; la problématique liee aux enfants migrants eux mêmes et bien sur le "ressourcement possible" de ceux-ci par l'art-thérapie dans un milieu sécurisant qui leur est propre, l'école.

Le systeme scolaire de Suisse romande

L'amélioration de la situation des enfants de migrants ou de réfugiés préoccupe tous ceux qui sont en contact avec eux. Au travers des recherches pédagogiques traitant de ce sujet ainsi que d' une enquête adressée aux directeurs de collège secondaire de Suisse romande, nous avons voulu savoir dans la réalite des faits ce qui leur a été possible de mettre en place pour venir en aide a ce type de population. Il ressort de l'analyse des questionnaires:

- Une grande proportion des enfants de migrants suivent leur cursus scolaire dans des classes spéciales.
- Les Services Psychopédagogiques scolaires ont de la peine à faire face aux demandes des enseignants submergés par des situations complexes.
- Il y est constaté l'absence de l'expression créatrice dans un but de soin.

Ces enfants représenteront un pourcentage de la société de demain, de nouvelles solutions sont donc à trouver pour venir en aide auprès de ceux dont le parcours souvent chaotique se révèle par un mal-être à l'école.

La situation de l'enfant migrant en milieu scolaire

Qu'est-ce qui caractérise l'enfant de migrant ou de réfugié?

- Le déracinement, la perte, le deuil, la rupture, l'absence de repères.
- Les difficultés identitaires.
- L'entre-deux, l'ambivalence.

- La confusion.
- L'incohérence.
- L'exclusion.

Les enfants de réfugiés ayant vécu la guerre, vivent une situation complexe. S'ajoute aux phénomènes dus à la migration un vécu traumatisant qui porte les couleurs de la douleur, de la frayeur, de la mort, de l'humiliation, de la violence. Ce sont des images envahissantes dont bien souvent ils taisent le vécu.

Apparaissent alors des conséquences psychologiques que l'ont peut déceler par des "indicateurs et révelateurs évoluant à bas-bruit" selon F. Sironi. qui seront par exemple:
• Les difficultés de concentration: être attentif représente un danger pour les enfants qui ne peuvent plus être aux aguets.
• Mais aussi les reviviscences traumatiques: qui se traduisent par différentes peurs ou la perte de la confiance en l'adulte, l'enfant est agaçant, menteur, soupçonneux.
• L'inhibition
• L'agitation
• La violence
• Des techniques de camouflages: ils seront soit insaisissables, soit totalement visibles. Ils parleront de leur pays avec banalité. Ils ne se permettront pas de renoncer à leur faux-self, ni d'étre déprimés." (Mesmin,1971, p. 141)

Les enfants dont l'école représente une possibilité de promotion sociale pour plus tard se trouvent non seulement "mal dans leur peau" mais également plongés dans un univers mental très différent du leur; il leur faudra alors du temps pour s'asseoir, ce qui est incompatible avec le système actuel où il ne leur est pas permis de prendre du retard sans être en échec.

L'enfant de par nature a une créativité débordante, elle est sous utilisée autant à la maison qu'à l'école, utilisons donc ce potentiel créatif comme ressource pour l'aider à se reconstruire.

L'enfant migrant et la création par l'art

Il est difficile de "dire", de raconter son vécu, plusieurs peintres ou écrivains comme Z. Müsic ou J. Semprun se sont exprimés sur l'impossibilité de raconter mais soulignent l'importance de faire de l'expérience vécue un objet artistique pour se recréer.
Bien souvent l'adulte demande à l'enfant: dessine-moi... Il fera alors une œuvre témoin pour l'adulte, ou exprimera sa colère ce qui le soulagera momentanément mais ne permettra pas la résolution des conflits. L' enfant de lui-même ne dessinera pas la guerre ou la maltraitance qu'il a subie, il dessinera la maison d'avant la guerre, les paysages connus quand il était heureux.

Nous avons recherché les différentes méthodes thérapeutiques possibles au travers de l'expression comme les psychothérapies médiatisées, les ateliers d'expression Arno Stern, l'art thérapie.

J-P Klein, art-thérapeute dans les Hôpitaux de Paris exprime bien l'approche que nous avons choisie et qui nous semble la plus appropriée:

"Il n'est pas utile de faire parler les enfants de ce qu'ils ont vécu, ni de le leur faire dessiner. Il vaut mieux suivre l'évolution de leurs dessins vers la couleur, le calme, la vie. Les arbres un jour y seront représentés portant feuilles et fruits et le soleil luira enfin ..." (Klein,1997)

Il poursuit: "C'est donc la transformation au travers de la création qui permet l'évolution de la trace." (Klein 1997)

Nous avons pu constater au cours de notre pratique que l'oeuvre issue des images d'"ici" et de „là-bas" ont permis à la plupart des enfants, avec l'aide de l'art-thérapeuté, de retrouver une cohérence et un sens à leur existence.

C'est pourquoi l'art-thérapie qui utilise la création dans un processus thérapeutique d'une manière symbolique et non-verbale, nous parait être un moyen adapté aux besoins réels des enfants migrants.

Rôle d'un atelier d'art-thérapie dans un contexte scolaire

L'école, mis à part sa fonction éducative représente pour l'enfant migrant "une grande famille"; elle est contenante, elle représente l'enveloppe dont l'enfant a besoin; il y trouve structure, stabilité, continuité et repères.

L'atelier situé dans l'école devrait permettre à l'enfant de préserver les sentiments de sécurité, de confiance, de stabilité qu'il commence à acquérir . C'est normatif, ça fait partie de quelque chose de normal dans l'école. Cela contribue à dédramatiser et à rendre leur situation moins pathologique, à éviter également leur marginalisation.

L'atelier d'art-thérapie est maintenant intégré dans le service psychopédagogique du collège de C. en Suisse romande et l'art-thérapeute fonctionne de la même manière que les autres membres du service (psychologues, logopédistes, psychomotriciennes), aucun traitement ne peut commencer sans l'avis au préalable des parents.

Nous avons suivi pendant 2 années scolaires 21 enfants soit en groupe, soit en individuel. 19 ont vecu l'expérience migratoire.

Et sur les 19, 10 enfants ont subi en plus un traumatisme important comme la guerre, la violence sexuelle ou d'autres maltraitances.

La plupart de ces enfants exprimait leur souffrance à "bas-bruit", comme l'échec scolaire, l'inhibition, l'apathie, le mutisme, les douleurs diffuses, l'absentéisme, l'opposition, l'anxiété.

Pour chacun d'entre eux l'utilisation de leur potentiel créatif dans un but de transformation leur a permis, par exemple, d'élaborer un processus de deuil, d'assouplir un clivage culturel; de révéler un secret, d'exprimer un traumatisme.

Ici le lieu-école a eu toute son importance, en effet un nombre important de ces enfants n'aurait pas bénéficié de soin, soit à cause de la langue, soit que les parents ne peuvent accompagner leurs enfants pour des soins à l'extérieur.

Les classes spéciales ou autres appuis peuvent se révéler inutiles tant que l'enfant est envahi d'images dont il ne peut parler et tant qu'il n'a pu relier les deux mondes qui lui permettront de construire un pont pour entrer dans le monde de l'école sans rien perdre du monde de ses parents. Le rôle ici d'un espace art-thérapeutique au sein de l'école est d'être un lieu entre ces deux mondes, celui des parents et celui des enfants à l'école, entre les coutumes d'ici et celles de là-bas, une "zone intermédiaire" qui représentera un cadre dans un cadre familier dans lequel l'enfant fera l'expérience de la fiabilité et pourra travailler l'expression de soi d'une manière symbolique et non verbale.

Les résultats obtenus au cours des 2 années d'expérience apportent la preuve de son efficacité et démontrent que ces enfants ne sont ni malades, ni inaptes aux études. Par leur reconstruction et leurs ressources retrouvées ils peuvent réinvestir l'école

A l'avenir, il serait important de déceler les indices de mal-être pour entamer assez tôt un travail et ceci à titre préventif.

Alfons Reiter

Paradigmatische Erfassung elitärer Aspekte der Kunsttherapie

Menzen sieht die Kunsttherapie als ein "Fach im Wandel" (1998). Immer deutlicher klage sich in der kunsttherapeutischen Praxis eine Eigenständigkeit der ästhetischen-systemischen Prozesse ein. Petzold mahnt schon 1987: Es sei für die Kunsttherapie dringend notwendig, eigenständige Theorieansätze zu entwickeln, in denen "künstlerisch-ästhetischen wie den therapeutischen Aspekten gleichermaßen gerecht zu werden vermögen" (Petzold, 1987, S. 64). Er fordert die Erarbeitung "einer eigenständigen, Kunst und Therapie verbindenden Anthropologie, Erkenntnistheorie, einer eigenständigen kunsttherapeutischen Persönlichkeitstheorie, Krankheits- und Gesundheitslehre und speziellen Therapietheorie" (Petzold, 1987, S. 64).

Der Raum für eine kreative Gegenstandsuche ist für die Kunsttherapie enger geworden. 1978 meinte Delfino-Baighley (1978, S. 164) noch: "In remaining undefined there are no boundaries for growth. It exists. Perhaps that ist definition enough." Spätestens seit der Grawe-Studie (Grawe et al., 1993) kam auch die Kunsttherapie seitens der Forderungen im Gesundheitswesen unter Evaluierungsdruck. Die Entwicklung im Gesundheitswesen geht dahin, dass in Zukunft nur noch theoretisch und praktisch begründete, wirksame und ökonomische Psychotherapieformen im Rahmen der Grundversicherung berücksichtig werden.

Die Kunsttherapie nützte bisher Konzepte, die ihrem Ansatz nahe stehen wie psychoanalytische und jung'sche Theorien. Dies schaffte Kommunikationsmöglichkeiten und pragmatische Vorteile im klinischen Arbeitsbereich, wo diese Ansätze bereits etabliert waren. Es wurden damit aber nur begrenzt die Dynamik und die Wirkbreite der Kunsttherapie erfasst.
Neben systemischen Ansätzen werden auch von lernpsychologisch-behavioraler Seite der Kunsttherapie Konzepte angeboten. Im Sinne der Grawe-Studie (Grawe et al., 1993) legt E. Neumann (1998) der Kunsttherapie nahe, kognitiv- und lerntheoretische Ansätze in die dynamischen Modelle einzubeziehen, um Kriterien für Wirksamkeit und Effizienz isolieren zu können.

Diese kognitionspsychologische Neuorientierung ist für die Kunsttherapie ein sinnvolles Angebot. Die Kunsttherapie, der die menschliche Kreativität in aller Breite zugrunde liegt, kann und soll sich auch diese Konzepte zunutze machen. Die kognitiv-lerntheoretischen Paradigmen wurden bisher vernachlässigt. Es wird damit Wesentliches in der "Antizipation der Kompetenzgewinnung in symbolischen Probehandlungen" im vorsprachlichen Raum möglich (E. Neumann, 1998, S. 136).
Mit diesen Zielvorgaben ergäbe sich für die Kunsttherapie die Legitimation für ein breites Betätigungsfeld. Sie könnte mit Wirksamkeitsnachweisen aufwarten, die von einer "wissenschaftlichen Psychotherapieforschung" (Baumann, 2000) eingefordert

werden. Verlegt sie ihre Ausrichtung aber zu sehr auf diesen Ansatz, würde sie ihre therapeutischen Möglichkeiten auf Hilfeleistung bei der Korrektur von Wahrnehmungsverzerrenden kognitiven Mustern reduzieren.

Die Kunsttherapie soll sich um die Einbindung der neuesten Erkenntnisse seitens der Kreativitätsforschung, lerntheoretischer-behavioraler Ansatze und quantifizierende Wirksamkeitsstudien bemühen. Sie soll dabei aber nicht auf ihren ureigenen Zugang zum Menschsein vergessen und von diesem Hintergrund her eine eigenständige Theoriebasis entwickeln.

Kreativität gehört wesenhaft zum Menschsein. Alle Ebenen, die in uns hierarchisch aufsteigend ihre eigenen Entwicklungsinhalte und Entwicklungsziele haben, werden durch kreative Systeme geweckt und wollen von diesen realisiert werden. Dies ergibt eine entwicklungspsychologische Hierarchie der verschiedenen Sinne bzw. ästhetischen Zugänge. Sie sind auf eine Ganzheit ausgerichtet und suchen diese, wo sie verloren wurde, durch ihre integrative Natur wieder herzustellen. Die kreativen Kräfte in uns objektivieren damit ein komplexes Bild vom Menschen und ermöglichen uns einen ursprünglichen Zugang zur Menschenbildforschung.

Wo und wie immer die Kreativitätsförderung die Qualität des Menschseins zu verbessern vermag, sind das auch Aspekte der "Kunsttherapie". Sie ist aber mehr. Und das ist nicht bloß ein eitler Anspruch. Sie ist von ihren Wurzeln her elitär. Sie hat Zugang zum Entwicklungswissen unseres "inneren Künstler", zum Wissen aus unserem zentralen Selbst. Die künstlerische Intuition vermag die Zusammenhänge von Leben als Lebenskunst zu begreifen und aus diesem Wissen heraus Entwicklung zu begleiten.

Methodenimmanente theoretische Begründung

Petzold (1987) unternimmt in: "Die "Form" als fundierendes Prinzip der integrativen Kunsttherapie" einen "grundlegenden Versuch", sich den eigentlichen Wirkprinzipien der Kunsttherapie anzunähern: Form und Inhalt werden im therapeutischen Prozess in einer funktionalen Einheit gesehen, wie sich auch das Leben als "beständiger Gestaltungs- und Formgebungs- und damit als Wandlungsprozess darstellt.

Die Konsequenzen daraus für das kunsttherapeutische Handeln: "Wie können wir Mensch helfen, die Prozesse der Lebensmetamorphose so zu gestalten und im Miteinander zu vollziehen, daß sie zu Anamorphosen, zu Neugestaltungen kommen und nicht in Gestaltzerfall " (Petzold, 1987, S. 76), Dekompensationen und Auflösung zerfließen? Wir sollten im kunsttherapeutischen Geschehen formale Prozesse in ihrer Verlaufsdynamik begreifen lernen, um näher an das Leben heranzukommen, denn Bios und Morphe, Leben und "Formen im Fluss" sind als Gestaltbildungsprozesse voneinander nicht zu trennen. Es gehe darum, den Menschen darin zu beleiten, dass er seine Wandlungen will und - nicht zuletzt - um diese zu wissen lernt. Der Prozess "persönlicher Hermeneutik" ist dem Menschen eingewurzelt und gehöre zu seiner Natur. Das "Werde, der du bist"! ist ihm als Lebensimperativ gegeben.

Damit ist die Kunsttherapie nicht nur eine stützende Therapie, sondern sie ist eine Entwicklungsbegleitung sui generis. Sie leitet sich aus den Lebensgesetzen selbst ab. Seitens des Kunsttherapeuten suggeriert dies, dass er um diese Lebensgesetze d.h. um das "Selbstverwirklichungswissen" weiß, zu denen er über seine "künstlerische Intuition" Zugang bekommt. Das sind Aussagen, die vom erweiterten Kunstbegriff gestützt werden.

Postulate eines "erweiterten Kunstbegriffes"

Paul Klee sieht ein neues Künstlertum berufen, um der Entfremdung des Menschen von seinem Wesen entgegenzuwirken: "Berufen sind die Künstler, die bis in einige Nähe jenes geheimen Grundes dringen, wo das Urgesetz die Entwicklungen speist. Da, wo das Zentralorgan aller zeitlich-räumlichen Bewegtheit, heiße es nun Hirn oder Herz der Schöpfung, alle Funktionen veranlasst, wer möchte da als Künstler nicht wohnen? Im Schoße der Natur, im Urgrund der Schöpfung, wo der geheime Schlüssel zu allem verwahrt liegt?" (zit. nach S. Neumann, 1987, S. 18) Weil jeder Mensch mit seinem eigentlichen Wesen dort wohnt, ist jeder Mensch ein Künstler (Beuys, 1991) und kann und soll auf die Botschaft des Lebens aus seinem Ur-Grund zurückgreifen.

In diesem erweiterten Kunstbegriff ist Kunst das, was sich beim Künstler aus der Weisheit des Lebens speist; wenn Kunst im Lebensvollzug aus dem Ursprung entsteht, dann ist , so Beuys, die Kunst die einzige evolutionäre Kraft.

S. Neumann[1] (1987) führt diesen Kunstbegriff originär weiter. Er sieht Kunst und Gesundheit in einem funktionalen Zusammenhang. Eigentliches Künstlertum sei Lebensvollzug aus seinem Ursprung. Dessen Enteignung geschehe im Lern-Netz-Werk als Anpassung an die entäußerten Strukturen des Überflusses, der Technik und Kunstkunst der Neuzeit. "Im Netz-Werk gibt es keinen Ansatz zur Wieder-Aneignung. Diese ist nur im Überstieg zum Ur-Sprung in uns möglich. Dort wartet Kunst" (S. Neumann, 1987, S. 27). Deshalb brauchen wir wieder Künstler, die aus den Ur-Sprüngen des Lebens schöpfen.

Der Mensch sei wie jedes andere Wesen eine Botschaft des Lebens. Im Unterschied zu jedem anderen macht dieses Lebewesen die Botschaft in vielfältiger Weise kund. Eine wesentliche Weise des Lebens für das individuelle Leben des Menschen sei, sich in der Kunde des Lebens zu finden. Dies gelinge nur wenigen Menschen. Denen es gelinge, dies seien Künstler aus Kunst.

Die Auszeichnung der künstlerischen Intuition wird darin gesehen, dass sie zum "inneren Künstler", den jeder in sich trägt, einen besonderen Zugang hat und seine

Kunst aus dem Wissen dieser Instanz schöpft. Für den Kunsttherapeuten ergeben sich damit günstige Voraussetzungen als Entwicklungsbegleiter, soweit er sich selbst von seinem "inneren Künstler" gelenkt in Entwicklung begab.

Zugang zum inneren Entwicklungswissen

Im erweiterten Kunstbegriff wird dem Künstler bzw. dem "Künstler in uns" ein Wissen um die Gesetze der Entwicklung zugeschrieben. Dieses Postulat ergibt die Möglichkeit, mit dem kunsttherapeutischen Zugang eine adäquate Entwicklungslehre zu erarbeiten.

Wie verstehen wir hier Entwicklungswissen? Menschsein aktualisiert sich in hierarchisch aufsteigenden Entwicklungsebenen. Jede Ebene hat ihren Realisationsrahmen, ihre Entwicklungsgestalten, ihre Entwicklungsziele und ist mit entsprechenden Fähigkeiten und Bewältigungsstrategien ausgestattet. Die Ebenen sind einer Ganzheit untergeordnet und stehen untereinander in einer funktionalen Bezogenheit.

Die körperliche Entwicklung bildet den Realisationsrahmen für die psychische Entwicklung. Sie verläuft körperanalog. Die psychische Entwicklung ist uns aus der biographisch orientierten Entwicklungspsychologie und der psychoanalytischen Entwicklungslehre vertraut (Entwicklungslinien des Denkens, Urteilens, Wollens, Wahrnehmens, Ichbewußtheit etc.). Diese körperanaloge psychische Entwicklung ist von der Individuationsebene überlagert. Die körperliche und die psychische Ebene bilden den Realisationsrahmen für die Individuation.

Unter Individuation wird eine ganzheitliche Entwicklung verstanden, in die alle Ebenen der menschlichen Existenz involviert sind. Diese Entwicklung wird von einem Individuationszentrum gelenkt (zentrales, wirkliches, wahres oder ontisches Selbst. Mit der Zeugung beginnt sich dieses Selbst zu verkörpern und bringt sich über die Verflechtungen mit den verschiedenen Ebenen zur Entfaltung (Individuationsgestalt). Das Wissen um diesen Individuationsweg tragen wir in uns. Es wird uns über unsere intuitive Wahrnehmung mitgeteilt (Müller, Seifer, 1994, S. 203f).

Die Individuationsebene (C.G. Jung) wurde bisher nur in Jung'schen Ausrichtungen berücksichtig. Mit dem Boom, den meditative, esoterische und östliche Selbstverwirklichungswege bzw. transpersonale Konzepte (Lewis, 1997) auslösten, wird man auch in der kunsttherapeutischen Praxis für diese Bereiche hellhörig. Und wie es scheint, sind diese gerade für die Kunsttherapie eine wesentliche Dimension.

Beziehen wir die Individuationsebene in das Menschenbild ein, erweitert bzw. verändert sich unsere Sicht. Wir rechnen mit einem Individuationszentrum in uns, dem "inneren Selbst" mit seinen Möglichkeiten und Zielen. Indem dieses nach Selbstverwirklichung strebt, trachtet es danach, dem Bewusstsein den erreichten

Entwicklungsstand aufzuzeigen, um sich auf sein immanentes Ziel hin weiterzuentwickeln (Müller, Seifert, 1994). Der Kunsttherapeut wird zum Helfer des "inneren Künstlers". Er bietet im kunsttherapeutischen Vorgehen ästhetische Medien an, um die inhärenten Entwicklungsziele verwirklichen zu können.

Hier werden wir mit einer Paradoxie des Menschseins konfrontiert. Wir tragen diesen "Künstler in uns". Wir sind es selbst in unserem Wesen. In diesem "wissen" wir um unser Ziel des "Werde, der du bist"! Aber dieses innere Wissen ist auf die Möglichkeiten unseres Ichbewusstseins bzw. auf unsere Bewußtheit angewiesen, um diese Botschaften erst zu begreifen und in unserer Individuation zu realisieren.

Individuationswissen in der Dichtung

Den einzelnen ästhetischen Zugängen wird eine methodische, diagnostische und therapeutische Spezifität zuerkannt. Man geht dabei von dem aus, dass jede Entwicklungsstufe ihre Themen, Ziele und leistungsfähige Bewältigungsstrategien hat. Die verschiedenen ästhetischen Medien haben in diesen ihre Wurzeln. Dadurch können mit ihnen auch wieder die entsprechenden Inhalte therapeutisch erreicht werden.

Dies ergibt für die kunsttherapeutischen Medien eine entwicklungspsychologische Reihung. Mit der Musik-, bzw. Bewegungstherapie können schon vorgeburtliche akustische und Bewegungsengramme ins Erleben gebracht werden. Den bildenden und bildnerischen Medien wird eine Spezifität für symbiotische Themen der frühen Mutter-Kind-Beziehung zugesprochen. Die Poesietherapie erfasst spätere bzw. hierarchisch übergeordnete Ebenen der Entwicklung.

Die ästhetischen Medien haben so eine unterschiedliche Kapazität, die Botschaften aus unserem Selbst aufzunehmen und in das Ichbewusstsein zu transformieren. Die Dichtung scheint dafür am geeignetsten zu sein.[2] Hier bekommen wir viele Facetten von der Realität dieser inneren Instanz und des Wissens über unser eigentliches Wesen präsentiert.

Mit großer Übereinstimmung wird von Dichtern erahnt, daß die bewusste Vorstellung von sich selbst nicht das Eigentliche seiner selbst ist. Henri-Frédéric Amiel spricht dies in seinem Tagebuch an:

Ich fühle, daß alles, was mein ist, sich von mir löst, und daß diese Häutung mit größter Leichtigkeit mir alles, bis auf's Fleisch, bis auf die Glieder, nimmt... Das Zentrum selbst bleibt unveränderlich; alles Übrige, von der Zentrifugalkraft fortgerissen, ist Teil des Nicht-Ich, des äußeren Wirbels, des Flüchtigen, des Scheinhaften, Gleichgültigen.

Diesem Kern sich anzunähern und letztlich diesen Inhalt zu leben, das Selbst, ist die Sehnsucht vieler großer Literaten gewidmet: So Hugo von Hofmannsthal (Ascanio und Gioconda)

> *Was kann ich geben, ohne süßen Kern,*
> *Des inneren, ganz nur Schale, wie ich bin,*
> *Gefühlt mit nimmer ruhendem Verlangen*
> *Von namenloser Sehnsucht bebend?*

Novalis sieht es als höchste Aufgabe diesen Kern zu leben, das er in seiner transzendentalen Qualität erkennt:

> *Die höchste Aufgabe der Bildung ist, sich seines transzendentalen Selbst*
> *zu bemächtigen , das Ich seines Ichs zugleich zu sein.*

Der Dichter leuchtet hinter das Ich, das sich im Spiegel des anderen vielfältig bricht und nicht mehr weiß, wo es in den vielen Ichs der anderen es selber ist. Er legt frei, was hinter den Entfremdungen unseres sozialisierten Ichs steht.

In der Dichtung des Ostens wird nicht nur ein Wissen um das Selbst, sondern die Erfahrung desselben ausgedrückt, wie im folgenden Vers von Shri Ramana Maharshi (Zimmer, 1944, S. 173):

> *Gibt es ein Wissen, das nicht Sein ist?*
> *Das höchste Sein hat seinen Stand im Herzen*
> *Jenseits der Zwiespältigkeit des Denkens.*
> *Es ist das Herz. – Wie kann man darum wissen?*
> *Es wissen heißt: es sein im Herzen innen.*

Den Kulturen des Westens, die im Sinne Decartes die Wirklichkeit identisch mit dem Ichbewusstsein setzen, sind die Erfahrungen aus dem "Sein" nur schwer zugänglich. Dennoch ist diese Dimension auch in unserer Kultur in jedem von uns wirksam. Viele Dichter sprechen sie an. Es sind die zentralen Erfahrung der Mystiker. Im Leben des einzelnen teilt sich diese Dimension des Menschseins im besonderen in Träumen mit.

Individuationswissen in Träumen

Träume wurden immer wieder mit der Dichtkunst in Zusammenhang gebracht. So spricht Stekel in "Die Träume der Dichter" (1912), dass wir im Traum alle zu Dichtern werden. Jean Paol meinte: Der Traum ist unwillkürliche Dichtkunst. Im Traum seien wir alle passiv, rezeptive Dichter (zit. n. Schmid-Hannisa, 1998, S. 219). Novalis betrachtet den Traum als Quelle unendlicher Dichtung. Nietzsche (1967, S. 30) sah im Traum einen Kunstzustand der Natur. Im 20. Jhdt. wurde der Traum als eigenständiges

Kunstwerk behandelt. Hermann Hesse entwickelte   - angeregt durch die Psychoanalyse Freuds und die Gedanken C.G. Jungs - über seine Träume eine "Selbstfindungspoetologie" (Schmid-Hannisa, 1998, S. 208).

In unseren Träumen bekommen wir Entwicklungsbegleitung angeboten; und dies besonders in solchen, die C.G. Jung die "großen Träume" nannte. Unser gewohntes Bewusstsein relativiert sich. Nicht das ist die Realität, die ich mit meinem Ichbewusstsein schaffe, sondern die von meinem inneren Selbst "gewusst" wird. Wir werden mit der Entfremdung des Ichbewusstseins von der Seinsebene konfrontiert. Bisweilen tritt uns der innere Entwicklungsregisseur - wie im Traum 2 - in seiner Autorität selbst zu entgegen:

Der Analysand wird gleichsam von diesem in die Therapie begleitet. Er träumt die beiden Träume hintereinander an mehreren Tagen vor Therapiebeginn.

Traum 1: Ich war in einer Runde von Leuten. Wir übten Memorieren. Wir suchten
        Querverbindungen, mit denen wir Vergangenes aus unserem Leben erinnerten. Das
        ging immer besser. Es war schließlich ein beglückendes Gefühl, das Vergangene in
        so einer Fülle präsent zu haben.

Traum 2: Ich treffe meinen Doppelgänger. Ich stehe selbst vor mir. Dieser andere – ich
        selbst - schaut mich durchdringend an. Bei diesem Blick gibt es kein Tricksen. Er
        sieht und erkennt alles in mir. Es ist anstrengend sich diesem Blick auszusetzen.
        Ich werde wütend, auf dieses alter Ego vor mir; wie mich das klein macht und
        beneide gleichzeitig diesen anderen um seine Klarheit; um dieses Wissen, wie ich
        sein sollte. Das ist so anstrengend, mich dem auszusetzen. Ich erwache. Noch beim
        Aufwachen denke ich: Aber auch der andere bin ich und das beruhigt mich wieder.

Im ersten Traum bereitet er sich auf die Analyse vor, wie er es von seinem analytischen Denken her begreift. Er ist fasziniert, wie dieses assoziative Reproduzieren immer leichter geht. Im zweiten Traum steht das Ich dem inneren Wissen gegenüber. Dieses gilt es aber erst zu begreifen und zu verkörpern.

Welche Barrieren sich dem widersetzen, deutet die Diskrepanz zwischen dem Ichbewusstsein und dem Wissen aus dem Selbst (Doppelgänger) an. Im Traum windet es sich, in den Spiegel der bisher verfehlten Individuation zu schauen. Beim Aufwachen werden die Abspaltungen wieder wirksam. Das Ichbewusstsein bekommt erneut Überhand und heftet sich gleich den weisen Doppelgänger auf seine Fahnen: "Der andere bin ja auch ich".

Es ist ein eindrucksvolles Beispiel, wie mächtig das Ichbewusstsein - trotz all seiner eigentlichen Ohnmacht - auf der Egoebene ist, und welche mühevolle Aufgabe es für den "inneren Weisen" bedeutet, seine Botschaften auf die Bewusstseinsebene zu bringen.

In einem weiteren Traum ein Beispiel, wie dieser innere Entwicklungsregisseur Chancen für anstehende Entwicklungsschritte wahrnimmt und sie uns anbietet:

Eine künstlerisch begabte Studentin sprach mich nach einer Vorlesung ("Künstlerische Medien als Therapie") an. Sie habe einen Traum gehabt, der sie ermutige, eine Psychotherapie zu beginnen.

Traum 3: Es ist wie in einer Mathematik-Schularbeit. Ich kann keine Aufgabe lösen und komme in Not. Ich gebe die Blätter ab, ohne eine Aufgabe gewusst zu haben. Der Professor ist sehr freundlich, ermutigt mich und sagt: Eine Aufgabe ist dabei, die könne ich mit Bildern lösen. Er will mir gerne noch Zeit geben. Ich soll es noch einmal versuchen. Ich werde merken, wenn ich diese eine Aufgabe mit Bildern gelöst habe, dann werde ich auch die anderen Aufgaben lösen können. Dann sah ich noch ein Datum aus nächster Zeit ganz klar vor mir. Ich habe noch nie ein Datum so klar geträumt. Das dürfe ich nicht übersehen.

Der innere Regisseur tritt der Träumerin freundlich und hilfsbereit entgegen. Die zur Lösung anstehenden "Entwicklungsaufgaben" sind mit Ängsten besetzt; wie hier in einer Mathematikschularbeit im Traum. Mit dem logisch-schlussfolgernden Denken sind diese Aufgaben nicht zu lösen. Er ermutigt sie, es mit einem intuitiven Weg zu versuchen. Dieser sei der richtige Einstieg zur anstehenden Entwicklungsarbeit. Und er gibt ihr weitere Zeit, um die Aufgaben zu lösen. Aber es wird ihr auch klar mitgeteilt, sie habe nicht endlos Zeit. Die Zeit dafür ist limitiert. Sie bekommt dadurch den Anstoß zu handeln und beginnt eine Psychotherapie.

In solchen "großen Träumen" bekommen wir Einsicht in das Wirken des "Künstlers in uns"[3]; nach C.G. Jung der Archetyp des "alten Weisen". Wie es gerade notwendig erscheint, teilt er sich entweder in seiner Autorität selbst mit oder verweist uns szenisch auf die Diskrepanz der verschiedenen Ebenen und auf die entsprechenden ontogenetischen Entwicklungsabschnitte, wo unsere Individuation angehalten bzw. die Ganzheit zurückgelassen werden musste (Reiter 1999).

Individuationswissen im bildnerischen Ausdruck

Im letzten Traum wird der Träumerin geraten, es mit ihren bildnerisch-künstlerischen Zugang zu versuchen. Sie werde damit nicht nur diese Aufgabe, sondern auch andere lösen können. Es ist die Therapiehoffnung der Kunsttherapie, die sich zum überwiegenden Teil des bildenden und bildnerischen Ausdruck bedient.

Künstler schätzen die selbsttherapeutische Kraft ihres Schaffens. Sie betreiben Kunsttherapie in autodidakter Weise. Sie gingen beim "Künstler in uns" in die Lehranalyse. Die Erfahrungen daraus führten nicht zuletzt zur Entwicklung der kunsttherapeutischen Methoden.

Im folgenden ein Beispiel, wie sich der innere Entwicklungsregisseur einem künstlerischen Menschen in einer Lebenskrise weise mitteilt.

Der Künstler (38) wird zum Zeichnen gedrängt, ohne zu wissen, was entstehen soll. Sein Kommentar dazu: "Das Bild formte sich von innen heraus. Ich musste es zeichnen. Den Inhalt kann ich nicht zuordnen. Ich weiß nur, es muss etwas ganz Wichtiges bedeuten. Seit diesem Bild habe ich keine Ruhe, kann kaum schlafen, bin wie getrieben. Etwas ist passiert, das mit diesem Bild zusammenhängt. Es ist ein wichtiger Schritt fällig. Der Schlüssel dazu ist in diesem Bild. Das weiß ich. Aber was? Verrückt! Ich zeichne es selbst und kapiere nichts."
In therapeutischen Gesprächen kann er das "begreifen", was er mit einem anderen Wissen längst weiß. Folgende Interpretationen legen sich aus der Biographie und den Daten aus dem therapeutischen Prozess nahe:

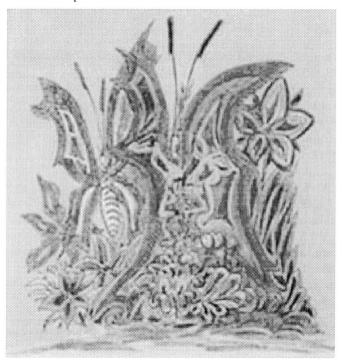

Der Schmetterling im Vordergrund setzt sich aus drei Teilen zusammen. Sie ergeben eine thematische Einheit. Der rechte Flügel ein Gesicht mit geschlossnen Augen, mit dem Ausdruck des Wunsches, sich der andere Seite hinzugeben. Die linke Hälfte ebenfalls ein Gesicht: Die Augen sind auf den anderen gerichtet, die Lippen geschlossen. Dazwischen der Kopf des Schmetterlings. In Hintergrund links ein blauer Schmetterling. Zwischen den beiden Flügeln unten ein Raupenkopf in üppiger Umgeben.

In der aktuellen Lebenskrise aktiviert sich eine nicht bewältigte ödipale Entwicklung. Diese konnte in der Pubertät nicht nachgeholt werden. Sie drängt jetzt in der Lebensmitte als Krise umso ummittelbarer zur Auflösung.

Die Wahl des Symbols "Schmetterling" legt die Annahme einer Individuationsthematik nahe. Schmetterling steht symbolisch für die Metamorphose von Wandlung als Tod und Wiedergeburt. Sein "innerer Künstler" weiß um die Entwicklungsdefizite, die sich in der negativen ödipalen Entwicklungsgestalt verdichten.

Dominiert wird die Szene durch die linke Schmetterlingshälfte. Ein weibliches Gesicht, mit verführerischen Lippen. Die Augen sind auf die Gestalt rechts gerichtet. Es ist ein jugendliches Gesicht mit geschlossenen Augen, das in erotischer Bedürftigkeit auf die anderen Lippen gerichtet ist. Zwischen beiden Hälften (oben) ist der Kopf des Schmetterlings sichtbar. Er wirkt wie ein Zuschauer aus dem Hintergrund.

Psychoanalytisch gesehen ist die ödipale Trias als Konfliktgestalt vollständig. Die phallisch dominante Mutter, die den Sohn emotional an sich bindet. Im Hintergrund der ödipale Vater.
Er befindet sich auf der vertikalen Achse des Bildes. Eine zentrale Stelle. Und er ist auch maßgeblich für ein Gelingen der ödipalen Entwicklung. Bei einem schwachen Vater ist es für den Sohn schwer, sich aus der Bindung einer phallischen Mutter zu lösen. Er bleibt emotional an diese gebunden.

Im Bild ist das Wissen um den Inhalt und die Wurzeln der aktuellen Lebenskrise gestaltet: Es fand auch hier eine Metamorphose zum Schmetterling statt. Er (links) ist blau, schön gezeichnet, mit einem auffallend großen Körper. Raumsymbolisch ist er auf der passiven, der Vergangenheit zugewandten Seite festgehalten. Die progressive Entwicklungsbewegung (Diagonale von links unten nach rechts oben) ist durch die Mutterhälfte blockiert, wodurch er sich erst gar nicht mit dem ödipalen Vater auseinander zusetzen braucht. Er ist von der phallischen Mutter vereinnahmt. Die Bindung zu ihr bleibt in einer blinden Bedürftigkeit erhalten.

Die Metamorphose zum Schmetterling endete in einer Entwicklungssackgasse. Der schöne blaue Schmetterling wirkt gläsern, nicht lebendig. Symmetrisch gegenüber auf der rechten Seite eine Paradiesblume. Sie ist - sehr wahrscheinlich - ein Äquivalent des blauen Schmetterling[4]. Durch die Bindung an die phallischen Mutter ist nur Raum für eine narzisstische Daseinsweise, eingesponnen in die eigene Großartigkeit. Beziehungswünsche sind von Verschmelzungswünschen mit vorödipalen Mutterimagines dominiert. In dieser Krise flüchtet er in einen prägenitalen, oral äußerst bedürftigen Zustand, auf das ein markantes Symbol verweist: Auf der vertikalen Symmetrieachse unten zwischen beiden Schmetterlingshälften ein Raupenkopf. Die Raupennatur, von oraler Gier getrieben, steht im Entwicklungszyklus weit am Beginn.

Der Zeichner bekommt im Bild Anleitung, die Entwicklungskrise zu lösen. Die Schritte dazu sind auf der vertikalen Symmetrieachse aufsteigend angeordnet. Ganz unten die Raupe, darüber die Bindung an die phallische Mutter, überragt vom Vaterthema. Das Raupenstadium kann nur aufgegeben werden, wenn die Bindung an die phallische Mutter (an die reale wie auch in Übertragung in seinen bisherigen Beziehungen) erkannt wird und er sich von ihr abgrenzt. Diese wird nur möglich werden, wenn er sich mit seinem Vaterthema (bzw. dessen heutigen Repräsentanten) auseinandersetzt.

Der zentrale Schmetterling symbolisiert eine negative ödipale Entwicklung: Die phallische Mutter und ihr Sohngeliebter. Der Vater, ein Zuschauer aus dem Hintergrund. In dieser Disposition gab es keinen "Elternschmetterling", kein gleichwertiges Elternpaar als Entwicklungsbegleiter für das Kind (Raupe). Der Künstler wird von seinem inneren Wissen angeleitet, die Mutterbindung zu erkennen. Dabei wird er auf sein Vaterthema stoßen. Der schwache Vater, der selbst noch an seine Mutter gebunden ist, konnte sein Kind nicht aus der mütterlichen Bindung herausführen. Kann der Zeichner die Entwicklungsdefizite seiner Eltern und die Delegationen daraus an ihn erkennen, wird für den blauen Schmetterling der Weg nach rechts in die Entwicklungsprogression frei.

Es überrascht immer wieder, wie in spontanen Bildgestaltungen ein weises "Entwicklungswissen" verdichtet einfließt. Der Zeichner wird zum Gestalten von einer inneren Kraft gedrängt. Was er aber aus sich heraus "weiß", muss er erst mit seinem Ichbewusstsein begreifen.

Wie im 2. Traum kann uns auch auf der bildnerischer Ebene die Instanz unserer Individuation, das Selbst, in symbolischer Gestalt begegnen: in Mandalas. Es wird von Jung als Symbol für die Einheitswirklichkeit der menschlichen Seele gesehen. Man kann es "als ein kosmisches Symbol auffassen, es aber auch in einer Beziehung zur Ganzheit und Totalität des Menschen setzen, wo es dann den Ursprung, den Weg und das Ziel der seelischen Entwicklung symbolisiert. (Müller, Seifert, 1994, S. 184) Das Selbst bedarf des symbolischen Ausdrucks. "Die Erfahrung des Selbst ist, so weit unsere Beobachtungen reichen, stets mit der Erscheinung bildhafter oder bildähnlicher Symbole – die Jung als "natürliche" bezeichnet – verbunden" (Schmaltz, 1951, S. 51). Das Unbewusste braucht die bildhafte Darstellung, um in die Erscheinung treten zu können.
Jung beobachtete in seinen Therapien: Wenn der Individuationsprozess in Bewegung kommt, erscheinen in Bildern von Patienten häufig Mandalas, die Hinweise dafür sind, das eine zentrierende und ordnende Kraft wirksam geworden ist und den Therapieprozess aktiv begleitet.

Zusammenfassung

Das Entwicklungswissen des "inneren Künstlers" konfrontiert uns mit der Bestimmung unseres Menschseins. Mit Öffnungen zu diesem Wissen sind wir noch nicht das, was wir werden sollen. Die Botschaften aus dem Inneren müssen erst mit dem Ichbewußtsein verstanden und die abgespaltenen Positionen zur Integration ins Erleben gebracht werden.

In diesem Sinne ist der therapeutische Ansatz der Kunsttherapie elitär. Wir bekommen einen Zugang zu einem übergeordneten Entwicklungswissen, das den Verkörperungsweg aller in uns angelegten Ebenen einschließt. Auf allen diesen Ebenen kann kunsttherapeutische Praxis sinnvoll eingesetzt werden. Der Kunsttherapeut sollte um diese Komplexität wissen.
Wie im 3. Traum illustriert wird, wartet der "innere Künstler" auf Gelegenheiten, um anstehende Entwicklungsschritte begleiten zu können. Ähnlich der verständnisvollen Gestalt des Professors muss der Kunsttherapeut um die Gesetze und Wandlungsvorgänge der Entwicklung wissen, um mit dem "alten Weisen" im anderen kooperieren zu können. Die Individuationsreife des Therapeuten eröffnet entsprechende Entwicklungschancen im anderen. Er sollte ihm helfen, das zu begreifen, was dieser in seinem Selbst bereits "weiß".

Dieser elitäre Ansatz sollte aber nicht die bisherigen Erfahrungen der Kunsttherapie in den Hintergrund rücken. Vielmehr ist es heute an der Zeit, all diese in einer komplexen Zusammenschau für eine eigenständige Theoriebildung zu nützen. Und dies kann nur der Kunsttherapeut selbst tun. Die Eigenerfahrungen mit dem "inneren Künstler" im künstlerischen Tun schaffen neue Erkenntnismöglichkeiten. Nur mit diesen kann das Wesen der Kunsttherapie in seinem Spektrum paradigmatisch erfasst und für eine eigenständige Theoriebildung genützt werden.

Anmerkungen

1) Siegfried Neumann (1997) und nicht Eckhard Neumann, der die kognitive Grundlegung für eine integrative Kunst/Gestaltungstherapie und Imaginationsverfahren erarbeitet. (E. Neumann, 1998)
2) Freud schätzte den Zugang der Dichter zum Entwicklungswissen. Er wusste um die Grenzen des analytischen Denkens. Die Dichter hätten alles, was er mühsam über sein systematisierendes Herangehen entdeckte, mit ihrer künstlerischen Intuition bereits vorweggenommen und noch vieles bereit, zu denen er keinen Zugang habe. (Freund, X, S. 76f) Aus Ehrerbietung den Dichtern gegenüber benannte er seine zentrale Entdeckung den "Ödipuskomplex". Zur Individuationseben, wie sie C.G. Jung erfasste, hatte Freud in seinem mechanistisch-kausalen Denken keinen Zugang. Im Gegensatz dazu O. Rank, der sich in seiner Künstleridentität sehr weit den Positionen von C.G. Jung näherte (Reiter, 1998).
3) Auf weitere Aspekte des Wissen dieses "inneren Künstlers" in Träumen wurde in anderen Publikationen näher darauf eingegangen. Reiter, 2000, 2001)
4) Man könnte analog zu den Erfahrungen mit dem Sceno-Test von einer raumsym-bolischen Gegenbesetzung sprechen.

Literatur

Adriani et.al.(1986). Josef Beuys. Köln: DuMont.

Allesch, Ch., (1986). Die Einheit der Sinne. Über Querverbindungen zwischen Psychologischer Ästhetik und Polyästhetischer Erziehung. In: Polyaistesis. Beiträge zur Integration der Künste und der Wissenschaften und zu ihrer Übersetzung in die pädagogische Praxis. 1_ 17 –28.

Baumann, U., (2000). Wissenschaftlich anerkanntes psychotherapeutisches Verfahren – was ist das? In: Fundamenta Psychiatrica 4, 14: 162 –171.

Beuys, J., (1991) "Kunst ist ja Therapie" und "jeder Mensch ist ein Künstler" In: Petzold, H & Orth U. (Hsg.): Die neuen Kreativitätstherapien. Paderborn: Junfermann, 1991. Bd. A S. 22-40.

Chamberlain D B (1997). Neue Forschungsergebnisse aus der Beobachtung vorgeburtlichen Verhaltens. In: Seelisches Erleben vor und während der Geburt. (L. Janus, S. Haibach (Hrsg.) Neu-Isenburg: Lingua Med: 23 – 36.

Delfino-Beighley, C. (1978). Defining a Field: Art Therapy. In: Confinia psychiat. 21: 161 – 164.

Freud S (1913) Zur Geschichte der psychoanalytische Bewegung. Ges. W. Bd.X.

Grawe K., Caspar, Bernauer, R., 1993). Psychotherapie im Wandel. Von der Konfession zu Profession. Göttingen: Hogrefe.

Henri-Frederic Amiel: Intimes Tagebuch. Ausgew., übers. U. eingel. V. Ernst Merian-Gast. München. 1986.

Hollerweger, M., (2001). Intermediale Kunsttherapie. Netzwerk von kreativen Medien, Kunst und Therapie. Unveröff. Diplomarbeit, Universität Salzburg.

Hugo von Hofmannsthal: Ascanio und Gioconda: In: Sämtliche Werke XVIII. E. Ritter (Hg.) Frankfurt/M. 1986.

Lewis, P., (1997). Transpersonal arts pschotherapy: toward an ecumenical word view. In: The Arts in Psychotherapy, 24, 3 : 243 – 254.

Lockowandt, O., (1994). Erkenntnisquellen und Methoden der Humanistischen Psychologie. Wege zum Menschen. J. Petzold (Hg.)Paderborn: Junfermann-Verlag. S. 45 – 110.

Menzen K.-H. (1998). Kunsttherapie - Ein Fach im Wandel. In: Sein im Bild, im Bild sein. Dokumentation, Fachhochschule für Kunsttherapie, Nürtingen.

Müller L; Seifert Th. (1994). Analytische Psychologie. In: Wege zum Menschen. J. Petzold (Hg.)Paderborn: Junfermann-Verlag. 175-244.

Neumann E. (1998). Kognitive Grundlegungen für integrative Kunst/Gestaltungstherapie und Imaginationsverfahren. In: Musik-, Tanz-, und Kunsttherapie. Göttingen: Verlag für Angew. Psychologie. 3: 124-146.

Neumann S. (1987). Ist in der komplexen Gesellschaft Gesundheit möglich und wenn, wäre sie Kunst und wozu noch Kunstwerke, wenn jeder Mensch ein Künstler ist? In: Kunst & Therapie. (W. Rech, P.U. Hein, Hg.) 11: 10-33.

Nietzsche, F., (1967). Die Geburt der Tragödie. In: Sämtliche Werke. Bd.I, G.Colli u. M. Montinari (Hrg.).

Novalis: Werke in einem Band. Hamburg, 1966 S. 329.

Petzold, H. (1987). "Form" als fundierendes Konzept für die Integrative Therapie mit kreativen Medien. In: Kunst und Therapie. 11:59-86.

Petzold, H. (1991). Überlegungen und Konzepte zur Integrativen Therapie mit kreativen Medien und einer intermedialen Kunsttherapie. In: Petzold H& Orth U (Hg.): Die neuen Kreativitätstherapien. Paderborn: Junfermann S. 519 – 548.

Reiter A (1998). Otto Rank. Sein Beitrag zur Psychoanalyse als "Künstler". In: Die Wiederentdeckung Otto Ranks für die Psychoanalyse. Giesen: Psychosozial-Verlag. 135 - 142.

Reiter A (1999). "Pränatale Inhalte im bildnerischen Ausdruck als Entwicklungsdaten. In: J. Prenatal and perinatal Psychology and Medicine.11,4: 529-549.

Reiter A. (2000). Das Entwicklungswissen in der Literatur. In: Literatur als Geschichte des Ich. (E. Beutner, U. Tanzer, Hrsg). Würzburg: Königshausen & Neumann. 20-33.

Reiter A. (2001) Kunsttherapeutischer Zugang zur Psychodynamik von Adoleszenzkrisen. In: Musik, Tanz,- Kunsttherapie.In: Zeitschrift für Musik-, Tanz- und Kunsttherapie, 12, 4

Schmidt-Hannisa H-W (1998). Die Kunst der Seele. Poetologie und Psychologie des Traums bei Hermann Hesse. In: B. Dieterle (Hsg.) Träumungen. St. Augustin: Gradez Verlag. (S. 203-231)

Schmaltz, G. (1951). Östliche Weisheit und westliche Psychotherapie. Stuttgart: Hippokrates-Verlag.

Steckel W (1912). Die Träume der Dichter. Wiesbaden.

Lony Schiltz

The healing mechanism of music therapy during the treatment of borderline adolescents

Abstract

Music therapy, based on a combined psychanalytical and rogerian approach, has proved to be effective in the treatment of borderline adolescents, producing significant modifications in the imaginary and symbolic elaboration of aggressive drives, leading towards a new equilibrium between the Ego Ideal and the Super Ego functions, and towards an asthonishing resumption of the blocked process of subjectivation.

The methodology, both quantitative and qualitative, is analyzed, the different steps of the investigation are explained, and the results are demonstrated with the help of clinical material.

The results of the research are discussed in reference to recent developments in the psychopathology and the psychodynamic theories of adolescence; they support the recent theories of a unic borderline personality organization underlying a great variety of conduct disorders.

Keywords: Music therapy, adolescence, borderline personality organization, fantasy, symbolic elaboration, methodology of evaluation.

1. Introduction

Recently, psychiatrists and clinical psychologists of many countries have assumed that there is an increasing number of adolescents with a borderline organization, predisposed to act out their aggressive drives in a violent or suicidary way or to direct their aggressivity towards their own bodies. This is the psychopathological explanation of the increasing number of bullying, of suicidal attempts or of drug addiction ; it reflects itself a deep modification in educational practice, in moral standards and in family structure.

As I worked with adolescents as a clinical psychologist and psychotherapist for nearly thirty years, I have often had the opportunity to deal with adolescents suffering from this type of symptomatology. With the traditional verbal therapy, they take a long time to evolve. As music therapy is likely to act both on the emergence of the personal desire and on the release and canalising of the aggressiveness, it seems to be an effective measure with these adolescents. This hypothesis has been put to the test.

2. Some conceptual precisions

During the last decade, the clinical interest for borderline adolescents has continuously increased. The adult borderline personality has been described in a psychodynamic perspective with reference to the conceptions of Kernberg and Kohut: because of difficulties in the primary objectal relations, the child has not been able to separate from his parents and to grow towards an autonomous personality. Even as an adolescent or an adult, he is utilising preferentially archaic defence mechanisms such as splitting, projective identification and primitive idealisation. He clings to a black and white view of reality and maintains a separation between the good and the bad aspects of himself and others. His feeling of identity and his perception of others lack stability and fluctuate from one moment to the other, according to the prevalent experience, leading towards a fundamental emotional instability. This condition is traditionally located between the psychosis and the neurosis and is sometimes covered by pseudo-neurotical symptoms. The prevalence of archaic defence mechanisms can be detected in projective tests, like the Rorschach or the TAT.

In a descriptive nosographical perspective, the concept of borderline personality is included in the DSM IV among the personality disorders. However, the borderline personality organization is often mentioned in a psychodynamic sense, reflecting the initial conception of Kernberg, as a lack of definite structure, a fragile, precarious ego organization underlying a large number of fluctuating conduct disorders. In France, Bergeret (1) has described this configuration for adults, but it can easily be transposed to adolescence. In his developmental perspective, there are three possible evolutions from an underlying borderline personality organisation: towards a psychotic structure, towards a normal or neurotic one or towards character pathology. In Germany, Dulz and Schneider (2) have a similar conception, showing that under therapy there is a possible evolution from a low-level to a high-level borderline personality and a change in surface symptoms.

While the DSM IV does not mention the borderline personality before adulthood, in the USA, Kernberg, Weiner and Bardenstein (3) have recently discussed the existence of clearly identifyable personality disorders in childhood and in adolescence, related to an underlying borderline organization.

During the identity quest in adolescence, we can sometimes observe a rich, fluctuating symptomatology, which may be quite normal. We need only to be alerted if there is a fixation on a rigid conduct pattern, suggesting a possible evolution towards personality pathology. In France, recent psychoanalytical approaches of adolescence, for instance publications of Jeammet (4) and Cahn (5), speak of a blockade of the process of subjectivation, i.e. beeing unable to become the subject of one's own desire and the author of one's destiny. The result is an incapacity to dream and fantazise and to elaborate the tensions and conflicts of daily life in an imaginative and symbolic way.

Because of its action on the unconscious level of emotions and on archaic responses fixed in the bodily sphere, music therapy is likely to be especially effective in this type of problemacy.

3. Music therapy based on a combined psychoanalytical and rogerian approach.

In the Psychology Service of our school, the adolescents have had weekly sessions of individual music therapy, receptive and above all active, consisting of listening sessions, of writing stories under musical induction, of solo and duo improvisations followed up by verbal elaboration. The therapeutic approach was inspired partly by the non-directive psychotherapy of Rogers, partly by psychoanalysis, but specially by Kohut's psychology of the Self, which stresses the importance of constituting a mature narcissism at adolescence.

In those sessions, the basic therapeutic attitude is the one of the non-directive psychotherapy, transposed from the verbal to the sound communication, keeping the same availability and empathy, reacting to the client's problem by musical improvisation, by reassuring him or respectively confronting him, before moving to verbalization. In this process I am attentive to the manifestations of the unconscious, to any transfer or counter-transfer, but I leave it up to the client to discover the sense of his behaviour, proposing an interpretation in exceptional cases only. Fragments of the past always end by emerging and are elaborated upon by means of imagination, artistic production and symbolization. It is a process of questing the meaning of one's personal and family history.

4. A controlled follow-up study with a pretest-posttest design

I shall present a follow-up study of a clinical group of fifty adolescents (6), who have been treated by this method over a period lasting from six months to two years. The changes obtained have been evaluated statistically with the help of observational frames and rating scales, with psychometrical and projective tests, and in reference to external criteria.

According to Cook and Campell (7), clinical research with natural groups may provide nearly the same validity of results as a real experimental design, if we take some precautions. If the clinical group is matched with a control group and if both are submitted to a pretest and a posttest, the effect of time and of spontaneous maturation may be neutralized.

Summary of the experimental design

1. Tests used
Control group

Pretest	Posttest
AFS (8)	AFS
FAF	FAF
MBI	MBI
Reactions to ethnical music	Reactions to ethnical music

Clinical group

Pretest	Posttest
AFS	AFS
FAF	FAF
MBI	MBI
Reactions to ethnical music	Reactions to ethnical music
TAT	TAT
Stories written under musical induction	Stories written under musical induction
Observational frames and rating scales	Observational frames and rating scales
	Autoevaluation of music therapy

2. Comparisons

1. Clinical group to control group in pretest and posttest situation

2. Clinical group and control group to itself and to each other in pretest and posttest situation

3. Clinical subgroups I and D, respectively Pat and -Pat, to each other in pretest and posttest situation

4. Case studies

Case studies will illustrate the different stages of the therapeutic process.
In the first case, the repressed agressiveness was exteriorated in violent tantrums, in the second case, it was directed inwardly.

Martha
Martha is a fifteen-year-old girl; she has a seventeen-year-old sister. Her mother contacted the Psychology Service because her daughter had behaved violently towards

her classmates in several occasions. Martha had been suffering from anxiety attacks at night since she was a child. During the last months, a vague feeling of anxiety has been invading her ; she shows various fears and phobias and expresses many hypochondriac complaints. She suffers from concentration problems; her school results have deteriorated, she is quite inactive and spends a lot of time brooding over her fears; she has no more hobby left; she tries to read from time to time without being able to concentrate.

She was always a quiet child, playing in a persevering way ; she has been afraid of the dark and was coming to her parents' bed until the age of ten. The light has to be left on, so that she can fall asleep. She has been pampered by her mother, spoiled by her older sister ; her father did not care much about his children's education. He has now a friendly attitude towards his daughters. Martha clings to her mother and suffers above all from separation anxiety ; she is very scared to lose the persons she loves ; she fears for instance that her father, who has some micturation problems, is suffering from a cancerous disease as her grandfather died from prostrate cancer. The thought of death is haunting her. A feeling of oppression in her own chest is worrying her. There is a strong identification with her mother's fears. There appears to be a lack of distance between her and her parents; she is unable to describe her family, nor can she critizise her parents.

Her responses to the Rorschach and the TAT show the archaic nature of her anxiety; she is trying to protect herself against it by using rationalization and other defence mechanisms, belonging to the obsessional spectrum. Her answers show her problems with frontiers and with intrusion ; her basic feeling is a sense of derealization; the suffers from a complete lack of inner vitality, and the fear of death is overwhelming her.

The blunt anatomical answer to plate II symbolizes her basic feelings :
«A lung blackened by the smoke of cigarettes, the heart is bleeding ; I think it hurts and the person will die of it, blood is flowing out of the lungs.»

The TAT shows persecutive anxiety, recalling Melanie Klein's schizoparanoid position.
There is however a possibility of humoristic elaboration, tingeing her macabre imagination with black humour.

TAT Plate 15
"It was in 1940, during a cold and dark winter night. A man found the loss of his wife, who had died recently, so painful that he ran to the cimetery. It was 23.55 o'clock. Suddendly he heard a scream. He jumped and listened carefully. The scream came from the grave next to him. The earth opened and he saw hands, real hands trying to catch hold of something. Then hair, a few seconds later a head, then a deathly pale man. The widower was so scared that he grabbed the camera he had brought to photograph his wife's grave and that he took some pictures. He ran away and had the pic-

tures developed. The man on the photo had no more eyes, all he had left was the skeleton of his head. What did this corpse want ? Two years later, the widower was in hospital, he had lost most of his hair and looked like the skeleton on the photo. He had one last look at the picture, closed his eyes and died."

Here is a summary of Martha's evolution :
In the beginning she preferred to play rhythmically, was unable to create a melody, needed repetition and monotony. Then she discovered the pleasure of playing at the gong. It was the beginning of a stage of fusional regression, during which she was delighted by the vibrations. I accompanied her by playing the chimc-bars. It was like a presence at her side, she said. She explored all the possibilities of the gong ; as she suffered from respiratory oppressions, I suggested that she should sing with the gong ; she did it timidly and then with increasing pleasure and could breathe deeply while singing.

During the next sessions she always began by playing the gong, beating more and more strongly. « It's good for my anger ». She made a tremendous noise associated with the explosion of natural elements. « I shall deliver myself of my anger ». Was she trying out the stability of the internal object ? If she could discharge all her aggressiveness on it without destroying it, her anger could not be so terrifying.
The stories she wrote under musical induction showed now a diminution of archaic defence mechanisms, a beginning of integration of the good and the bad aspects of herself and the outer world and an emerging possibility of enjoying the drives coming from her body. She began to play melodies.

She could then describe how her mother was making her nervous by wanting to survey her schoolwork. Her mother, who attended psychological guidance too, tried to be less anxious about her daughter's success, but it was difficult for her to change her manner. Martha asked to have riding lessons and was delighted by them. Her mother was astonished about her achievement. Martha wished a keyboard instead of new clothes for her birthday and played for herself at home. The manifestations of anxiety had become less frequent.

Listening to music inspired the following story which reveals the dialectical opposition between the social role and the authentic personality and shows that she is going to elaborate her identity problem.

Cuban dreams, Iluyenkori
"I pictured myself in South Africa and imagined that my friends and I were entirely black. We were playing in a jazz band and thousands of black people were staring at us. I could'nt keep the rhythm. The audience looked at me reprovingly and I played better. Twice the drum nearly slipped off my knees. I caught hold of it again. I was very hot and dazzled by the sun. When I was once again concentrated on the music, all the black people were dancing and having fun. We were glad that the people were

dancing a good time. Later, the percussionist accompanied us to what they called our house. It was covered with straw; if the rain started to come down, we would get totally wet. Suddenly it started to rain and we looked at our hands. They got whiter and whiter and we were once again ourselves."

At the end of the year, Martha played little melodies on the balafon and the xylophone. She was developing more creativity, even if she was yet far from achieving a real musical structure. After discharging her anger, she was finally able to express more differentiated feelings through her music.

During the first year, her improvization had moved from fusional regression through the expression and acting out of anger towards an integration of different musical parameters and a playful creativity.

Claude
Our second example shows a boy of 17, who under his overadapted surface suffered from deep depression. He had a sixty-year-old father who was rather tyrannical and had organized the whole life of his son in a directive manner, and especially his leisure-time, a sensitive mother, who had become an alcoholic. She could not bear the burden of her paralytic mother-in-law, who asked for continuous attention and who refused to seek professional care outside the family. Claude's father did not want to give her away and his wife had to do the whole assistance by herself. As the mother-in-law was very egocentric, there was a lasting latent conflict with repressed feelings of hatred, jealousy and guilt in that family.

Claude pitied his mother and was ashamed of her alcoholism, and several times he had tried to take a bottle of spirits out of her hands.

He is sent to the Psychology Service by his headmaster, because he was drunk himself several times when coming to school. He accepts with relief the proposal for music therapy.

For a long time, he is unable to play rhythmically but is inventing sensitive melodic motives on the piano. I accompany him in the same manner, giving him however a rhythmical support. After some sessions, he says by himself : »My music is very sad».

The texts written when listening to music show the depressive ground of his personality, but also his evolution under music therapy.

Vivaldi. Lute concert
«Sadness (for instance funerals)
It's raining and it is cold.
It's oppressive

Makes you think of suicide
It's winter and the trees are bare of leaves.
Behind the bare trees, you see a cemetery.
You can hear the shouting of crows.
You are alone.»

After six months, he writes the following text, which may show his evolution : things no longer are seen under their dark aspect alone, but Claude is now able to pass towards the lighted face of reality and to integrate the two aspects of life.

Dvorak : Symphony of the New World
«A landscape in winter. Sad. It's cold outside. The snow begins to fall. Little by little, a carpet of snow is spreading over the ground, becoming thicker and thicker. The wind is going to blow. The snow is falling more slowly. Finally there is a white landscape , completely transformed.»

Claude is now playing in a different manner, bringing in more energy, producing variations of tempo and intensity, finally integrating rhythm and melody ; his improvisations are of a very good musical quality. Gradually he becomes able to speak of his family, to criticize his father's tendency of domination, to express his pity for his mother and his shame of having been on the point of becoming himself addicted to alcohol. Finally, he is able to show opposition towards his father, and instead of going on playing the trumpet in the music band where his father is the president, he founds a rock band with some of his friends. He plays the keyboard and writes musical arrangements for them.

His school results have improved very much. The risk of becoming himself addicted to alcohol seems discarded.

7. The modifications of personality on the structural level

In the clinical group, there were many significant changes on the descriptive level, with verbal and non verbal behavioural variables, in the musical and literary production, and with external criteria, such as school results and creative leisure activities.

But the most interesting results appeared in the projective tests, in the TAT and in the stories written under musical induction, attesting a transformation in the underlying personality organization.

In the TAT, there could be noted an evolution towards a humanization of the parental figures and a better equilibrium between the Ego Ideal and the Super Ego functions, indicating a reduction of the tendency to see oneself and the other persons in the mirror of primitive idealization or to split reality in two seperated realms of the absolute good and the absolute evil.

In the stories written under musical induction, one of the most interesting results was
the emergence of archetypal themes, towards the end of the therapy, such as themes
related to death or birth, love, religion, the figure of the socerer, of the hero, of the
alter ego and so on, linked with an astonishing progress in stylistic qualities and formal structure, as if the existential importance of these symbols drew together all imaginative and emotional forces, allowing the client to reach a nearly artistic performance. At the same time, the musical production reached a higher level of integration
and individualization.

In their general pattern of evolution, the similarity between the clinical subgroups,
characterized by inhibition and somatization versus desinhibition and acting out, was
greater than the differences, in spite of conduct disorders of a quite opposite type,
giving thus a support to the structural conception of an underlying borderline personality organization, as it is assumed by Dulz and Schneider, Bergeret and the above mentioned american studies.

However, I want to stress that music does not work by itself. The positive changes did
not happen in the first stage of the therapy. To be efficient, instrumental and vocal
improvisation needs the setting of the therapeutic relationship, thus permitting a
discharge of aggressiveness that is not dangerous, offering a holding to anxiety, and
allowing a fusional regression in a first stage; functioning afterwards as a mirror to the
efforts of individuation and differentiation. Nevertheless, there seems to be also an
intrinsic effect of music on the bodily level, making the establishment of the therapeutic relationship more easy.

The whole evolution of the clinical group, documented by means of a quasi-experi-
mental design, suggests that the therapeutic process has lead to a transformation in the
defensive structure, facilitating the cognitive and symbolic elaboration of the problems of daily live, and reducing the tendency towards acting out or towards directing
the aggressivity against one's own body. This positive evolution is summed up in the
following diagram.

Diagram of the music therapeutic process

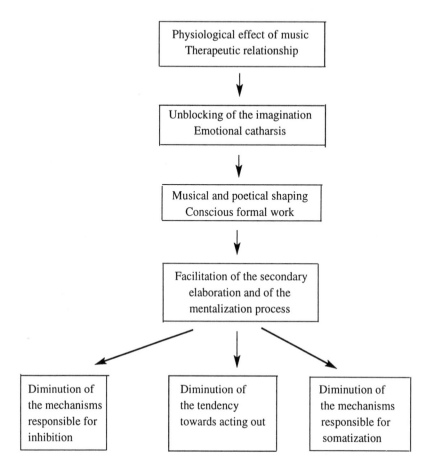

This diagram is but a general frame allowing to study a great number of specific questions, contributing eventually to the formulation of a general theory of the action of music therapy with borderline adolecents.

8. Conclusion

In case of borderline organization with adolescents, analytically orientated music therapy promotes the unblocking of the imagination and the canalization and symbolic elaboration of aggressive drives, leading towards an improved assertiveness and a regained possibility of personal choices. These positive changes correspond, in Cahn's terminology, to a resumption of the blocked process of subjectivation.

The results of the study suggest that the above described therapeutic approach is efficient on the underlying structural level of personality organization, modifying the established economy of defense mechanisms.

As it is generally well accepted by adolescents, music therapy may thus become an important means of tertiary prevention, allowing possibly to avoid the malignant evolution towards the personality pathology of adulthood, which is far more resistent to treatment.

Annotations

1) BERGERET J., La personnalité normale et pathologique, (3e éd) Paris: 1996, 330 p.
2) DULZ B., SCHNEIDER A., Borderline Störungen. Theorie und Therapie, (2e éd) Stuttgart: Schattauer, 1996, 186 p.
3) KERNBERG P.F., WEINER A.S, BARDENSTEIN K.K. Personalitys Disorders in Children and Adolescents, Basic Books, New York, 2000, 289 p.
4) JEAMMET Ph., (dir), Adolescences, Paris: Fondation de France, 1993, 211 p.
5) CAHN R., L'adolescent dans la psychanalyse. L'aventure de la subjectivation., Paris: PUF 1998, 217 p.
6) SCHILTZ L., Musique et élaboration imaginaire de l'agressivité à l'adolescence. Evaluation d'une expérience thérapeutique. Thèse de doctorat en psychologie clinique. Paris V, 1999, 499 p.
7) in COLMAN A., Psychological Research Methods and Statistics, London, Longman, 1995, 123 p.
8) AFS = Angstfragebogen für Schüler, FAF = Fragebogen zur Erfassung von Aggressisivitätsfaktoren, MBI = Mannheimer Biographisches Inventar.

References

BERGERET J., La personnalité normale et pathologique, (3e éd) Paris: Dunod, 1996.

CAHN R., L'adolescent dans la psychanalyse. L'aventure de la subjectivation., Paris: PUF 1998.

COLMAN A., Psychological Research Methods and Statistics, London, Longman, 1995.

DULZ B., SCHNEIDER A., Borderline Störungen. Theorie und Therapie, Stuttgart: Schattauer, 1996.

JEAMMET Ph., (dir), Adolescences, Paris: Fondation de France, 1993.

KERNBERG P.F., WEINER A.S, BARDENSTEIN K.K. Personalitys Disorders in Children and Adolescents, New York: Basic Books, 2000.

SCHILTZ L., De l'utilisation de la musicothérapie avec des adolescents souffrant d'un blocage du fonctionnement pulsionnel, Paris : D.U. Art en Thérapie et en Psychopédagogie, Université René-Descartes, Paris V, 1995.

SCHILTZ L., Musique et élaboration imaginaire de l'agressivité à l'adolescence. Evaluation d'une expérience thérapeutique. Thèse de doctorat en psychologie clinique. Paris V, 1999.

SCHILTZ L. L'utilisation différentielle du rythme et de la mélodie par les adolescents borderline. La Revue de Musicothérapie, Vol XX, 3, 2000 p. 47- 52.

Verzeichnis der AutorInnen

Verzeichnis der AutorInnen

Bloomgarden, Joan, Dr., teaches art therapy in the Graduate School at Hofstra University, Hempstead, NY.USA. Hostrat's Creative Art Therapy program is approved by the American Art Therapy Association and is devoted to training students to work with a variety of populations in diverse situations.

Fuchs, Thomas, PD Dr.med.Dr.phil., Facharzt für Psychiatrie und Psychotherapie, Oberarzt an der Psychiatrischen Universitätsklinik Heidelberg.

Gruber, Harald, Dipl. Kunsttherapeut (FH), seit 1993 tätig in der Klinik für Tumorbiologie Freiburg als Kunsttherapeut mit Schwerpunkt Maltherapie, seit 1997 Entwicklung verschiedener Forschungsmöglichkeiten im Bereich der Kunsttherapie.

Hampe, Ruth, Dr.phil.habil., Privatdozentin an der Universität Bremen, Kunst-Kulturpsychologin, Pädagogin und Therapeutin, 2. Vorsitzende der IGKGT (1. Vorsitzende der Deutschen Sektion), Ausbildnerin an der Internationalen Hochschule für Künstlerische Therapien und Kreativ-Pädagogik in Calw.

Iamandescu, Ioan Bradu, Prof.Dr.med. Diplom.Psychologe, Lehrstuhl Medizinische Psychologie und Psychosomatik, Univ. Med.U.Pharm."Carol Davila"Bukarest.

Ji, Yuanhong, Assistant Professor for Faculty of International Studies, Hiroshima City University, Clinical Psychologist, Clinical Psychology.

Käser-Beck, Aida, Komponistin, Pianistin.

Lettner, Franz, Dr. med. Allgemeinarzt, Arzt für Psychotherapeutische Medizin, Psychoanalyse. Ärztlicher Direktor des Krankenhauses für Psychotherapeutische Medizin Dr. Schlemmer GmbH Bad Wiessee. Entwicklung des selbst- und entwicklungspsychologischen Konzeptes der Objektgestützten Psychodynamischen Psychotherapie für Patienten mit schweren Persönlichkeitsstörungen (OPP).

Martius, Philipp, Dr.med., Arzt für Psychiatrie und Psychotherapie, Chefarzt am Krankenhaus für Psychotherapeutische Medizin Dr. Schlemmer GmbH Bad Wiessee, 1.Vorsitzender der IGKGT/IAACT, Co-Leiter des TFP-Instituts München.

Meng,Thomas, Kunsttherapeut, Aufbaustudium "Bildnerisches Gestalten und Therapie" an der Akademie der bildenden Künste, München; Leiter vom Offenen Atelier, Psychiatrische Klinik Münsterlingen/CH.

Merkt, Irmgard, Univ.-Prof.Dr., Musiktherapeutin, Universität Dortmund.

Müller-Thomsen, Tomas, Dr.med., freie künstlerische Tätigkeit, Oberarzt und Leiter der Gedächtnissprechstunde an der Klinik für Psychiatrie und Psychotherapie des Universitätsklinikum Hamburg-Eppendorf.

Okada, Tamae, Associate Professor for Faculty of Education, Mie University, Clinical Psychologist, Art Psychotherapy.

Pasquier, Marie-Daniella, Peintre-Sculpteur, Art-thérapeute APSAT-SEPE Service Psychopédagogique, Scolaire.

Pöldinger, Walter, Prof.Dr.med., Facharzt für Psychiatrie und Psychotherapie, Vorstand der Psych. univ. Klinik Basel.

Popa-Velea, Ovidiu, Dr.med. Diplom.psychol., Lehrstuhl Medizinische Psychologie und Psychosomatik, Univ. Med.U.Pharm."Carol Davila"Bukarest.

Ritschl, Dietrich, Prof. Dr.Dr.h.c., Theologie, Psychotherapie, 3. Vorsitzender der IGKGT.

Reiter, Alfons, Dr. phil.; ao.Univ. Prof., Institut für Psycholie, Universität Salzburg.an der Universität Salzburg.

Sakaki, Tamotsu, Professor for Department of Clinical Psychology, Kyoto Bunkyo University, Clinical Psychologist, Art Psychotherapy.

Schlieszus, Wolfgang A., seit 1983 hauptberufl. Dozent für Kunsttherapie und Bildhauerei an der Freien Kunst-Studienstätte, Fachhochschule Ottersberg, Lehrbereich Bildhauerei-Plastische Formenlehre; Organisation des wiss. Lehrangebotes; künstlerische Arbeit: Plastik und Aquarellmalerei.

Schottenloher, Gertraud, Prof.Dr.phil., Leitung des Aufbaustudiums „Bildnerisches Gestalten und Therapie" an der Akademie der Bildenden Künste München und des Instituts für Kunst und Therapie München.

Schlitz, Lony, Ph.D., assistant professor in psychology at the Centre Universitaire de Luxembourg, coordinator of the curriculum of arts therapy in Luxembourg.

Schmidt, Hans Ulrich, Dr.med., Abteilung für Psychosomatik und Psychotherapie, Klinik und Poliklinik für Innere Medizin, Universitätsklinikum Hamburg.

Schröder, M. Sabine, Dr. et Lic. phil., Fachpsychologin für Psychotherapie PSP, Certified Expressive Therapist (CET), Gestaltende Psychotherapeutin GPK & Supervisorin GPK.

Seifert, Ute, Dipl. Kunsttherapeutin, freischaffende Malerin.

Sellschopp, Almuth, Prof. Dr.med.habil., Institut für Psychosomatische Medizin, Psychotherapie und Medizinische Psychologie der TU München.

Shah, Brigitte, Künstlerin und Figurenspielerin am Theater „La Cardamone", Kunsttherapeutin und Heilpädagogin an einer Sonderschule und mit eigener Praxis (Neuenburg-Schweiz).

Spreti, Flora von, Kunsttherapeutin/Malerei – Klinik und Poliklinik für Psychiatrie und Psychotherapie der TU München.

Waser, Gottfried, Dr.med.habil. Facharzt für Psychiatrie, Privatdozent für Gestaltende Psychotherapie Universität Basel.

Wüger, Alfred, Studium der Nordistik und Slavistik sowie von Philosopie und Theologie an den Universitäten Zürich und Uppsala; freie Mitarbeit bei den «Schaffhauser Nachrichten», Schaffhausen, Schweiz.